Le sens du bonheur

J. Krishnamurti

Le sens du bonheur

Traduit de l'anglais
par Colette JOYEUX

Stock

Titre original :
Think on these Things
(Harper Perennial New York)
(A division of Harper & Collins Publishers)

Publié en Grande-Bretagne sous le titre : *A Matter of Culture*

Pour tous renseignements complémentaires, s'adresser à :

Pour la France
Association Culturelle Krishnamurti
7, rue du Général-Guilhem, 75011 Paris
Tél. 01 40 21 33 33
www.Krishnamurti-France.org

Pour la Grande-Bretagne
Krishnamurti Foundation Trust Ltd.
Brockwood Park, Bramdean, Hampshire
SO24OLQ Angleterre
Tél. 1962 771 525
e-mail : info@brockwood.org.uk

Pour les États-Unis
Krishnamurti Foundation of America
PO Box 1560
Ojai, CA 93024 USA

Note de l'éditeur

Qu'il rédige un commentaire sur une conversation, qu'il décrive un coucher de soleil, ou qu'il donne une causerie en public, Krishnamurti semble avoir une façon d'exprimer ses remarques qui ne se limite pas au seul public immédiat, mais s'adresse à tous ceux qui sont disposés à l'écouter, quels qu'ils soient et où qu'ils soient – et aux quatre coins du monde, un vaste auditoire est prêt à l'écouter. Car ce qu'il dit est sans parti pris et universel, et met au jour de façon étrangement émouvante les racines mêmes des problèmes qui nous assaillent en tant qu'êtres humains.

Originellement présenté sous forme de causeries destinées à des élèves, à des enseignants et à des parents en Inde, le contenu du présent volume, en raison de sa profondeur de vision et de sa simplicité lucide, sera porteur de sens pour les lecteurs attentifs de tout âge, de toute condition, et en tout lieu. Krishnamurti examine avec l'objectivité et la lucidité qui lui sont propres les formes sous lesquelles s'exprime ce que nous appelons complaisamment notre culture, notre éducation, la religion, la politique et la tradition; il met en lumière des motivations fondamentales telles que l'ambition, l'avidité et la jalousie, le désir de sécurité et la soif de pouvoir, pointant leur caractère destructeur pour la société des hommes. Selon Krishnamurti, la véritable culture n'est pas une question d'éducation, d'apprentissage, de talent, ni même de génie, c'est ce qu'il appelle le « mouvement éternel vers la découverte du bonheur, de Dieu, de la vérité ». Et « quand ce mouvement est bloqué par l'autorité, par la tradition, par la peur, c'est la décadence », quels que soient les dons ou les réalisations propres à un individu, à une race ou à une civilisation spécifiques. Il souligne avec une franchise sans concession la fausseté de certains aspects de nos attitudes et de nos institutions, et ses remarques ont des implications d'une grande profondeur et d'une grande portée.

On rencontre çà et là dans le texte certains termes tels que *gourou*, *sannyasi*, *puja* et *mantra*, qui ne sont pas forcément familiers au lecteur occidental – en voici une brève définition : un *gourou* est un maître spirituel ; un *sannyasi* est un moine ayant prononcé ses vœux de renoncement définitifs selon le rite hindou ; la *puja* est un rituel de prière hindou ; et un *mantra* est un vers, un hymne ou un chant sacrés.

1

La fonction de l'éducation

Je me demande si nous nous sommes jamais posé la question du sens de l'éducation. Pourquoi va-t-on à l'école, pourquoi étudie-t-on diverses matières, pourquoi passe-t-on des examens, pourquoi cette compétition pour l'obtention de meilleures notes ? Que signifie cette prétendue éducation, quels en sont les enjeux ? C'est une question capitale, non seulement pour les élèves, mais aussi pour les parents, les professeurs, et pour tous ceux qui aiment cette terre où nous vivons. Pourquoi nous soumettons-nous à cette épreuve qu'est l'éducation ? Est-ce simplement pour obtenir des diplômes et un emploi ? La fonction de l'éducation n'est-elle pas plutôt de nous préparer, tant que nous sommes jeunes, à comprendre le processus global de l'existence ? Avoir un emploi et gagner sa vie sont une nécessité – mais n'y a-t-il rien de plus ? Est-ce là l'unique but de notre éducation ? Assurément, la vie ne se résume pas à un travail, à un métier ; la vie est une chose extraordinaire, un grand mystère, ample et profond, un vaste royaume au sein duquel nous fonctionnons en tant qu'êtres humains. Si nous ne faisons que nous préparer à assurer notre subsistance, nous passerons totalement à côté de ce qu'est le sens de la vie; or comprendre la vie est beaucoup plus important que de passer des examens et d'exceller en mathématiques, en physique ou que sais-je encore.

Donc, que nous soyons enseignants ou étudiants, l'essentiel n'est-il pas de nous demander pourquoi nous éduquons ou sommes éduqués? et quel est le sens de la vie? N'est-elle pas extraordinaire? Les oiseaux, les fleurs, les arbres resplendissants, le firmament, les étoiles, les rivières et les poissons qui peuplent leurs eaux, c'est tout cela, la vie. La vie, ce sont les pauvres et les riches, c'est la lutte incessante entre groupes, entre races, entre nations; la vie, c'est la méditation, c'est ce qu'on appelle la religion, mais c'est aussi l'esprit et ses subtils secrets – les jalousies, les ambitions, les passions, les peurs, les accomplissements et les angoisses. La vie, c'est tout cela et bien plus encore. Mais en général nous nous préparons à n'en appréhender qu'un petit recoin. On décroche certains diplômes, on trouve un emploi, on se marie, on a des enfants et l'on devient peu ou prou une espèce de machine; on reste craintif et anxieux, on a peur de la vie. L'unique fonction de l'éducation est-elle donc de nous préparer à répondre à une vocation, à obtenir la meilleure situation possible, ou bien de nous aider à comprendre la vie?

Qu'adviendra-t-il de nous tous une fois atteint l'âge d'homme ou de femme? Vous êtes-vous jamais demandé ce que vous alliez faire quand vous serez adultes? Selon toute probabilité, vous allez vous marier, et, avant même de comprendre ce qui vous arrive, vous serez devenus parents; vous serez alors ligotés à votre bureau ou à votre cuisine, où vous allez peu à peu dépérir. *Votre* vie va-t-elle se résumer à cela? Vous êtes-vous déjà posé la question? Cette question n'est-elle pas légitime? Si vous êtes issus d'une famille riche, une belle situation vous attend, votre père peut vous assurer un emploi rémunérateur; ou vous pouvez faire un beau mariage; mais là encore, vous allez vous abîmer, vous détériorer. Vous saisissez?

De toute évidence, l'éducation n'a de sens que si elle vous aide à comprendre ces vastes horizons de la vie, avec toutes ses subtilités, son extraordinaire beauté, ses joies et ses peines. Vous aurez beau décrocher des diplômes, des distinctions mentionnées sur vos cartes de visite, une très belle situation – et après? À quoi bon tout cela, si en chemin votre esprit devient terne, las, stupide? N'est-il pas de votre devoir, tant que vous êtes encore jeunes, de découvrir ce qu'il en est de la vie? Le rôle véritable de l'éducation n'est-il pas de cultiver en nous l'intelligence qui tentera de trouver la réponse à tous ces problèmes? Mais savez-vous ce qu'est l'intelligence? C'est, assurément, la capacité de penser librement, sans crainte, sans a priori, de sorte que vous commenciez à découvrir par vos propres moyens ce qui est réel, ce qui est vrai; mais, si vous avez peur, jamais vous ne serez intelligent. Toute forme d'ambition, quelle qu'elle soit, spirituelle ou matérielle, engendre l'angoisse, la peur; l'ambition ne favorise donc pas l'émergence d'un esprit clair, simple, direct, et donc intelligent.

Il est essentiel que vous viviez vos jeunes années dans un environnement duquel la peur soit absente. En prenant de l'âge, nous devenons généralement craintifs, nous avons peur de la vie, du chômage, des traditions, peur des voisins, des réflexions de notre conjoint, peur de la mort. La peur, sous une forme ou sous une autre, habite la plupart d'entre nous – or, là où règne la peur, point d'intelligence. N'est-il donc pas possible pour nous tous, alors que nous sommes jeunes, de vivre dans un environnement exempt de peur, dans une atmosphère de liberté – celle-ci consistant non pas à agir à sa guise, mais à comprendre l'ensemble du processus de la vie? La vie est authentiquement belle, sans rapport avec ce que nous en avons fait – une chose affreuse; et vous ne pouvez en apprécier la richesse, la profondeur, l'extraordinaire beauté que si vous vous révoltez contre tout – contre la religion organisée, contre la tradition, contre cette société pourrie d'aujourd'hui – afin de découvrir par vous-même, en tant qu'être humain, ce qui est vrai. Ne pas imiter, mais découvrir, c'est *cela*, l'éducation, n'est-il pas vrai? Il est très facile de vous conformer aux injonctions de votre société, de vos parents ou de vos professeurs. C'est un mode d'existence sans risques ni problèmes, mais qui n'est pas la vie, car il porte en germe la peur, la décrépitude et la mort. Vivre, c'est découvrir par soi-même le vrai, et cela n'est possible que lorsque la liberté est là, lorsqu'il y a en vous, au plus profond de vous, une révolution permanente.

Mais vous n'êtes pas encouragés dans ce sens; nul ne vous invite à remettre les choses en question, à découvrir par vous-même ce qu'est Dieu, car, si jamais vous vous rebelliez, vous mettriez en danger tous ces faux-semblants. Vos parents et la société veulent vous voir vivre dans la sécurité, et vous de même. Vivre sans risques signifie en général vivre en imitant, et donc en ayant peur. Or, de toute évidence, le rôle de l'éducation est d'aider chacun d'entre nous à vivre librement et sans peur – ne croyez-vous pas? Mais créer une atmosphère d'où la peur soit absente suppose une profonde réflexion tant de votre part que de celle du maître, de l'éducateur.

Savez-vous ce que cela signifie – et quelle merveille ce serait – que de créer une atmosphère dénuée de peur? Et nous *devons* la créer, car nous voyons bien que le monde est en proie à des guerres sans fin, guidé par des politiciens toujours plus avides de pouvoir; c'est un univers de juristes, de policiers et de soldats, d'hommes et de femmes assoiffés de réussite sociale et se battant pour l'obtenir. Il y a aussi les prétendus saints, les gourous religieux et leur cortège d'adeptes : eux aussi veulent le pouvoir, le prestige, en ce monde ou dans l'autre. Ce monde est un monde fou, en proie à la confusion totale, un monde où le communiste combat le capitaliste, où le socialiste résiste à l'un comme à l'autre et où chacun a un adversaire, et lutte pour parvenir en lieu sûr et atteindre une situation de pouvoir et de confort. Le monde est écartelé entre croyances contradictoires, distinctions de caste et de classe, nationalités qui divisent, stupidités et cruautés de tous ordres – et c'est dans ce monde-là que l'on vous apprend à vous intégrer. On vous encourage à entrer dans le cadre de cette société désastreuse; c'est ce que souhaitent vos parents, et vous aussi vous voulez vous y insérer.

Le rôle de l'éducation est-il donc simplement de vous aider à vous plier aux schémas de cet ordre social pourri, ou au contraire de vous donner accès à la liberté – la liberté totale de grandir en âge et en sagesse et de créer une autre société, un monde neuf? Cette liberté, nous la voulons – pas dans les temps à venir, mais là, maintenant, sinon nous risquons tous l'anéantissement. Nous devons, dans l'immédiat, créer une atmosphère de liberté afin que vous puissiez vivre et découvrir par vous-mêmes ce qui est vrai, devenir intelligents et capables d'affronter le monde et de le comprendre, au lieu de vous y soumettre, de sorte que psychologiquement parlant il y ait en vous, au plus profond de vous, un esprit de révolte permanent. Car seuls ceux qui sont constamment en révolte découvrent la vérité – contrairement au conformiste qui obéit à une tradition. Ce n'est qu'en étant perpétuellement en recherche, ce n'est qu'en observant sans cesse, en apprenant sans cesse que vous trouverez la vérité, Dieu, ou l'amour ; et vous ne pouvez ni chercher, ni observer, ni apprendre, ni être profondément conscient des choses si vous avez peur. La fonction de l'éducation est donc assurément d'éradiquer en soi et en dehors de soi cette peur qui détruit la pensée humaine, les rapports humains et l'amour.

Question : Si tous les individus étaient en révolte, ne croyez-vous pas que le monde serait plongé dans le chaos ?

Krishnamurti : Écoutez d'abord la question, car il est très important de comprendre la question et de ne pas se contenter d'attendre une réponse. La question est celle-ci : si tous les individus étaient en révolte, le monde ne serait-il pas dans le chaos ? Mais la société actuelle baigne-t-elle dans un ordre à ce point parfait que, si tout le monde se révoltait contre elle, ce serait le chaos ? Le chaos n'est-il pas déjà là *en ce moment même* ? Tout est-il magnifique, exempt de corruption ? Tout le monde mène-t-il une existence heureuse, pleine et riche ? L'homme ne se bat-il pas contre son semblable ? N'est-ce pas le règne de l'ambition, de la compétition sauvage ? Le monde vit donc déjà dans le chaos : telle est la première constatation à faire. Ne prenez pas pour acquis le fait que cette société soit en ordre – ne vous laissez pas hypnotiser par les mots. Que ce soit ici en Europe, ou en Amérique, ou en Russie, le monde est en voie de décadence. Si vous voyez cette décadence, vous êtes face à un défi : vous êtes mis au défi de trouver une solution à ce problème urgent. Et la façon dont vous relevez ce défi a de l'importance, n'est-ce pas ? Si vous réagissez en tant qu'hindou, bouddhiste, chrétien ou communiste, votre réponse reste très limitée – cela revient à ne pas répondre du tout. Vous ne pouvez répondre de manière complète et adéquate que si vous êtes sans peur, si vous ne pensez pas en tant qu'hindou, communiste ou capitaliste : c'est en tant qu'être humain intégral que vous vous efforcez de résoudre le problème; et vous ne pouvez le résoudre que si vous êtes en révolte contre tout le système, contre l'ambition, la soif de posséder qui sont les fondements mêmes de la société. Si vous n'êtes vous-même ni ambitieux, ni avide, ni cramponné à votre propre sécurité, alors vous pouvez répondre au défi et faire éclore un monde nouveau.

Q : Se révolter, apprendre, aimer : s'agit-il de trois processus distincts ou simultanés?

K : Bien entendu, il ne s'agit pas de trois processus distincts, mais d'un processus unitaire. Il est très important, notez-le bien, de découvrir le sens de la question. Cette question se fonde sur la théorie et non sur l'expérience; elle n'est que verbale, intellectuelle, elle n'est donc pas valable. Celui qui est sans crainte et vraiment révolté, celui qui s'efforce de découvrir ce que veulent dire apprendre et aimer – cet homme-là ne demande pas s'il s'agit d'un seul ou de trois processus. Nous manions si habilement le langage, et nous croyons qu'en offrant des explications nous avons résolu le problème.

Savez-vous ce qu'apprendre signifie? Quand on apprend vraiment, on apprend tout au long de sa vie, sans être l'élève d'aucun Maître en particulier. Tout est prétexte à apprendre : une feuille morte, un oiseau en vol, une odeur, une larme, les pauvres et les riches, ceux qui pleurent, le sourire d'une femme, l'arrogance d'un homme. Tout sert de leçon; il n'est donc pas question de guide, de philosophe, de gourou ni de Maître. Le Maître, c'est la vie elle-même, et vous êtes en état d'apprentissage permanent.

Q : Est-il exact que la société est fondée sur l'instinct de possession et l'ambition ? Mais sans ambition, ne serions-nous pas voués au déclin ?

K : Voici une question capitale, qui mérite toute notre attention.

Savez-vous ce qu'est l'attention ? Découvrons-le ensemble. Dans un cours, lorsque vous regardez par la fenêtre, ou que vous tirez les cheveux du voisin, le professeur réclame votre attention. Qu'est-ce que cela signifie ? Que la matière étudiée ne vous intéresse pas : le professeur vous oblige donc à être attentif – et ce n'est pas du tout cela, l'attention. L'attention véritable naît lorsqu'une chose vous intéresse profondément – alors vous avez vraiment envie de tout savoir sur elle ; tout votre esprit, tout votre être est mobilisé. De même, dès l'instant où vous saisissez que cette question – « sans ambition, ne sommes-nous pas voués au déclin ? » – est d'une importance capitale, vous êtes intéressé et vous voulez en avoir le cœur net.

En réalité, l'ambitieux ne se détruit-il pas lui-même ? C'est la première chose à savoir, plutôt que de se demander si l'ambition est un bien ou un mal. Regardez autour de vous, observez tous les ambitieux. Que se passe-t-il lorsque vous êtes ambitieux ? Vous pensez à vous-même, n'est-ce pas ? Vous êtes cruel, vous piétinez les autres car vous vous efforcez de satisfaire votre ambition, de devenir quelqu'un d'important, suscitant ainsi dans la société un conflit entre ceux qui réussissent et ceux qui restent en arrière. C'est une guerre incessante entre vous et les autres qui courent le même lièvre que vous. Ce conflit est-il source de vie créative ? Comprenez-vous, ou est-ce trop difficile ?

Êtes-vous ambitieux lorsque vous faites quelque chose par amour, et sans nul autre motif ? Quand vous faites quelque chose en y mettant tout votre être, et pas par calcul ou par intérêt, ou par désir de réussite, mais simplement parce que vous aimez le faire – là, l'ambition n'entre pas en jeu, ni la compétition, n'est-ce pas ? Là, point de compétition, vous ne vous battez pas contre un adversaire pour la première place. L'éducation ne devrait-elle pas vous aider à découvrir ce que vous aimez réellement faire, de sorte que du début à la fin de votre existence vous travailliez dans un domaine que vous estimez digne d'intérêt et qui ait une valeur profonde à vos yeux ? Dans le cas contraire, vous serez malheureux pour le restant de vos jours. Dans l'ignorance de ce que vous avez vraiment envie de faire, votre esprit tombe dans une routine où règnent l'ennui, le pourrissement et la mort. Voilà pourquoi il est si important de découvrir dès votre plus jeune âge ce que vous *aimez* vraiment faire – et c'est l'unique façon de créer une nouvelle société.

Q : En Inde, comme dans la plupart des autres pays, l'éducation est sous le contrôle du gouvernement. Dans ces conditions, est-il possible de mettre en œuvre le genre d'expérience que vous décrivez ?

K : Sans aide gouvernementale, une école du genre de celle-ci pourrait-elle survivre ? Telle est la question que pose ce monsieur. Il constate que dans le monde entier tout est de plus en plus contrôlé par les gouvernements, les hommes politiques, les détenteurs d'autorité qui veulent modeler nos esprits et nos cœurs et orienter notre pensée.

Que ce soit en Russie ou ailleurs, la tendance est au contrôle accru du gouvernement sur l'éducation, et cet interlocuteur demande s'il est possible que le genre d'école dont je parle puisse voir le jour sans aide gouvernementale.

Et *vous*, au fait, qu'en dites-vous ? En réalité, si vous croyez qu'une chose a de l'importance et une vraie valeur, vous mettez tout votre cœur dans ce projet, sans souci des gouvernements et des diktats de la société – alors il réussira. Mais pour la plupart d'entre nous, le cœur n'y est pas, voilà pourquoi nous posons ce genre de question. Si vous et moi sommes absolument convaincus qu'un monde nouveau peut voir le jour, si chacun de nous, psychologiquement et spirituellement, est en plein état de révolte intérieure, alors nous mettrons notre cœur, notre esprit, notre corps au service de la création d'une école où la peur et toutes ses séquelles n'auront pas droit de cité.

Voyez-vous, monsieur, toute démarche révolutionnaire naît d'une poignée d'hommes qui perçoivent ce qui est vrai et sont prêts à vivre en accord avec cette vérité ; mais pour la découvrir il faut se dégager de toute tradition, ce qui implique de se libérer de toutes les peurs.

2

Le problème de la liberté

J'aimerais discuter avec vous du problème de la liberté. C'est un problème très complexe, qui nécessite une étude et une compréhension approfondies. On entend beaucoup parler de liberté, de liberté religieuse et de la liberté d'agir à sa guise. De nombreux ouvrages ont été écrits à ce sujet par des spécialistes. Mais je crois que nous pouvons aborder la question de manière très simple et très directe, et peut-être cela nous apportera-t-il la véritable solution.

Je me demande si vous ne vous êtes jamais arrêté en chemin pour observer le merveilleux rougeoiement du soleil couchant, lorsque la lune point timidement juste au-dessus des arbres. Souvent, à cette heure-là, le fleuve est très calme et tout se reflète à la surface de l'eau : le pont, le train qui passe au-dessus, la lune si douce, et bientôt, avec l'obscurité qui gagne, les étoiles : le spectacle est magnifique. Or pour observer, pour regarder, pour être pleinement attentif à ce qui est beau, votre esprit doit être libre de toute préoccupation, n'est-ce pas ? Il ne doit pas être accaparé par des problèmes, des soucis, des spéculations. Ce n'est que lorsque votre esprit est très calme et silencieux que vous pouvez réellement observer, car alors il est sensible à la beauté extraordinaire; peut-être tenons-nous là une des clefs de notre problème de liberté.

Mais que signifie être libre? La liberté consiste-t-elle à faire ce qui vous plaît, à aller où bon vous semble, à penser à votre guise? De toute façon, c'est ce que vous faites. La liberté est-elle simplement synonyme d'indépendance? Bien des gens dans le monde sont indépendants, mais très peu sont libres. La liberté suppose une grande intelligence, ne croyez-vous pas? Être libre, c'est être intelligent, mais l'intelligence ne naît pas simplement du désir d'être libre; elle ne peut voir le jour que lorsque vous commencez à comprendre l'ensemble de votre environnement, les influences sociales et religieuses, celle des parents et de la tradition, qui vous enserrent perpétuellement. Mais pour comprendre ces diverses influences – celles de vos parents, de votre gouvernement, de la société, de la culture dans laquelle vous baignez, de vos croyances, de vos dieux et de vos superstitions, de la tradition à laquelle vous vous pliez sans même y songer –, pour comprendre toutes ces influences et vous en libérer, il faut une intense lucidité, mais en général vous cédez à ces pressions parce que, au fond de vous, vous avez peur. Vous avez peur de ne pas réussir dans la vie, peur de ce que dira votre prêtre, peur de vous écarter des traditions, peur de ne pas agir comme il faut. Mais la liberté est en réalité un état d'esprit dans lequel n'entre ni peur, ni contrainte, ni désir de sécurité.

Ce désir d'être en sécurité, ne l'éprouvons-nous pas tous ou presque? N'avons-nous pas envie d'entendre dire à quel point nous sommes merveilleux, beaux, ou extraordinairement intelligents? Si tel n'était le cas, nous ne ferions pas figurer à la suite de notre nom les sigles de nos titres et diplômes. Ce genre de pratique nous donne de l'assurance, un sentiment d'importance. Nous voulons tous être célèbres; or, dès l'instant où nous désirons *être* quelque chose, nous cessons d'être libres.

Percevez bien cela, car c'est la véritable clef de la compréhension de ce problème de liberté. Que ce soit dans la sphère des hommes politiques, du pouvoir, de l'influence et de l'autorité, ou dans la sphère prétendument spirituelle, où l'on aspire à être vertueux, noble, saint, dès lors que vous voulez être quelqu'un, vous cessez d'être libre. Mais l'homme ou la femme qui voit l'absurdité de toutes ces attitudes, dont le cœur est par conséquent innocent, et qui n'est donc pas animé du désir d'être quelqu'un – cette personne-là est libre. Si vous comprenez la simplicité de la démarche, vous en verrez aussi la beauté et la profondeur extraordinaires.

Après tout, les examens n'ont d'autre but que de vous donner accès à une situation, de faire de vous quelqu'un. Les titres, le prestige social et le savoir vous incitent à être quelque chose. N'avez-vous pas remarqué que vos parents et vos professeurs vous disent que vous devez devenir quelqu'un dans la vie, réussir comme votre oncle ou votre grand-père? À moins que vous n'essayiez d'imiter l'exemple d'un héros, d'être à l'image des Maîtres, des saints : vous n'êtes donc jamais libre. Que vous suiviez l'exemple d'un Maître, d'un saint, d'un professeur, d'un parent, ou que vous restiez fidèles à une tradition particulière, tout cela sous-entend de votre part l'exigence d'être quelque chose, et ce n'est que lorsque vous comprenez vraiment ce fait que la liberté est là.

L'éducation a donc pour fonction de vous aider dès votre plus tendre enfance à n'imiter personne, mais à être vous-même en permanence. Et c'est extrêmement difficile. Que vous soyez beau ou laid, que vous soyez envieux ou jaloux, soyez toujours ce que vous êtes, mais comprenez-le. Il est très difficile d'être soi-même, car vous pensez que ce que vous êtes est ignoble et que, si seulement vous pouviez changer cela en quelque chose de noble, ce serait merveilleux; mais cela n'arrive jamais. Si au contraire vous regardez en face ce que vous êtes vraiment et que vous le comprenez, alors cette compréhension même provoque une transformation. La liberté ne consiste donc pas à vouloir devenir autre, ni à faire tout ce que vous pouvez avoir envie de faire, ni à vous soumettre à l'autorité de la tradition, de vos parents ou de votre gourou, mais à comprendre ce que vous êtes d'instant en instant.

Or votre éducation ne vous prépare pas à cela; elle vous encourage à devenir ceci ou cela – mais la connaissance de soi, c'est autre chose. Votre « moi » est très complexe, ce n'est pas simplement cette entité qui va à l'école, qui se dispute, qui joue, qui a peur, c'est aussi quelque chose de plus secret, de moins évident. Ce « moi » est fait non seulement de toutes les pensées qui vous traversent, mais aussi de toutes les notions qui ont été imprimées dans votre esprit par les autres, par des livres, par les journaux, par vos leaders, et il n'est possible de comprendre tout cela que si vous n'éprouvez pas le désir d'être quelqu'un, que si vous n'imitez pas, si vous ne vous conformez pas, mais si au contraire vous êtes en révolte contre toute cette tradition consistant à vouloir devenir quelqu'un. Là est la seule vraie révolution, qui mène à une extraordinaire liberté. Cultiver cette liberté est le rôle véritable de l'éducation.

Vos parents, vos professeurs et vos propres désirs vous poussent à vous identifier à une chose ou à une autre afin d'être heureux, d'être rassuré. Mais, pour être intelligent, ne faut-il pas vous dégager de toutes les influences qui vous asservissent et vous broient?

L'espoir d'un monde nouveau repose sur ceux d'entre vous qui commencent à voir où est le faux et se révoltent contre cet état de fait, non seulement en paroles, mais en actes. Voilà pourquoi vous devez aspirer à une éducation vraie; car ce n'est qu'en grandissant dans la liberté que vous pourrez créer un monde nouveau qui ne soit pas fondé sur la tradition ou modelé en fonction des critères propres à quelque philosophe ou quelque idéaliste. Mais il ne peut y avoir de liberté tant que vous cherchez uniquement à devenir quelqu'un ou à imiter un noble exemple.

Q : Qu'est-ce que l'intelligence?

K : Creusons la question patiemment et tout doucement, et allons à la découverte. Découvrir n'est pas tirer une conclusion. Je ne sais pas si vous voyez bien la différence. Dès l'instant où vous tirez une conclusion quant à la nature de l'intelligence, vous cessez d'être intelligent. C'est ce qu'ont fait la plupart des adultes : ils ont tiré des conclusions, ils ont par conséquent cessé d'être intelligents. Vous venez donc à l'instant de faire une découverte, à savoir qu'un esprit intelligent est celui qui apprend sans cesse, mais ne conclut jamais.

Qu'est-ce que l'intelligence? La plupart des gens se contentent d'une définition de ce qu'est l'intelligence. Soit ils disent : « C'est une bonne explication », soit ils préfèrent leur propre explication. Or un esprit qui se contente d'une explication est très superficiel, donc sans intelligence.

Vous commencez déjà à voir qu'un esprit intelligent est celui qui ne se contente pas d'explications, de conclusions toutes faites, ce n'est pas non plus un esprit qui croit, car la croyance n'est qu'une autre forme de conclusion. Un esprit intelligent est un esprit curieux, observateur, un esprit qui apprend, qui étudie. Qu'est-ce que cela veut dire? Qu'il n'y a d'intelligence qu'en l'absence de peur, que lorsqu'on est prêt à se rebeller, à braver tous les rouages de l'ordre social établi afin de découvrir la vérité sur la nature de Dieu ou sur toute autre question.

L'intelligence n'est pas le savoir. Si vous pouviez lire tous les livres du monde, cela ne vous conférerait pas l'intelligence. L'intelligence est quelque chose de très subtil; elle n'a pas d'ancrage définitif. Elle ne voit le jour que lorsque vous comprenez l'ensemble du processus de l'esprit – votre propre esprit, pas l'esprit tel que le conçoit quelque Maître ou philosophe. Votre esprit est le résultat de l'ensemble de l'humanité, et, lorsque vous comprenez cela, inutile d'étudier le moindre livre, car l'esprit contient tout le savoir du passé. L'intelligence naît donc avec la connaissance de soi, et vous ne pouvez vous comprendre que dans votre rapport à l'univers des êtres, des choses et des idées. L'intelligence n'est pas comme le savoir : elle ne s'acquiert pas. Elle naît dans un surgissement d'immense révolte, autrement dit quand toute peur est absente et qu'un sentiment d'amour est là. En effet, quand la peur est absente, l'amour est là.

Si vous ne vous intéressez qu'aux explications, je crains bien que vous n'ayez l'impression que je n'ai pas répondu à votre question. Demander ce qu'est l'intelligence, c'est comme demander ce qu'est la vie. La vie, c'est l'étude, c'est le jeu, le sexe, le travail, les disputes, l'envie, l'ambition, l'amour, la beauté, la vérité – la vie, c'est tout à la fois, n'est-ce pas? Mais dans la plupart des cas nous n'avons pas la patience, la motivation et la persévérance suffisantes pour pousser l'investigation jusqu'au bout.

Q : Un esprit fruste peut-il devenir sensible ?

K : Écoutez la question, le sens caché derrière les mots. Un esprit fruste peut-il devenir sensible ? Si je dis que mon esprit est fruste et que j'essaie de devenir sensible, cet effort même pour devenir sensible est en soi un manque de finesse. Voyez les choses en face. Ne soyez pas intrigué, observez le fait. Si, par contre, j'admets que je suis fruste sans vouloir rien changer, sans vouloir devenir sensible, si je comprends ce qu'est le manque de finesse, si j'en vois les signes jour après jour dans ma vie – ma gloutonnerie à table, ma rudesse envers les gens, l'orgueil, l'arrogance, la grossièreté de mes habitudes et de mes pensées –, cette observation même transforme *ce qui est.*

De même, si je suis stupide et si je décrète que je dois devenir intelligent, l'effort visant à devenir intelligent n'est rien d'autre qu'un cran de plus dans la stupidité ; car ce qui compte, c'est de comprendre la stupidité. Quels que soient mes efforts pour devenir intelligent, ma stupidité demeurera. Je peux, certes, acquérir un vernis superficiel de connaissances, être capable de citer des livres, des passages de grands auteurs, mais fondamentalement je resterai stupide. Alors que si je vois et comprends la stupidité telle qu'elle s'exprime dans ma vie quotidienne – dans mon comportement envers mon domestique, dans mon attitude envers mon voisin, envers le pauvre, le riche, l'employé de bureau –, cette prise de conscience même entraîne la disparition de la stupidité.

Essayez. Observez-vous en train de vous adresser à votre domestique, observez l'immense respect avec lequel vous traitez un gouverneur, et le peu de respect dont vous faites preuve envers l'homme qui n'a rien à vous offrir. Vous commencez alors à découvrir à quel point vous êtes stupide, et c'est en comprenant cette stupidité qu'apparaît l'intelligence, la sensibilité. Vous n'avez pas besoin de *devenir* sensible. Celui qui s'efforce de devenir autre est un être laid, insensible, mal dégrossi.

Q : Comment l'enfant peut-il découvrir ce qu'il est sans l'aide de ses parents et de ses professeurs?

K : Ai-je dit qu'il le pouvait, ou est-ce votre interprétation de mes propos? L'enfant apprendra à se connaître si l'environnement dans lequel il vit l'aide en ce sens. Si les parents et les professeurs sont réellement convaincus que le jeune en question doit se découvrir lui-même, ils ne le forceront pas, mais ils créeront un environnement propice à la connaissance de soi.

Vous avez posé cette question; mais le problème est-il pour vous d'une importance vitale? Si vous étiez intimement persuadé qu'il est capital pour l'enfant de se découvrir lui-même et que c'est impossible s'il est sous l'emprise d'une autorité, ne contribueriez-vous pas à mettre en place l'environnement qui convient? On en revient toujours à la même attitude : « Dites-moi ce qu'il faut faire, et je le ferai. » Nous ne disons jamais : « Travaillons ensemble sur la question. » Cette question de savoir comment créer un environnement au sein duquel l'enfant puisse accéder à la connaissance de soi concerne tout le monde : les parents, les professeurs et les enfants eux-mêmes. Mais la connaissance de soi ne saurait être imposée, ni la compréhension forcée; et si ce problème a une importance vitale pour vous et pour moi, pour le parent et pour le professeur, alors tous ensemble nous créerons le type d'école approprié.

Q : Les enfants me disent avoir été témoins d'étranges phénomènes dans les villages, tels que des cas de possession, ils disent avoir peur des fantômes, des esprits, etc. Ils posent aussi des questions sur la mort. Que répondre à tout cela ?

K : Le moment venu, nous explorerons la question de ce qu'est la mort. Mais, voyez-vous, la peur est une chose extraordinaire. Vous, les enfants, vous avez entendu parler des fantômes par vos parents, par vos aînés, sinon vous n'en verriez probablement pas. Quelqu'un vous a parlé de la possession. Vous êtes trop jeunes pour savoir ce qu'il en est de ces choses-là. Cela ne relève pas de votre propre expérience, c'est le reflet de ce que vos aînés vous en ont dit, et les adultes eux-mêmes sont souvent ignorants sur la question. Ils ont simplement lu des choses à ce sujet, et croient avoir compris. Cela soulève une tout autre question : existe-t-il une expérience qui ne soit pas contaminée par le passé ? Si une telle contamination existe, alors l'expérience n'est que la continuation du passé, ce n'est donc pas une expérience originale.

L'important, c'est que ceux d'entre vous qui s'occupent d'enfants ne leur imposent pas leurs propres idées fausses, leurs propres notions en matière de fantômes, leurs propres idées, leurs propres expériences. C'est un travers très difficile à éviter, car les adultes parlent énormément de ces sujets superflus et sans importance dans la vie ; ils transmettent ainsi peu à peu aux enfants leurs propres angoisses, leurs peurs et leurs superstitions, et les enfants répètent tout naturellement ce qu'ils ont entendu. Il est essentiel que les adultes, qui le plus souvent ignorent eux-mêmes tout de ces phénomènes, n'en parlent pas devant les enfants, mais contribuent au contraire à créer une atmosphère dans laquelle les enfants puissent grandir dans la liberté et sans peur.

3

La liberté et l'amour

Certains d'entre vous ne comprennent peut-être pas entièrement tout ce que j'ai dit au sujet de la liberté, mais, comme je l'ai souligné, il est très important d'être exposé à des idées neuves, à des choses pouvant être inédites pour vous. Il est bon de voir les beautés de la vie, mais vous devez aussi en observer les laideurs, et être attentifs à tout. De même, vous devez être exposés à des choses que vous ne comprenez pas tout à fait, car plus vous songerez et réfléchirez à ces questions peut-être un peu difficiles pour vous, plus vous serez susceptibles d'avoir une vie riche.

J'ignore si certains d'entre vous ont déjà remarqué, tôt le matin, le jeu du soleil sur l'eau, l'extraordinaire douceur de la lumière, le mouvement dansant de l'eau noire, la présence au-dessus des arbres de l'étoile du berger, seule visible dans le ciel. Êtes-vous attentifs à ces choses ? Ou êtes-vous si occupés, si accaparés par la routine du quotidien que vous oubliez ou n'avez même jamais connu la beauté resplendissante de cette terre – cette terre sur laquelle il nous faut tous vivre ? Que nous nous définissions sous le vocable de communistes, capitalistes, hindous ou bouddhistes, musulmans ou chrétiens, que nous soyons aveugles ou estropiés, ou heureux et en bonne santé, cette terre est la nôtre. Comprenez-vous ? C'est notre terre, pas celle de quelqu'un d'autre, ce n'est pas seulement la terre du riche, elle n'appartient pas exclusivement aux puissants dirigeants, aux nobles du pays, mais c'est notre terre, à vous et à moi. Nous sommes des moins que rien, pourtant nous aussi vivons sur cette terre et nous devons tous vivre ensemble. C'est l'univers des pauvres aussi bien que des riches, des illettrés comme des érudits, c'est *notre* univers et je crois qu'il est essentiel de percevoir cela et d'aimer la terre, pas juste occasionnellement, à la faveur d'un beau matin paisible, mais en permanence. Nous ne pouvons ressentir ce monde comme étant nôtre, et l'aimer, que si nous comprenons ce qu'est la liberté.

La liberté n'existe pas à l'heure actuelle, nous ne savons pas ce que cela signifie. Nous voudrions bien être libres, mais, vous l'avez sûrement remarqué, tout le monde, chacun dans son coin – le professeur, le parent, l'homme de loi, le soldat, le policier, l'homme politique, l'homme d'affaires –, agit en sorte de faire obstacle à la liberté. Être libre, ce n'est pas simplement agir à sa guise ou échapper à une situation extérieure contraignante, c'est comprendre tout le problème de la dépendance. Savez-vous ce qu'est la dépendance ? Vous êtes dépendants de vos parents, n'est-ce pas ? Vous dépendez de vos professeurs, du cuisinier, du facteur, du livreur de lait, etc. Ce type de dépendance est relativement facile à comprendre. Mais il en existe une autre, beaucoup plus profonde, et que l'on doit comprendre afin d'être libre : c'est le fait d'être dépendant d'un autre pour être heureux. Savez-vous ce que signifie dépendre d'autrui pour notre bonheur ? Ce n'est pas la simple dépendance matérielle par rapport à l'autre qui est si aliénante, mais la dépendance intérieure, psychologique, d'où vous tirez un soi-disant bonheur; car lorsque vous dépendez de quelqu'un de cette manière-là, vous devenez esclave. Si, en grandissant, vous dépendez émotionnellement de vos parents, de votre femme ou de votre mari, d'un gourou ou d'une idée quelconque, c'est déjà là l'amorce d'un asservissement. Cela, nous ne le comprenons pas, bien que la plupart d'entre nous, surtout pendant notre jeunesse, ayons très envie d'être libres.

Pour être libres, nous devons nous révolter contre toute dépendance intérieure, et nous ne pouvons pas nous révolter si nous ne comprenons pas pourquoi nous sommes dépendants. À moins de le comprendre et de nous défaire réellement de toute dépendance intérieure, nous ne pourrons jamais être libres, car ce n'est que dans et par cette compréhension que la liberté est possible. Mais la liberté ne se résume pas à une réaction. Qu'est-ce qu'une réaction, le savez-vous? Si je vous dis quelque chose de blessant, d'insultant, et que vous êtes en colère contre moi, cette colère est une réaction – née de la dépendance; et l'indépendance est aussi une réaction. Mais la liberté, elle, n'est pas une réaction, et à moins de comprendre la réaction et de la dépasser, nous ne sommes jamais libres.

Savez-vous ce que signifie aimer quelqu'un? Savez-vous ce que signifie aimer un arbre, un oiseau, ou un animal de compagnie, de sorte que vous vous en occupez, vous le nourrissez, vous le chérissez, bien qu'il ne vous donne peut-être rien en échange, qu'il ne vous offre pas son ombre, qu'il ne vous suive pas, qu'il ne dépende pas de vous? La plupart d'entre nous n'aiment pas de cette manière, nous ignorons tout de cette forme d'amour car notre amour est toujours assailli d'angoisse, de jalousie, de peur, ce qui sous-entend que nous dépendons intérieurement d'autrui, que nous voulons être aimés, que nous ne nous contentons pas d'aimer tout simplement : nous demandons quelque chose en retour, et cette attente même nous rend dépendants.

La liberté et l'amour vont donc de pair. L'amour n'est pas une réaction. Si je vous aime parce que vous m'aimez, ce n'est qu'une forme de troc, l'amour devient une marchandise, ce n'est plus de l'amour. Aimer, ce n'est pas demander quelque chose en retour, ce n'est pas même avoir le sentiment de donner quelque chose – et seul cet amour-là peut savoir ce qu'est la liberté. Mais, voyez-vous, votre éducation ne vous prépare pas à cela. On vous enseigne les mathématiques, la chimie, la géographie, l'histoire, et cela ne va pas plus loin, car l'unique souci de vos parents est de vous aider à avoir une bonne situation et à réussir dans la vie. S'ils ont de l'argent, ils peuvent vous envoyer à l'étranger, mais, comme tout le monde, leur unique but est que vous soyez riches et que vous ayez une position respectable dans la société; et plus haut vous montez, plus vous êtes cause de souffrance pour les autres, car pour atteindre ces sommets, vous devez vous livrer à une compétition féroce. Les parents envoient donc leurs enfants dans des écoles où l'ambition, la compétition font loi, et où il n'y a pas du tout d'amour, et voilà pourquoi une société telle que la nôtre est en perpétuelle décadence, et constamment en lutte. Et bien que les hommes politiques, les juges et les soi-disant nobles du pays parlent de paix, ce discours est sans valeur aucune.

Vous et moi devons à présent comprendre l'ensemble de ce problème de la liberté. Nous devons découvrir par nous-mêmes ce qu'aimer veut dire, car si nous n'aimons pas, nous ne pourrons jamais être attentionnés, prévenants, pleins d'égards. Savez-vous ce que signifie être plein d'égards ? Quand vous apercevez une pierre tranchante sur un chemin foulé par de nombreux pieds nus, vous l'ôtez du chemin, non parce qu'on vous l'a demandé, mais parce que vous êtes attentifs à l'autre – peu importe qui il est, peu importe si vous ne devez jamais le rencontrer. Pour planter un arbre et le chérir, pour contempler la rivière, savourer la générosité de la terre, observer l'envol d'un oiseau et en voir la beauté, pour être sensibles et ouverts à cet extraordinaire mouvement qu'on appelle la vie – pour faire tout cela il faut la liberté ; et pour être libres, vous devez aimer. Sans amour il n'est point de liberté, sans amour la liberté n'est qu'une idée sans la moindre valeur. La liberté n'est donc possible qu'à ceux qui comprennent la dépendance intérieure et qui s'en dégagent, et qui savent par conséquent ce qu'est l'amour. Eux seuls feront naître une nouvelle civilisation, advenir un monde différent.

Q : Quelle est l'origine du désir, et comment m'en débarrasser ?

K : C'est un jeune homme qui pose cette question : mais pourquoi donc devrait-il se débarrasser du désir ? Comprenez-vous ? Voilà un jeune homme plein de vie, débordant de vitalité – pourquoi faudrait-il qu'il se débarrasse du désir ? On lui a dit que l'affranchissement du désir est l'une des plus grandes vertus, et qu'en se libérant du désir il découvrira Dieu, ou cette chose ultime – peu importe le nom qu'on lui donne. Il demande donc : « Quelle est l'origine du désir, et comment m'en débarrasser ? » Mais cette impérieuse envie de s'en débarrasser fait toujours partie du désir, n'est-ce pas ? En fait, c'est la peur qui suscite cette envie.

Quelle est l'origine, la source, le commencement du désir? Vous voyez quelque chose d'attrayant et vous en avez envie. Vous voyez une voiture, ou un bateau, et vous voulez le posséder; ou bien vous voulez atteindre le statut d'homme riche, ou devenir un *sannyasi*. Là est l'origine du désir : il part d'une vision, d'un contact à partir desquels naît une sensation, et de la sensation découle le désir. Ayant reconnu que le désir est source de conflit, vous demandez : «Comment me libérer du désir?» Ce que vous voulez en réalité, ce n'est pas être libéré du désir, mais des soucis, de l'angoisse, de la douleur qu'il occasionne. Vous voulez vous libérer des fruits amers du désir, pas du désir lui-même, et il est très important de faire cette distinction. Si vous pouviez dépouiller le désir de toute douleur, de toute souffrance, de toute lutte, de toutes les angoisses et les peurs qui l'accompagnent, de telle sorte que seul le plaisir demeure, voudriez-vous encore vous libérer du désir?

Tant qu'existe le désir de gagner, de réussir, de devenir, à quelque niveau que ce soit, l'angoisse, la douleur et la peur sont inévitables. L'ambition d'être riche, d'être ceci ou cela, ne disparaît que lorsque nous voyons le caractère putride et corrupteur de l'ambition elle-même. Dès l'instant où nous voyons que la soif de pouvoir sous toutes ses formes – pouvoir du Premier ministre, du juge, du prêtre ou du gourou – est fondamentalement mauvaise, nous n'éprouvons plus le désir d'être puissants. Mais nous ne voyons pas que l'ambition corrompt, que la soif de pouvoir est mauvaise; au contraire, nous disons que nous allons utiliser le pouvoir à de justes fins – ce qui est une absurdité. Une juste fin ne s'atteint pas par de mauvais moyens. Si les moyens sont mauvais, la fin le sera aussi. Le bien n'est pas l'opposé du mal : il n'éclôt que lorsque ce qui est mal a totalement cessé d'exister.

Donc, si nous ne comprenons pas la pleine signification du désir, ses conséquences, ses effets secondaires, se contenter de vouloir se débarrasser du désir n'a aucun sens.

Q : Comment pouvons-nous nous libérer de la dépendance dès lors que nous vivons en société?

K : Savez-vous ce qu'est la société? La société, ce sont les rapports entre l'homme et son semblable, n'est-ce pas? Ne compliquez pas les choses, ne citez pas des tas de livres, réfléchissez-y très simplement et vous verrez que la société, c'est le rapport entre vous, moi et les autres. Les relations humaines constituent la société et notre société actuelle est fondée sur des rapports de possession, n'est-ce pas? La plupart d'entre nous veulent avoir de l'argent, du pouvoir, des biens, de l'autorité, à un niveau ou à un autre nous voulons un statut, un prestige, une autorité, et nous avons donc bâti une société où domine l'instinct de possession. Tant que nous avons cet instinct, tant que nous sommes en quête de statut social, de prestige, de pouvoir et de tout ce qui s'ensuit, nous appartenons à cette société, et donc nous dépendons d'elle. Mais si l'on ne veut rien de tout cela, et qu'on reste simplement tel qu'on est avec une grande humilité, alors on est en dehors du système, on se révolte contre lui et l'on rompt avec cette société.

Malheureusement, à l'heure actuelle l'éducation vise à vous inciter au conformisme, à vous adapter et à vous ajuster à cette société de l'avoir. C'est tout ce qui intéresse vos parents, vos professeurs et vos livres. Tant que vous vous conformez, tant que vous êtes ambitieux, âpre au gain, que vous corrompez et détruisez les autres dans la course au pouvoir et à l'influence, vous êtes considéré comme un citoyen respectable. On vous apprend à vous insérer dans la société – or cela, ce n'est pas de l'éducation, ce n'est qu'un simple système qui vous conditionne à vous soumettre à des schémas établis. La véritable fonction de l'éducation n'est pas de vous former à la carrière d'employé de bureau, de juge ou de Premier ministre, mais de vous aider à comprendre tous les rouages de cette société pourrie et de vous permettre de grandir dans la liberté, de sorte que vous couperez les ponts et créerez une société différente, un monde nouveau. Il faut qu'il y ait des gens révoltés – pas partiellement, mais totalement en révolte contre l'ancien monde –, car seuls ceux-là peuvent créer un univers nouveau, un monde qui ne soit pas fondé sur le désir de possession, le pouvoir et le prestige.

J'entends d'ici les commentaires des aînés : « C'est irréalisable. La nature humaine est ce qu'elle est, et vous dites n'importe quoi. » Mais nous n'avons jamais songé à déconditionner l'esprit adulte, et à ne pas conditionner l'enfant. Assurément, l'éducation est à la fois curative et préventive. Vous, les grands élèves, vous êtes déjà dans le moule, déjà conditionnés, déjà ambitieux ; vous voulez réussir, comme votre père, comme le gouverneur, ou un autre. Le rôle véritable de l'éducation n'est donc pas seulement de vous aider à vous déconditionner, mais aussi à comprendre tout ce processus de l'existence, jour après jour, de sorte que vous puissiez grandir dans la liberté et créer un univers neuf, un monde qui doit impérativement être tout à fait différent du monde actuel. Malheureusement, ni vos parents, ni vos professeurs, ni les gens en général ne s'intéressent à cela. Voilà pourquoi l'éducation doit être un processus qui éduque l'éducateur autant que l'étudiant.

Q : Pourquoi les hommes se battent-ils?

K : Pourquoi les jeunes garçons se battent-ils? Il vous arrive parfois de vous battre avec votre frère, ou avec les autres garçons d'ici, n'est-ce pas? Pourquoi? Vous vous battez pour un jouet. Un autre garçon vous a peut-être pris votre ballon, ou votre livre, et donc vous vous battez. Les adultes se battent exactement pour les mêmes raisons, simplement leurs jouets sont la situation, la richesse et le pouvoir. Si vous voulez le pouvoir et moi aussi, nous nous battons, et c'est pour cela que les nations entrent en guerre. C'est aussi simple que cela, seuls les philosophes, les politiciens et les hommes soi-disant religieux compliquent la question. En fait, c'est tout un art que d'avoir une multitude de connaissances et d'expériences – de savoir ce qu'est la richesse de la vie, la beauté de l'existence, ce que sont les luttes, les souffrances, le rire, les larmes – tout en gardant un esprit très simple; et vous ne pouvez avoir un esprit simple que lorsque vous savez aimer.

Q : Qu'est-ce que la jalousie?

K : La jalousie suppose d'être insatisfait de ce qu'on est et d'envier les autres, n'est-ce pas? L'insatisfaction par rapport à soi-même est le commencement même de l'envie. Vous voulez ressembler à quelqu'un d'autre qui a plus de connaissances, ou qui est plus beau, ou qui a une plus grande maison, plus de pouvoir, une meilleure situation que vous. Vous voulez être plus vertueux, vous voulez savoir comment méditer mieux, vous voulez accéder à Dieu, vous voulez être autre que vous n'êtes, vous êtes donc envieux, jaloux. Comprendre ce que l'on est est extrêmement difficile, parce que cela suppose d'être totalement libéré de tout désir de changer ce que l'on est en quelque chose d'autre. Le désir de se changer engendre l'envie, la jalousie, alors que la compréhension de ce que l'on est suscite une transformation de cet état. Mais voyez-vous, toute votre éducation vous incite à vouloir être différent de ce que vous êtes. Lorsque vous êtes jaloux, on vous dit : « Voyons, ne sois pas jaloux, c'est affreux ! » Vous vous efforcez donc de ne pas être jaloux. Mais cet effort même fait partie de la jalousie, car vous voulez être différent.

Une belle rose est une belle rose, un point c'est tout. Mais nous, les humains, nous avons reçu en partage la capacité de penser, et nous pensons mal. Savoir *comment* penser requiert énormément de pénétration, de compréhension, mais savoir *quoi* penser est comparativement facile. Or notre éducation actuelle consiste à nous dire *quoi* penser, elle ne nous apprend pas *comment* penser, comment explorer, pénétrer les choses ; et ce n'est que lorsque le professeur autant que l'élève savent comment penser que l'école est digne de ce nom.

Q : Pourquoi ne suis-je jamais satisfaite de rien ?

K : C'est une petite fille qui pose cette question, et je suis sûr qu'on ne la lui a pas soufflée. À l'âge tendre qui est le sien, elle veut savoir pourquoi elle n'est jamais satisfaite. Et vous les adultes, que dites-vous ? Vous êtes responsables de la situation : vous avez donné naissance à ce monde dans lequel une petite fille demande pourquoi elle n'est jamais satisfaite de rien. Vous êtes censés être des éducateurs, mais vous ne voyez pas le tragique de la situation. Vous méditez, mais vous êtes ternes, fatigués, morts à l'intérieur.

Pourquoi les êtres humains ne sont-ils jamais satisfaits? N'est-ce pas parce qu'ils sont à la recherche du bonheur et croient que le changement perpétuel va les rendre heureux? Ils passent d'un emploi à l'autre, d'une relation à l'autre, d'une religion ou d'une idéologie à l'autre, pensant que grâce à ce mouvement perpétuel de changement ils trouveront le bonheur; à moins qu'ils ne choisissent de stagner dans quelque arrière-cour obscure de l'existence. Assurément, le vrai contentement est d'une tout autre nature. Il ne naît en vous que lorsque vous vous voyez tel que vous êtes, sans aucun désir de changement, sans condamnation ni comparaison – ce qui ne signifie pas qu'il faille simplement admettre les faits et vous endormir! Mais lorsque l'esprit cesse de comparer, de juger, d'évaluer, et qu'il est donc capable de voir *ce qui est* d'instant en instant, sans vouloir le modifier – c'est dans cette perception même qu'est l'éternel.

Q : Pourquoi devons-nous lire?

K : Pourquoi devez-vous lire? Écoutez simplement, tranquillement. Jamais vous ne demandez pourquoi vous devez jouer, ou manger, pourquoi vous devez contempler le fleuve, pourquoi vous êtes cruel – n'est-ce pas? C'est quand vous n'aimez pas faire quelque chose que vous vous rebellez, et que vous demandez pourquoi il faut le faire. Mais lire, jouer, rire, être cruel, être bon, contempler le fleuve, les nuages, tout cela fait partie de la vie, et si vous ne savez pas lire, si vous ne savez pas marcher, si vous êtes incapable d'apprécier la beauté d'une feuille, vous n'êtes pas vivant. Vous devez comprendre la globalité de la vie, pas simplement une parcelle. Voilà pourquoi vous devez lire, voilà pourquoi vous devez regarder le ciel, voilà pourquoi vous devez chanter, et danser, et écrire des poèmes, et souffrir, et comprendre : car c'est tout cela, la vie.

Q : Qu'est-ce que la timidité?

K : N'êtes-vous pas intimidé quand vous rencontrez un inconnu? N'étiez-vous pas intimidé quand vous avez posé cette question? Ne seriez-vous pas intimidé si vous deviez être sur cette estrade, comme moi, et rester assis là, à parler? N'êtes-vous pas intimidé, un peu désarçonné, voire cloué sur place à la vue soudaine d'un bel arbre, d'une fleur délicate, ou d'un oiseau au nid? C'est bien d'être timide, voyez-vous. Mais chez la plupart d'entre nous, la timidité sous-entend une conscience de soi mêlée de gêne. Quand nous rencontrons un grand homme – à supposer qu'il en existe –, nous prenons conscience de ce que nous sommes par rapport à lui. Nous pensons : «Il est si important, si célèbre, et moi je ne suis rien»; et nous sommes intimidés, c'est-à-dire à la fois conscients et honteux de nous-mêmes. Mais il existe une autre forme de timidité, qui est le propre des êtres encore tendres et fragiles, et dans cette timidité-là il n'y a pas ce mélange de conscience de soi et de gêne.

4

L'écoute

Pourquoi êtes-vous là à m'écouter ? Vous êtes-vous déjà demandé pourquoi au juste vous écoutez les gens ? Et que signifie écouter quelqu'un ? Vous êtes tous assis là face à quelqu'un qui parle. Écoutez-vous pour être confortés dans vos opinions, pour avoir confirmation de votre pensée, ou écoutez-vous dans le but de découvrir ? Voyez-vous la différence ? Écouter pour découvrir a un tout autre sens qu'écouter simplement pour avoir confirmation de ce que l'on pense déjà. Si vous êtes ici simplement en quête de confirmation, d'encouragement à suivre votre ligne de pensée, votre écoute n'a guère de valeur. Mais si vous écoutez pour aller à la découverte, alors votre esprit est libre, sans obligation ; il est très vif, acéré, vivant, curieux, interrogatif, donc capable de découverte. Il est donc capital d'examiner pourquoi vous écoutez, et ce que vous écoutez, ne croyez-vous pas ?

Vous est-il déjà arrivé de rester assis en silence, sans fixer votre attention sur quoi que ce soit, sans faire d'efforts pour vous concentrer, mais en ayant l'esprit très calme, vraiment silencieux ? Alors rien ne vous échappe, vous entendez les bruits lointains comme les plus rapprochés, et ceux qui sont tout près, les sons les plus immédiats – ce qui signifie en fait que vous écoutez tout. Votre esprit n'est pas confiné à un petit canal étroit. Si vous êtes capables d'écouter de la sorte, avec facilité, sans effort, vous vous apercevrez qu'un changement extraordinaire s'opère en vous, un changement qui survient sans volonté délibérée, sans avoir rien demandé, et dans ce changement il y a une immense beauté, une grande profondeur de vision.

Faites-en l'expérience à l'occasion, maintenant par exemple. Tandis que vous m'écoutez, n'écoutez pas que moi, mais soyez attentifs à tout ce qui vous entoure. Écoutez tinter toutes ces cloches, celles des vaches et celles des temples, écoutez le bruit du train au loin et les charrettes sur la route ; et si vous vous rapprochez encore et m'écoutez aussi, vous découvrirez une qualité d'écoute beaucoup plus profonde. Mais pour ce faire, votre esprit doit être très calme et silencieux. Si vous avez vraiment envie d'écouter, votre esprit fait spontanément silence, n'est-ce pas ? Vous n'êtes pas distraits par ce qui se passe à côté de vous, votre esprit est silencieux parce que vous écoutez toute chose intensément. Si vous êtes à même d'écouter de cette manière-là, sans effort, avec une certaine félicité, vous vous apercevrez qu'une transformation stupéfiante s'opère dans votre cœur, dans votre esprit, une transformation à laquelle vous ne vous attendiez pas, et que vous n'avez suscitée en aucune manière.

La pensée est chose très étrange, n'est-ce pas ? Savez-vous ce qu'est la pensée ? Pour la plupart des gens, la pensée, ou l'acte de penser, est une élaboration de l'esprit, et ils se battent à propos de leurs pensées. Mais si vous êtes capables d'écouter vraiment tout – le clapotis de l'eau au bord d'une rivière, le chant des oiseaux, les pleurs d'un enfant, les remontrances de votre mère, les taquineries d'un ami, les récriminations de votre femme ou de votre mari –, vous découvrirez alors que vous passez au-delà de la simple expression verbale, au-delà des mots qui déchirent tant notre être.

Et il est très important d'aller au-delà de la simple expression verbale, car que cherchons-nous en définitive ? Que nous soyons jeunes ou vieux, inexpérimentés ou avancés en âge, nous voulons tous être heureux, n'est-il pas vrai ? En tant qu'élèves, nous voulons être heureux à travers le sport, l'étude, et toutes les petites activités qui nous sont chères. En prenant de l'âge, nous cherchons le bonheur dans la possession de biens, d'argent, d'une belle maison, d'un mari ou d'une femme compréhensifs, d'un bon travail. Lorsque tout cela ne nous satisfait plus, nous optons pour autre chose. Nous disons : « Je dois me détacher, et je serai heureux. » Nous commençons donc à pratiquer le détachement. Nous quittons notre famille, nous renonçons à nos biens et nous nous retirons du monde. Ou nous rejoignons une organisation religieuse, pensant être heureux en nous rassemblant, en parlant de fraternité, en suivant un gourou, un Maître, un idéal, en croyant à ce qui n'est essentiellement qu'une illusion, une chimère, une superstition.

Comprenez-vous de quoi je parle ?

Lorsque vous vous coiffez, que vous enfilez des vêtements propres, et que vous soignez votre apparence, tout cela participe de votre désir d'être heureux, n'est-ce pas ? Quand vous réussissez vos examens et que vous ajoutez quelques titres universitaires à la suite de votre nom, quand vous décrochez un emploi, que vous achetez une maison ou d'autres biens, quand vous vous mariez, que vous avez des enfants, quand vous rejoignez une organisation religieuse dont les chefs disent recevoir des messages émanant de Maîtres invisibles – derrière tout cela se cache ce formidable besoin, cette irrésistible envie de trouver le bonheur.

Mais en fait, le bonheur ne vient pas si facilement, car il n'est rien de tout cela. Vous pouvez certes éprouver du plaisir, trouver une nouvelle forme de satisfaction, mais tôt ou tard on s'en lasse, car il n'existe pas de bonheur durable dans les choses que nous connaissons. Les larmes font suite au baiser, le rire fait place à la souffrance et à la désolation. Tout fane, tout se délite. Vous devez donc, tant que vous êtes jeunes, commencer à découvrir ce qu'est cette chose étrange qu'on appelle le bonheur. C'est un des aspects essentiels de l'éducation.

Le bonheur ne vient pas lorsqu'on le cherche – là est le plus grand secret – mais c'est facile à dire... Je peux expliquer les choses en quelques mots très simples, mais vous contenter de m'écouter et de répéter ce que vous avez entendu ne va pas vous rendre heureux. Le bonheur est étrange, il vient sans qu'on le cherche. Lorsque vous ne faites pas d'efforts pour être heureux, alors, mystérieusement, sans qu'on s'y attende, le bonheur est là, né de la pureté, de la beauté qu'il y a dans le simple fait d'être. Mais cela exige énormément de compréhension – c'est autre chose que de faire partie d'une organisation ou de vouloir devenir quelqu'un. La vérité naît lorsque votre esprit et votre cœur sont exempts de toute sensation d'effort et que vous n'essayez plus de devenir quelqu'un ; la vérité est là lorsque l'esprit est très silencieux, qu'il écoute à l'infini tout ce qui se passe. Vous pouvez écouter les mots prononcés ici, mais pour que le bonheur soit, vous devez découvrir comment libérer l'esprit de toute peur.

Tant que vous avez peur de quelqu'un ou de quelque chose, le bonheur est exclu. Tant que vous avez peur de vos parents, de l'échec aux examens, peur de ne pas progresser, de ne pas être plus proches du Maître, plus près de la vérité, peur du désaveu, du manque de sollicitude – le bonheur est exclu. Mais si vous n'avez vraiment peur de rien, alors vous découvrirez un beau matin au réveil, ou au cours d'une promenade solitaire, que soudain quelque chose d'étrange se produit : sans qu'on l'ait cherché, ni sollicité, ni appelé de ses vœux, ce qu'on peut appeler l'amour, la vérité, le bonheur, est là, soudain.

Voilà pourquoi il est si important que vous receviez, tant que vous êtes jeunes, une éducation digne de ce nom. Ce qu'on qualifie de nos jours d'éducation n'en est pas une, loin de là, car personne n'aborde ces questions-là. Vos professeurs vous préparent à réussir aux examens, mais ils ne vous parlent pas de la vie – qui est pourtant l'essentiel – car très peu d'entre eux savent vraiment vivre. Dans la plupart des cas nous ne faisons que survivre, nous nous traînons péniblement, et l'existence devient un boulet affreux. Vivre demande en fait beaucoup d'amour, un fort penchant pour le silence, une grande simplicité, énormément d'expérience; il faut avoir un esprit capable de penser de manière très lucide, et qui ne soit pas sous le joug des préjugés ou des superstitions, de l'espoir ou de la peur. C'est tout cela, la vie, et si l'on ne vous apprend pas à vivre, alors l'éducation n'a aucun sens. Vous pouvez apprendre l'ordre, les bonnes manières, et vous pouvez réussir vos examens; mais donner la primauté à ces choses superficielles, alors que toutes les structures de la société sont en train de s'écrouler, c'est comme se faire les ongles tandis que la maison brûle. Or personne n'aborde tout cela, personne ne l'approfondit avec vous. De même que vous passez des jours et des jours à étudier des matières comme les mathématiques, l'histoire, la géographie, vous devriez aussi consacrer beaucoup de temps à évoquer ces sujets autrement plus profonds, car c'est cela qui fait la richesse de la vie.

Q : La vraie religion ne consiste-t-elle pas à vénérer Dieu ?

K : Cherchons tout d'abord à savoir ce que *n'est pas* la religion. C'est cela, la bonne démarche, n'est-ce pas ? Si nous parvenons à comprendre ce qu'elle *n'est pas*, nous commencerons peut-être à percevoir quelque chose d'autre. C'est comme lorsqu'on nettoie des vitres sales : on y voit tout de suite très clair. Voyons donc si nous sommes capables de comprendre, et de balayer de notre esprit ce qui n'est pas de l'ordre de la religion ; ne disons pas : « Je vais y réfléchir », ne faisons pas que jouer avec les mots. Peut-être en êtes-vous capables, mais la plupart de vos aînés sont déjà pris au piège : ils sont confortablement installés dans ce qui n'est pas la religion, et ils n'ont pas envie d'être dérangés.

Qu'est-ce donc qui n'est pas de l'ordre de la religion ? Y avez-vous déjà réfléchi ? On vous a dit et répété ce que la religion est censée être, à savoir la foi en Dieu et une foule d'autres choses – mais personne ne vous a demandé de chercher à savoir ce que la religion *n'est pas*, et vous et moi allons à présent le découvrir par nous-mêmes.

En m'écoutant, moi ou qui que ce soit d'autre, ne vous contentez pas d'accepter ce qui vous est dit, mais tendez l'oreille afin de discerner le vrai du faux. Il suffit que vous perceviez par vous-même, ne serait-ce qu'une fois, ce qui ne relève pas de la religion, et pour le restant de votre vie nul prêtre, nul livre ne pourra plus vous induire en erreur, nul sentiment de peur ne pourra créer une illusion à laquelle vous soyez susceptible de croire ou d'adhérer.

Pour découvrir ce que n'est pas la religion, vous devez commencer au niveau du quotidien, avant d'aller plus loin. Pour aller loin, il faut commencer au plus près, et le pas qui compte le plus est le premier. Alors, qu'est-ce qui n'est pas de l'ordre de la religion ? Les cérémonies, est-ce cela, la religion ? Réciter sans cesse la *puja*, est-ce cela, la religion ?

La véritable éducation, c'est d'apprendre *comment* penser, pas *quoi* penser. Si vous savez penser, si vous avez vraiment cette capacité, alors vous êtes un être humain véritablement libre – libéré des dogmes, des superstitions, des cérémonies –, donc capable de découvrir ce qu'est la religion.

Les cérémonies ne constituent évidemment pas la religion, car en célébrant des rituels vous ne faites que répéter une formule qui vous a été transmise en héritage. Vous pouvez éprouver un certain plaisir à prendre part à des cérémonies comme d'autres trouvent plaisir à fumer ou à boire. Mais est-ce cela, la religion ? En participant à des cérémonies, vous exécutez un acte dont vous ne savez rien. Votre père et votre grand-père le font, donc vous le faites aussi, sinon ils vont vous réprimander. Ce n'est pas cela, la religion, n'est-ce pas ?

Et qu'y a-t-il dans un temple ? Une image, une représentation sculptée, façonnée par un être humain en fonction de sa propre imagination. L'image peut être un symbole, mais ce n'est toujours qu'une image, et non la chose réelle. Un symbole, un mot n'est pas la chose qu'il représente. Le mot « porte » n'est pas la porte, n'est-ce pas ? Le mot n'est pas la chose. Nous allons au temple afin de vénérer – quoi ? Une image qui est censée être un symbole ; mais le symbole n'est pas la chose réelle. Dans ce cas, pourquoi y aller ? Tels sont les faits ; je ne condamne pas ; et puisque ce sont des faits, pourquoi se tracasser pour savoir qui va au temple – touchables ou intouchables, brahmanes ou non-brahmanes? Quelle importance? Voyez-vous, les grandes personnes ont transformé les symboles en religion, pour laquelle ils sont prêts à se quereller, à se battre, à massacrer. Mais Dieu n'est pas là. Dieu n'est jamais dans un symbole. Vénérer un symbole ou une représentation de Dieu, ce n'est donc pas la religion.

La religion, est-ce donc la croyance? Cette question est plus complexe. Nous avons commencé au plus près, nous allons à présent pousser un peu plus loin. La religion est-elle dans la croyance? Les chrétiens ont une certaine manière de croire, les hindous en ont une autre, les musulmans une autre, les bouddhistes une autre encore, et ils se considèrent tous comme étant très religieux, ils ont tous leurs temples, leurs dieux, leurs symboles, leurs croyances. Le fait de croire en Dieu, en Rama, Sita, Ishwara, et tout ce genre de choses, est-ce cela, la religion? Comment vous vient une telle croyance? Vous croyez parce que votre père et votre grand-père croient; ou, ayant lu ce qu'est censé avoir dit un Maître spirituel comme Shankara ou Bouddha, vous y croyez et vous dites que c'est vrai. La plupart d'entre vous croient simplement ce que dit le *Bhagavad-gîta*, vous n'examinez donc pas les choses en toute lucidité et simplicité comme vous le feriez pour n'importe quel autre livre : vous n'essayez pas de découvrir la vérité.

Nous savons que les cérémonies ne sont pas la religion, que la fréquentation d'un temple n'est pas la religion, et que la croyance n'est pas la religion. Les croyances divisent les hommes. Les chrétiens ont des croyances, c'est pourquoi ils sont doublement divisés : séparés de ceux qui croient différemment, et divisés entre eux. Les hindous sont depuis la nuit des temps remplis d'inimitié car ils se croient brahmanes ou non-brahmanes, se prennent pour ceci ou cela. La croyance engendre donc l'inimitié, la division, la destruction, et cela n'est évidemment pas la religion.

Qu'*est* donc la religion ? Si vous avez bien nettoyé les vitres – ce qui signifie que vous avez réellement cessé de prendre part à des cérémonies, renoncé à toutes les croyances, cessé de suivre un Maître à penser ou un gourou –, alors votre esprit, comme la fenêtre, est nettoyé, étincelant, et un tel esprit vous permet de voir les choses de façon très claire. Quand l'esprit sera lavé de toute image, de tout rituel, de toute croyance, de tout symbole, et de tous les mots, tous les *mantras* et les répétitions, ainsi que de toute peur, alors ce que vous verrez sera le réel, l'intemporel, l'éternel que l'on peut appeler Dieu ; mais cela exige une immense profondeur de vision, une compréhension et une patience énormes, et cela est réservé à ceux qui explorent vraiment la nature de la religion et qui insistent, jour après jour, jusqu'au bout. Seuls ceux-là sauront ce qu'est la vraie religion. Les autres ne font que marmonner des mots, et tous leurs ornements, leurs habits de cérémonie, leurs *pujas* et leurs tintements de clochettes et tout le reste ne sont que superstitions dénuées de valeur. Ce n'est que lorsque l'esprit est en révolte contre la prétendue religion qu'il découvre le réel.

5

Le mécontentement créatif

Vous est-il déjà arrivé de rester assis très tranquillement, sans faire le moindre mouvement ? Essayez, restez immobile, le dos droit, et observez ce que fait votre esprit. N'essayez pas de le contrôler, ne dites pas qu'il faudrait l'empêcher de sauter d'une pensée à l'autre, d'un pôle d'intérêt à l'autre, soyez simplement conscient de la manière dont il passe du coq à l'âne. Ne cherchez pas à l'en empêcher, observez-le simplement comme vous regardez, depuis le rivage, couler l'eau du fleuve. Il charrie dans son cours tant de choses – des poissons, des feuilles, des animaux morts – mais il est toujours vivant, mouvant, et votre esprit est ainsi. Il est perpétuellement agité, voletant d'une chose à l'autre comme un papillon.

Quand vous écoutez une chanson, comment l'écoutez-vous ? Il se peut que vous aimiez le chanteur, qu'il ait un beau visage et que vous suiviez le sens des paroles ; mais derrière tout cela, lorsque vous écoutez une chanson, vous écoutez les sons, et le silence entre les notes, n'est-ce pas ? De même, essayez de rester assis très calmement, sans vous agiter, sans bouger les mains ni même les orteils, observez simplement votre esprit. C'est très amusant. Si vous essayez d'en faire un jeu, vous vous apercevrez que l'esprit commence à se calmer, sans le moindre effort de votre part pour le contrôler. À ce moment-là il n'y a plus ni censeur, ni juge, ni évaluateur; et lorsque l'esprit est ainsi spontanément tranquille et silencieux, vous découvrez ce qu'est être joyeux. Savez-vous ce qu'est la gaieté? C'est rire, tout simplement, se réjouir de tout et de rien, c'est connaître la joie de vivre, sourire, regarder l'autre droit dans les yeux, sans aucun sentiment de peur.

Avez-vous jamais vraiment regardé quelqu'un bien en face – votre professeur, votre père ou votre mère, le haut fonctionnaire, le domestique, le pauvre coolie – et vu ce qui se passe? Nous avons généralement peur de regarder les autres droit dans les yeux, et ils ne veulent pas que nous les regardions de cette façon, car ils ont également peur. Personne ne veut se dévoiler, nous sommes tous sur nos gardes, nous dissimulant derrière des épaisseurs successives de détresse, de souffrance, de nostalgie et d'espoir, et très peu sont capables de vous regarder en face et de vous sourire. Or il est très important de sourire, d'être heureux, car, voyez-vous, si l'on n'a pas le cœur qui chante, la vie devient très terne. On peut aller d'un temple à l'autre, passer d'un conjoint à l'autre, on peut toujours se trouver un nouveau Maître spirituel, un nouveau gourou, mais sans cette joie intérieure la vie n'a guère de sens. Et il n'est pas facile de trouver cette joie intérieure, car, pour la plupart d'entre nous, le mécontentement reste superficiel.

Être mécontent, qu'est-ce que cela veut dire? Le savez-vous? Il est très difficile de comprendre le mécontentement, car en général nous le canalisons dans une certaine direction et l'étouffons par là même. Autrement dit, notre unique souci est de nous installer dans une position de sécurité, avec des intérêts et un prestige bien assis, afin de ne pas être dérangés. Cela se produit au sein des foyers comme à l'école. Les professeurs ne veulent pas être dérangés, c'est pourquoi ils suivent la bonne vieille routine; car dès l'instant où l'on est vraiment mécontent et où l'on se met à vouloir savoir, à remettre les choses en question, les perturbations sont inévitables. Mais on ne prend l'initiative que sur la base d'un mécontentement réel.

Avez-vous idée de ce qu'est l'initiative? Vous prenez l'initiative lorsque vous mettez en route, que vous démarrez quelque chose sans qu'on vous y incite; le geste n'est pas forcément très grand ni très spectaculaire – cela peut venir par la suite – mais l'étincelle d'initiative est là quand vous plantez un arbre par vos propres moyens, quand vous êtes spontanément bon, que vous souriez à un homme qui porte une lourde charge, quand vous ôtez une pierre du sentier, ou que vous flattez un animal en chemin. C'est le modeste début de la formidable initiative que vous devez prendre si vous voulez connaître cette chose extraordinaire qu'on appelle la créativité. La créativité prend sa source dans l'initiative, qui ne naît qu'en présence d'un mécontentement profond.

N'ayez pas peur du mécontentement, mais nourrissez-le jusqu'à ce que l'étincelle devienne une flamme et que vous soyez perpétuellement mécontent de tout – de votre travail, de votre famille, de la traditionnelle course à l'argent, à la situation, au pouvoir – de sorte que vous vous mettiez vraiment à penser, à découvrir. Or, en vieillissant, vous vous rendrez compte qu'il est très difficile de maintenir cet esprit de mécontentement. Vous avez des enfants à nourrir, et les exigences de votre travail à prendre en compte, l'opinion de vos voisins, de la société qui se referme sur vous, et très vite vous commencez à perdre cette flamme ardente du mécontentement. Quand vous êtes mécontent, vous allumez la radio, vous allez voir un gourou, vous récitez la *puja*, vous vous inscrivez à un club, vous buvez, vous courez les femmes – tout est bon pour étouffer la flamme. Or, voyez-vous, sans cette flamme du mécontentement, vous n'aurez jamais l'initiative qui est le commencement de la créativité. Pour découvrir la vérité, vous devez être en révolte contre l'ordre établi. Mais plus vos parents ont d'argent, plus vos professeurs s'installent dans la sécurité de leur poste, moins ils ont envie que vous vous révoltiez.

La créativité ne consiste pas simplement à peindre des tableaux et à écrire des poèmes – ce qui est bien, mais reste minime en soi. L'important est d'être mécontent de fond en comble car ce mécontentement global est le début de l'initiative qui devient créative à mesure qu'elle mûrit; et c'est la seule manière de découvrir ce qu'est la vérité, ce qu'est Dieu, car Dieu n'est autre que l'état créatif.

Il faut donc éprouver ce mécontentement total, mais dans la joie – comprenez-vous? Il faut être complètement mécontent, sans se plaindre, mais avec joie, avec gaieté, avec amour. La plupart des mécontents sont mortellement ennuyeux : ils se plaignent sans cesse du manque de justesse de telle ou telle chose, ou bien ils souhaiteraient avoir une meilleure situation, ou bien ils voudraient que les circonstances soient autres, car leur mécontentement reste très superficiel. Quant à ceux qui ne sont pas du tout mécontents, ils sont déjà morts.

Si vous pouvez être en révolte tandis que vous êtes jeunes, et en vieillissant nourrir votre mécontentement de toute la vitalité de la joie et d'une immense affection, alors cette flamme du mécontentement aura une portée extraordinaire, car elle bâtira, elle créera, elle fera naître des choses nouvelles. Mais il faut pour cela que vous receviez une éducation adéquate, qui n'est pas celle qui vous prépare simplement à décrocher un emploi ou à gravir l'échelle du succès, mais une éducation qui vous aide à penser et qui vous donne de l'espace – pas sous forme d'une chambre plus vaste ou d'un toit plus haut, mais un espace où votre esprit puisse croître sans être entravé par une quelconque croyance ni une quelconque peur.

Q : Le mécontentement empêche de penser clairement. Comment surmonter cet obstacle?

K : Je ne crois pas que vous ayez écouté ce que j'ai dit; vous étiez sans doute préoccupé par votre question, inquiet de la manière dont vous alliez la poser. C'est ce que vous faites tous de différentes manières : chacun a une préoccupation, et si ce que je dis ne correspond pas à ce que vous avez envie d'entendre, vous le balayez d'un geste parce que votre esprit est trop accaparé par votre propre problème. Si notre interlocuteur avait écouté ce qui a été dit, s'il avait vraiment perçu la nature intérieure du mécontentement, de la gaieté, de l'état de créativité, je ne crois pas qu'il aurait posé cette question.

Mais voyons, le mécontentement empêche-t-il de penser clairement? Et qu'est-ce que la pensée lucide? Peut-on penser très clairement si l'on veut tirer profit de sa pensée? Si votre esprit se préoccupe d'un résultat, pouvez-vous penser lucidement? Ou bien ne peut-on penser clairement que lorsqu'on ne recherche aucun but, aucun résultat, aucun gain précis?

Et pouvez-vous penser clairement si vous avez un préjugé, une croyance particulière – autrement dit, si vous réfléchissez en tant qu'hindou, communiste ou chrétien?

De toute évidence, vous ne pouvez penser de manière lucide que lorsque votre esprit n'est pas ligoté à une croyance comme un singe qu'on aurait attaché à un poteau. Vous ne pouvez penser clairement que lorsque vous n'êtes pas en quête d'un résultat et que vous n'avez aucun préjugé, ce qui signifie en fait que vous ne pouvez penser de manière claire, simple et directe que lorsque votre esprit n'est plus en quête d'aucune forme de sécurité, et qu'il est par conséquent libéré de la peur.

Donc, d'une certaine manière, le mécontentement empêche *effectivement* de penser clairement. Lorsque votre mécontentement vise à un résultat, ou que vous essayez d'étouffer ce mécontentement parce que votre esprit a horreur d'être dérangé et veut à tout prix être tranquille, être en paix, alors toute lucidité est impossible. Mais si vous êtes mécontent de tout – de vos préjugés, de vos croyances, de vos peurs – et que vous ne courez pas après un résultat, alors ce mécontentement même suscite un recentrage de votre pensée, pas sur un objet particulier ni dans une direction particulière, mais de telle manière que tout votre processus de pensée devient très simple, très direct et très clair.

Jeunes ou vieux, nous sommes presque tous mécontents, simplement parce que nous voulons quelque chose – plus de connaissances, un meilleur travail, une plus belle voiture, un salaire plus élevé. Notre mécontentement se fonde sur le désir du «plus». C'est uniquement parce que nous voulons plus que nous sommes pour la plupart mécontents. Mais ce n'est pas à cette forme de mécontentement que je fais allusion. C'est le désir du «plus» qui fait obstacle à la pensée claire. Alors que, si nous sommes mécontents non pas parce que nous voulons quelque chose, mais sans savoir *ce que* nous voulons, si nous sommes insatisfaits de notre travail, de la course à l'argent, de la réussite sociale, du pouvoir, de la tradition, si nous sommes insatisfaits de ce que nous avons et de ce que nous pourrions éventuellement avoir, si nous sommes insatisfaits non d'une chose en particulier mais de tout, alors je crois que nous découvrirons que notre insatisfaction est source de clarté. Quand nous n'acceptons plus, que nous ne suivons plus, mais que nous remettons en question, que nous enquêtons, que nous allons au fond des choses, il surgit de là une vision lucide qui est source de créativité et de joie.

Q : Qu'est-ce que la connaissance de soi, et comment l'acquérir ?

K : Voyez-vous la disposition d'esprit qui sous-tend cette question ? Je n'exprime là aucun manque de respect envers cet interlocuteur, mais examinons la disposition d'esprit qui lui souffle cette question : « Comment puis-je l'obtenir ? À quel prix puis-je l'acquérir ? Que dois-je faire, quels sacrifices faut-il faire, quelle discipline ou quelle méditation dois-je pratiquer pour l'avoir ? » C'est un esprit médiocre, semblable à une machine, qui dit : « Je vais faire ceci, afin d'obtenir cela. » Les soi-disant religieux pensent en ces termes-là, mais la connaissance de soi ne s'obtient pas de cette manière. Elle ne s'achète pas au prix d'un effort ou d'une pratique. La connaissance de soi advient par l'observation de vous-même dans votre relation avec vos camarades, vos professeurs et tous ceux qui vous entourent ; elle advient lorsque vous observez les manières de l'autre, ses gestes, sa façon de s'habiller, de parler, son mépris ou ses flatteries, et votre réaction ; elle advient lorsque vous observez tout ce qui se passe en vous et autour de vous et que vous vous voyez aussi clairement que vous voyez votre visage dans le miroir. Lorsque vous vous regardez dans la glace, vous vous voyez tel que vous êtes, n'est-ce pas ? Vous pouvez souhaiter avoir une autre tête, ayant une autre forme, avec un peu plus de cheveux, un visage moins laid, mais les faits sont là, clairement reflétés par le miroir, et vous ne pouvez pas les balayer et dire : « Que je suis beau ! »

Si vous pouvez regarder dans le miroir de la relation exactement comme vous le faites dans un miroir ordinaire, alors la connaissance de soi est sans fin. C'est comme pénétrer dans un océan insondable et sans rivages. Or nous voulons pour la plupart arriver à une fin, nous voulons être à même de dire : « Je suis parvenu à la connaissance de moi et je suis heureux. » Mais les choses sont loin de se passer ainsi. Si vous pouvez vous regarder sans condamner ce que vous voyez, sans vous comparer à autrui, sans souhaiter être plus beau ou plus vertueux, si vous pouvez simplement observer ce que vous êtes et poursuivre votre chemin, vous découvrirez qu'il est possible d'aller infiniment loin. Alors le voyage est sans fin et là est tout le mystère, toute la beauté de la chose.

Q : Qu'est-ce que l'âme ?

K : Notre culture, notre civilisation ont inventé le mot « âme » – la civilisation n'étant autre que le désir et le vouloir collectifs d'une multitude de gens. Regardez la civilisation indienne. N'est-elle pas l'aboutissement des désirs, des volontés de la multitude ? Toute civilisation est le résultat de ce que l'on peut qualifier de volonté collective, et, dans ce cas précis, la volonté collective a décrété qu'il devait exister quelque chose d'autre que le corps physique qui meurt et qui se décompose, quelque chose de beaucoup plus grand, de beaucoup plus vaste, d'indestructible, d'immortel : elle a donc instauré cette idée de l'âme. Il se peut que, de temps à autre, il ait existé un ou deux individus ayant découvert par eux-mêmes certains aspects de cette chose extraordinaire qu'on appelle l'immortalité, cet état où la mort n'existe pas; tous les esprits médiocres ont alors déclaré : « Oui, ce doit être vrai, il doit avoir raison », et parce qu'ils tiennent à l'immortalité, ils s'agrippent au mot « âme ».

Vous aussi, vous désirez savoir s'il existe autre chose que la simple existence physique, n'est-ce pas? Ce sempiternel circuit qui vous mène au bureau, ce travail qui ne vous enthousiasme guère, ces querelles, ces attentes, ces enfants que l'on met au monde, ces cancans avec les voisins, ces flots de paroles inutiles – vous voulez savoir s'il y a quelque chose d'autre que tout cela. Le terme même d'« âme » exprime l'idée d'un état indestructible, éternel, n'est-ce pas? Mais le problème, c'est que vous ne découvrez jamais par vous-même si cet état existe ou non. Vous ne dites pas : « Peu m'importe ce qu'ont dit le Christ, Shankara ou qui que ce soit d'autre, peu importent les injonctions de la tradition ou de la soi-disant civilisation : je vais découvrir par mes propres moyens si oui ou non il existe un état situé au-delà du cadre du temps. » Vous ne vous révoltez pas contre ce que la civilisation ou la volonté collective a ainsi formulé, au contraire, vous l'acceptez et vous dites : « Oui, l'âme existe. » Vous donnez un nom à cette notion, un autre lui donne un nom différent, et voilà que vous vous divisez et devenez ennemis en raison de vos croyances discordantes.

Celui qui veut véritablement découvrir s'il existe ou non un état au-delà du cadre du temps doit être libéré de la civilisation, c'est-à-dire qu'il doit être libre par rapport à la volonté collective, et savoir tenir bon tout seul. Et l'un des rôles essentiels de l'éducation est d'apprendre à faire front tout seul, de sorte que vous ne soyez prisonnier ni de la volonté du plus grand nombre ni de la volonté d'un seul, et que vous soyez capable de découvrir vous-même ce qui est vrai.

Ne dépendez de personne. Si moi, ou un autre vous dit qu'il existe un état d'éternité, quelle valeur cela a-t-il pour vous ? Si vous avez faim, vous voulez manger, vous ne voulez pas qu'on vous nourrisse de simples mots. L'important pour vous est de faire vos propres découvertes. Vous voyez bien que tout autour de vous se délite, tout est en voie de destruction. Cette soi-disant civilisation ne tient plus que par l'effet de la volonté collective, mais elle tombe en ruine. La vie vous lance un défi d'instant en instant, et si vous ne le relevez qu'en restant dans l'ornière de l'habitude, c'est-à-dire en répondant seulement en termes d'acceptation, votre réponse est sans valeur. Existe-t-il oui ou non un état intemporel, un état dans lequel il n'y a pas de mouvement de « plus » ou de « moins » ? Vous ne le saurez que lorsque vous direz : « Je n'accepte pas, je vais explorer, enquêter », ce qui signifie que vous n'avez pas peur de faire front tout seul.

6

La globalité de la vie

Nous nous accrochons le plus souvent à une petite parcelle de vie, croyant pouvoir, grâce à cette parcelle, découvrir le tout. Sans quitter la pièce où nous sommes, nous espérons pouvoir explorer le fleuve, dans toute sa longueur, dans toute sa largeur et apercevoir la luxuriance des verts pâturages le long de ses rives. Nous vivons reclus dans une petite chambre, nous peignons une petite toile, croyant avoir saisi la vie à pleines mains, ou compris la signification de la mort. Mais il n'en est rien. Car pour ce faire, il faut sortir. Et il est extrêmement difficile de sortir, de quitter la chambre à l'étroite fenêtre, et de voir toute chose telle qu'elle est, sans juger, sans condamner, sans dire : «J'aime ceci, mais je n'aime pas cela», car nous croyons pour la plupart qu'une partie isolée nous permettra de comprendre le tout. Nous espérons qu'un unique rayon nous permettra de comprendre la roue. Mais un rayon ne fait pas une roue, n'est-ce pas? Il faut de nombreux rayons, et un moyeu, et une jante, pour faire cette chose qu'on appelle une roue. Et nous avons besoin de voir la roue tout entière pour la comprendre. De la même manière, nous devons saisir le processus global de la vie si nous voulons vraiment la comprendre.

J'espère que vous suivez bien tous ces propos, parce que l'éducation devrait vous aider à comprendre la globalité de la vie et ne pas se contenter de vous préparer à trouver un emploi et à suivre la voie toute tracée, celle de votre mariage, de vos enfants, de votre police d'assurance, de vos *pujas* rituelles et de vos petits dieux. Mais mettre sur pied une éducation digne de ce nom suppose énormément d'intelligence, de profondeur de vision, c'est pourquoi il est si important que l'éducateur lui-même soit éduqué de manière à comprendre l'ensemble du processus de la vie, au lieu de se contenter d'enseigner en fonction de formules toutes faites, anciennes ou nouvelles.

La vie est un mystère extraordinaire – pas celui que décrivent les livres, ni celui dont parlent les gens, mais un mystère que chacun doit découvrir par lui-même; c'est pourquoi il est si important que vous compreniez aussi tout ce qui est petit, étroit, mesquin, et que vous sachiez dépasser ces notions.

Si vous ne commencez pas à comprendre la vie tant que vous êtes jeunes, vous allez grandir en étant intérieurement laids, ternes et vides. Même si extérieurement vous avez de l'argent, vous roulez dans des voitures luxueuses, et vous prenez de grands airs. C'est pourquoi il est très important de quitter votre petite chambre et de percevoir toute l'immensité du firmament. Mais cela, vous ne pouvez le faire que si vous avez l'amour – pas l'amour physique ou l'amour divin, mais simplement l'amour, qui consiste à aimer les oiseaux, les arbres, les fleurs, vos professeurs, vos parents et, au-delà de vos parents, l'humanité entière.

Si vous ne découvrez pas vous-mêmes ce que c'est que d'aimer, quelle immense tragédie! Si vous ne connaissez pas l'amour maintenant, jamais vous ne le connaîtrez car, en vieillissant, ce qu'on appelle l'amour deviendra quelque chose de très laid, une forme de possession, une espèce de marchandise qui s'achète et se vend. Mais si vous commencez dès à présent à avoir l'amour dans votre cœur, si vous aimez l'arbre que vous plantez, l'animal égaré que vous caressez, alors en grandissant vous ne resterez pas dans votre petite chambre à la fenêtre étroite, mais vous la quitterez et vous aimerez la vie dans son intégralité.

L'amour est factuel, il n'est pas émotionnel, il n'est pas prétexte à pleurer ; ce n'est pas un sentiment. L'amour est totalement exempt de sentimentalité. Et il est de la plus haute importance que vous sachiez ce qu'est l'amour tandis que vous êtes jeunes. Vos parents et vos professeurs ne connaissent peut-être pas l'amour, et c'est pourquoi ils ont créé un univers terrible, une société perpétuellement en guerre contre elle-même et contre les autres sociétés. Leurs religions, leurs philosophies et leurs idéologies sont toutes fausses parce qu'ils sont sans amour. Ils n'ont qu'une vision partielle, à partir d'une fenêtre étroite d'où la vue peut être agréable et vaste, mais ce n'est pas le panorama d'ensemble de la vie. Sans cette sensation d'amour intense, jamais vous ne pourrez avoir la perception du tout ; vous serez donc toujours malheureux, et à la fin de votre vie, il ne vous restera qu'une poignée de cendres et un flot de paroles vides.

Q : Pourquoi avons-nous envie d'être célèbre ?

K : Pourquoi croyez-vous avoir envie d'être célèbre ? Je peux vous l'expliquer, mais à l'issue de tout cela, cesserez-vous pour autant d'en avoir envie ? Vous voulez être célèbre parce que tout le monde dans cette société veut devenir célèbre. Vos parents, vos professeurs, le gourou, le yogi – tous veulent être connus, célèbres, et donc vous aussi.

Réfléchissons-y ensemble. Pourquoi veut-on être célèbre ? Tout d'abord, c'est profitable, et cela procure énormément de plaisir, n'est-ce pas ? Si vous êtes connu dans le monde entier, vous vous sentez très important, cela vous donne un sentiment d'immortalité. Vous voulez être célèbre, vous voulez être connu, vous voulez qu'on parle de vous partout dans le monde parce que, au fond de vous, vous n'êtes personne. Il n'y a en vous aucune richesse, il n'y a rien du tout à l'intérieur de vous – vous voulez donc être connu du monde extérieur. Alors que si vous êtes riche intérieurement, peu vous importe d'être connu ou inconnu.

Être intérieurement riche est beaucoup plus ardu qu'être extérieurement riche et célèbre : cela demande beaucoup plus de soin, une attention beaucoup plus soutenue. Si vous avez un peu de talent et que vous savez l'exploiter, vous devenez célèbre ; mais la richesse intérieure, elle, n'advient pas de cette manière. Pour être intérieurement riche, l'esprit doit comprendre et écarter tout ce qui n'est qu'accessoire – comme la soif de célébrité. La richesse intérieure suppose de savoir rester seul, mais celui qui veut être célèbre a peur d'affronter la vie tout seul, car il est dépendant des flatteries et de la bonne opinion d'autrui.

Q : Dans votre jeunesse, vous avez écrit un livre dans lequel vous disiez : « Ce ne sont pas là mes mots, ce sont les paroles de mon Maître. » Comment se fait-il que vous insistiez aujourd'hui sur la nécessité de penser par soi-même ? Et qui était votre Maître ?

K : L'une des choses les plus difficiles dans la vie est de ne pas être prisonnier d'une idée; on qualifie pourtant de cohérence d'idées un tel asservissement. Si vous avez un idéal de non-violence, vous essayez d'être cohérent par rapport à cet idéal. En fait, notre interlocuteur nous dit la chose suivante : «Vous nous dites qu'il faut penser par soi-même, ce qui est en contradiction avec vos propos de jeunesse. Pourquoi ce manque de cohérence chez vous?»

Que veut dire être cohérent? C'est un point très important. Être cohérent, c'est avoir un esprit qui suit invariablement un schéma de pensée spécifique, ce qui signifie qu'on ne doit pas faire de choses contradictoires – une chose aujourd'hui et son contraire le lendemain. Nous essayons de découvrir ce qu'est un esprit cohérent. Un esprit qui décrète : «J'ai fait vœu d'être ainsi, et je vais demeurer ainsi tout le restant de ma vie», est qualifié de cohérent, alors que c'est en réalité un esprit tout à fait stupide, car il est parvenu à une conclusion et il vit en fonction de cette conclusion. Il est à l'image de l'homme qui s'enferme derrière des murailles et passe ainsi à côté de la vie.

Le problème est très complexe, je le simplifie peut-être trop – pourtant non, je ne crois pas. Quand l'esprit est simplement cohérent, il devient mécanique et perd la vitalité, l'ardeur, la beauté du libre mouvement. Il fonctionne dans le cadre d'un schéma établi. C'est une partie de votre question.

L'autre étant : «Qui est le Maître?» Vous ignorez les implications de ce problème – et c'est tant mieux. Voyez-vous, on a dit que j'avais écrit un certain livre dans ma prime jeunesse, et ce monsieur a cité une déclaration tirée de ce livre selon laquelle un Maître m'aurait aidé à l'écrire. Il y a en effet des groupes, tels que les théosophes, qui croient qu'il existe des Maîtres vivant dans les lointaines montagnes de l'Himalaya et qui aident et guident le monde – et ce monsieur veut savoir qui est le Maître. Écoutez attentivement, car ceci s'applique à vous aussi.

Est-ce si important de savoir qui est le Maître ou qui est le gourou ?

Ce qui compte, c'est la vie – pas votre gourou, un Maître ou un leader, ou un professeur qui interprète la vie pour vous. C'est *vous* qui devez la comprendre, c'est *vous* qui souffrez, qui êtes dans la peine, c'est *vous* qui voulez connaître le sens de la mort, de la naissance, de la méditation, de la souffrance, et personne ne peut vous le dire. Les autres peuvent vous l'expliquer, mais leurs explications risquent d'être entièrement erronées, fausses du tout au tout.

Il est bon, par conséquent, d'être sceptique, car cela vous donne une chance de découvrir vous-même si, tout compte fait, vous avez vraiment besoin d'un gourou. L'important, c'est d'être à soi-même sa propre lumière, son propre maître et son propre disciple, d'être à la fois l'enseignant et l'élève. Tant que vous apprenez, il n'y a pas de Maître. C'est seulement lorsque vous avez cessé d'explorer, de découvrir, de comprendre tout ce processus de la vie que le Maître apparaît – et un tel Maître est sans valeur. Alors vous êtes mort, et par conséquent votre Maître l'est aussi.

Q : Pourquoi l'homme est-il orgueilleux ?

K : Si vous avez une belle écriture, ou quand vous gagnez un match ou réussissez un examen, n'êtes-vous pas fier de vous ? Avez-vous déjà écrit un poème, ou peint un tableau, avant de le montrer à un ami ? Si cet ami vous dit que le poème ou le tableau est superbe, n'êtes-vous pas content ? Quand vous avez fait quelque chose dont on dit que c'est excellent, vous éprouvez une sensation de plaisir, et c'est légitime, c'est agréable. Mais que se passe-t-il la fois suivante où vous faites un tableau, écrivez un poème, ou rangez votre chambre ? Vous attendez qu'on vienne vous dire quel garçon formidable vous êtes, et si personne ne vient, vous ne vous donnez plus la peine de peindre, d'écrire ou de ranger. Vous en venez donc à être dépendant du plaisir que les autres vous donnent par leur approbation. C'est aussi simple que cela. Que se passe-t-il ensuite ? En prenant de l'âge, vous voulez être reconnu par une foule de gens. Vous avez beau dire : « Je vais faire cela pour l'amour de mon gourou, pour l'amour de mon pays, pour l'amour de l'humanité, pour l'amour de Dieu », en réalité vous êtes en quête de reconnaissance, et il en découle un orgueil grandissant. Lorsque vous agissez ainsi, c'est en pure perte. Je me demande si vous comprenez tout cela.

Pour comprendre une chose telle que l'orgueil, vous devez être capable de l'appréhender de bout en bout – de voir comment il naît et les désastres qu'il cause, d'en voir tous les aspects, ce qui signifie que vous devez être si vivement intéressé que votre esprit le suit jusqu'au bout et ne s'arrête pas à mi-chemin. Quand un sport vous intéresse vraiment, vous jouez jusqu'au bout, vous ne vous arrêtez pas soudain en plein milieu du match pour rentrer chez vous. Mais votre esprit n'est pas habitué à cette forme de pensée, et cela fait partie de l'éducation que de vous aider à explorer le processus de la vie dans sa globalité, au lieu de vous en tenir à l'étude de quelques sujets.

Q : Dans notre enfance, on nous dit ce qui est beau et ce qui est laid, le résultat étant que nous continuons toute notre vie à dire : « Telle chose est belle, telle chose est laide. » Comment savoir ce qu'est la vraie beauté et ce qu'est la laideur ?

K : Supposons que vous disiez d'une certaine voûte qu'elle est belle, et qu'un autre la dise laide. Qu'est-ce qui compte le plus : vous battre pour défendre des opinions contraires sur ce qui est beau et ce qui est laid, ou être sensible à la fois à la beauté et à la laideur? Dans la vie, il y a la saleté, la misère noire, la dégradation, la souffrance, les larmes, et il y a aussi la joie, le rire, la beauté d'une fleur sous le soleil. Ce qui compte, bien sûr, c'est d'être sensible à tout, et pas simplement de décider de ce qui est beau ou laid, et de camper sur ses opinions. Si je dis : «Je vais cultiver la beauté et rejeter toute laideur», que se passe-t-il? Cette culture de la beauté mène à l'insensibilité. Comme dans le cas d'un homme qui musclerait son bras droit pour le rendre très fort et laisserait s'atrophier son bras gauche. Vous devez donc être attentif à la laideur autant qu'à la beauté. Vous devez voir les feuilles dansantes, l'eau qui coule sous le pont, la splendeur du soir et être aussi attentif au mendiant dans la rue; vous devez voir la pauvre femme qui ploie sous un lourd fardeau, et être prêt à l'aider, à lui prêter main-forte. Tout cela est indispensable, et ce n'est que lorsqu'on a cette sensibilité à toute chose que l'on peut commencer à œuvrer, à se rendre utile, au lieu de rejeter ou de condamner.

Q : Pardon, mais vous n'avez toujours pas dit qui était votre Maître...

K : Est-ce si important? Ce livre, brûlez-le, jetez-le. En accordant tant d'importance à une chose aussi triviale que de savoir qui est le Maître, vous réduisez l'ensemble de l'existence à une petite histoire minable. Nous voulons toujours savoir qui est le Maître, qui est le savant, qui est l'artiste qui a peint le tableau. Jamais nous ne voulons découvrir par nous-même le contenu du tableau sans tenir compte de l'identité de l'artiste. Vous dites que le poème est beau seulement quand vous savez qui est le poète. C'est du pur snobisme, ce n'est que la répétition d'une opinion toute faite, et cela détruit votre propre perception intérieure de la réalité de la chose. Si vous ressentez la beauté d'un tableau et que vous en éprouvez beaucoup de gratitude, l'identité du peintre compte-t-elle réellement pour vous ? Si votre seul souci est de découvrir le contenu du tableau, sa vérité, alors le tableau vous transmet tout son sens.

7

L'ambition

Nous avons discuté de l'importance capitale d'avoir en soi l'amour, et nous avons vu qu'il ne s'acquiert ni ne s'achète. Cependant, sans l'amour, tous nos projets en vue d'un ordre social parfait d'où toute exploitation, tout excès de discipline seraient bannis, resteront lettre morte, et je crois qu'il est essentiel que vous le compreniez tant que vous êtes jeunes.

Où que l'on aille dans le monde, on constate de toutes parts que la société est en perpétuel conflit. Il y a toujours d'un côté les riches, les puissants, les gens aisés, et de l'autre les travailleurs ; et chacun se livre à une compétition jalouse, chacun veut une meilleure situation, un plus gros salaire, davantage de pouvoir, plus de prestige. Tel est l'état du monde, et voilà pourquoi la guerre fait toujours rage à l'intérieur comme à l'extérieur.

Si nous voulons, vous et moi, amener une révolution complète dans l'ordre social, la première chose à comprendre est cet instinct qui vise à l'acquisition du pouvoir. La plupart d'entre nous veulent le pouvoir sous une forme ou une autre. Nous voyons que, grâce à la richesse et au pouvoir, nous pourrons voyager, nous associer à des gens importants, et devenir célèbres. Ou alors nous rêvons de mettre en place une société parfaite. Nous croyons pouvoir instaurer le bien grâce au pouvoir; alors que la quête même du pouvoir – qu'il soit personnel ou qu'il soit mis au service de notre pays, ou d'une idéologie – est nocive, destructrice, car elle suscite inévitablement des pouvoirs antagonistes : le conflit est donc toujours présent.

Dans ce cas, n'est-il pas légitime que l'éducation vous aide, en grandissant, à percevoir l'importance de l'avènement d'un monde dépourvu de tout conflit intérieur ou extérieur, un monde où vous ne soyez plus en conflit avec votre voisin ni aucun groupe d'individus, parce que la soif d'ambition, c'est-à-dire le désir de prestige et de pouvoir, aura définitivement cessé? Et est-il possible de créer une société exempte de tout conflit intérieur ou extérieur? La société, ce sont les rapports entre vous et moi, et si nos relations sont fondées sur l'ambition, chacun de nous désirant être plus puissant que l'autre, alors de toute évidence nous serons toujours en conflit. La cause du conflit peut-elle être supprimée? Pouvons-nous tous nous éduquer nous-mêmes à fuir la compétition, à ne pas nous comparer à autrui, à ne pas convoiter telle ou telle situation – en un mot, à être totalement dépourvus d'ambition?

Quand vous sortez de l'école en compagnie de vos parents, ou que vous lisez les journaux, ou parlez à des gens, vous avez sûrement remarqué que presque tout le monde désire des changements dans ce monde. N'avez-vous pas également remarqué que ces mêmes personnes sont en perpétuel conflit les unes avec les autres sur un sujet ou un autre – sur des problèmes d'idées, de propriété, de race, de caste ou de religion? Vos parents, vos voisins, les ministres et les bureaucrates – ne sont-ils pas tous ambitieux, ne se battent-ils pas pour une meilleure situation, ne sont-ils pas par conséquent toujours en conflit avec quelqu'un d'autre ? De toute évidence, ce n'est qu'une fois disparu cet esprit de compétition qu'adviendra une société pacifique dans laquelle chacun de nous pourra mener une existence heureuse et créative.

Mais comment faire pour y parvenir ? Les réglementations, la législation ou l'entraînement de notre esprit à bannir l'ambition peuvent-ils éliminer celle-ci ? Sur le plan extérieur, on peut vous entraîner à ne pas être ambitieux, sur le plan social vous pouvez cesser d'être en compétition avec les autres ; mais intérieurement vous serez toujours ambitieux, n'est-ce pas ? Est-il donc possible de balayer totalement cette ambition qui est source de tant de souffrances pour les êtres humains ? Vous n'y avez sans doute pas songé jusqu'ici, car personne ne vous a parlé comme je le fais ici, mais à présent que quelqu'un vous en parle, n'avez-vous pas envie de savoir s'il est possible de vivre dans ce monde une vie riche, pleine, heureuse et créative, sans cet instinct destructeur de l'ambition, sans cette compétition ? N'avez-vous pas envie de savoir comment vivre de telle sorte que votre existence ne détruise pas autrui, ou ne jette pas une ombre sur son chemin ?

Nous pensons, en fait, que c'est un rêve utopique qui ne peut jamais se réaliser dans les faits : mais je ne parle pas d'une utopie, ce serait stupide. Vous et moi, qui sommes des gens simples et ordinaires, pouvons-nous vivre de manière créative en ce monde, sans cet instinct d'ambition qui se manifeste de diverses manières, telles que la soif de pouvoir ou de réussite sociale ? Vous trouverez la bonne réponse quand vous aimerez ce que vous faites. Si vous êtes ingénieur uniquement parce qu'il faut bien gagner sa vie, ou parce que c'est ce que votre père ou la société attendent de votre part, ce n'est rien d'autre qu'une nouvelle forme de contrainte, or la contrainte sous quelque forme que ce soit engendre la contradiction, le conflit. Alors que si vous avez vraiment envie d'être ingénieur, ou scientifique, ou si vous êtes capable de planter un arbre, de peindre un tableau, d'écrire un poème, non pas dans le but d'être reconnu, mais simplement parce que vous aimez cela, vous découvrirez que jamais vous ne serez en compétition avec autrui. Je crois que là est la véritable clef du problème : il faut aimer ce que l'on fait.

Mais quand on est jeune, il est souvent très difficile de savoir ce que l'on aime faire : vous avez envie de faire tellement de choses ! Vous voulez être ingénieur, conducteur de locomotive, ou l'un de ces pilotes qui montent en flèche dans le ciel bleu ; peut-être voulez-vous devenir un orateur ou un homme politique célèbre, ou encore être artiste, chimiste, poète ou charpentier. Vous voulez peut-être mettre votre cerveau au travail, ou vous servir de vos mains. Ces orientations correspondent-elles à une chose que vous aimez faire, ou vous y intéressez-vous par simple réaction à des pressions sociales ? Comment le savoir ? Le véritable but de l'éducation n'est-il pas de vous *aider* à le découvrir, de sorte qu'en grandissant vous puissiez commencer à consacrer tout votre esprit, tout votre cœur, tout votre corps à ce que vous aimez réellement faire ?

Pour savoir ce que l'on aime faire, il faut énormément d'intelligence. En effet, si vous avez peur de ne pas être en mesure de gagner votre vie, ou de ne pas vous intégrer dans cette société pourrie, alors vous ne le saurez jamais. Mais si vous n'avez pas peur, si vous refusez d'être poussés dans l'ornière de la tradition par vos parents, vos professeurs, ou par les exigences superficielles de la société, alors il existe une possibilité de découvrir ce que vous aimez vraiment faire. Pour le savoir, il ne faut pas craindre pour sa survie.

Mais nous avons généralement peur de ne pas pouvoir survivre, nous disons : « Que m'arrivera-t-il si je n'agis pas selon les vœux de mes parents, si je ne m'insère pas dans cette société ? » Et parce que nous avons peur, nous faisons ce qu'on nous dit. Il n'y a en cela point d'amour, mais seulement la contradiction, et cette contradiction interne est l'un des facteurs qui génèrent l'ambition destructrice.

Le rôle essentiel de l'éducation est donc de vous aider à découvrir ce que vous aimez vraiment faire, afin que vous puissiez y consacrer tout votre esprit, tout votre cœur, car c'est cela qui crée la dignité humaine, qui balaie la médiocrité, la mentalité bourgeoise étriquée. Voilà pourquoi il est capital d'avoir des enseignants adéquats, l'atmosphère appropriée, de sorte que vous grandissiez avec cet amour qui s'exprime dans ce que vous faites. Sans cet amour, vos examens, vos connaissances, vos capacités, votre situation et vos possessions ne sont que cendres et n'ont aucune valeur. Sans cet amour, vos actions engendreront toujours plus de guerres, plus de haine, plus de malheur et de destruction.

Tout cela ne signifie peut-être rien pour vous, car si l'on s'en tient aux apparences, vous êtes encore très jeunes, mais j'espère que vos professeurs y trouveront un sens – et que ce sens résonnera aussi en vous, quelque part en vous.

Q : Pourquoi ressentez-vous de la timidité?

K : C'est en fait une chose extraordinaire dans la vie que d'être anonyme – de n'être ni célèbre, ni grand, ni très savant, ni un réformateur révolutionnaire hors du commun, mais de n'être simplement personne : quand on ressent les choses ainsi, se voir soudain entouré d'une foule de gens curieux suscite un sentiment de retrait. C'est tout.

Q : Comment pouvons-nous prendre conscience de la vérité dans notre vie quotidienne ?

K : Vous croyez que la vérité est une chose et que votre vie quotidienne en est une autre, et dans votre vie quotidienne vous voulez prendre conscience de ce que vous appelez la vérité. Mais celle-ci est-elle distincte de la vie quotidienne ? En grandissant, vous serez obligé de gagner votre vie, n'est-ce pas ? Après tout, c'est pour cela que vous passez vos examens – pour vous préparer à gagner votre vie. Mais nombre de gens sont indifférents à la filière qu'ils vont suivre, pourvu qu'ils gagnent de l'argent. Du moment qu'ils décrochent un emploi, peu leur importe que cela implique de devenir soldat, policier, avocat, ou un quelconque homme d'affaires véreux.

Il est pourtant essentiel de savoir la vérité sur ce qui constitue un moyen légitime de gagner sa vie, n'est-ce pas ? Car la vérité est au sein même de votre vie, pas en dehors. Votre manière de parler, vos propos, votre manière de sourire, le fait d'être faux ou de ne pas l'être, de vouloir vous faire bien voir, tout cela est la vérité de votre vie quotidienne. Donc, avant de devenir soldat, policier, avocat ou homme d'affaires sans scrupule, ne devez-vous pas savoir toute la vérité sur ces professions ? Car il ne fait aucun doute que, si vous ne voyez pas toute la vérité de vos actes et n'êtes pas guidé par cette vérité, votre vie se transforme en un abominable gâchis.

Examinons la question de savoir si vous devriez oui ou non devenir soldat, car les autres professions sont un peu plus complexes. En dehors de la propagande et de l'opinion d'autrui, quelle est la vérité concernant le métier de soldat ? Si un homme devient soldat, cela signifie qu'il doit se battre pour protéger son pays, il doit entraîner son esprit non pas à penser mais à obéir. Il doit être prêt à tuer ou à être tué – pour quoi ? Pour une idée, que certains personnages, grands ou petits, ont décrétée être juste. Donc vous devenez soldat pour vous sacrifier et pour tuer les autres. Est-ce une profession légitime ? Ne demandez à personne d'autre, découvrez par vous-même la vérité. On vous dit de tuer au nom d'une merveilleuse utopie à venir – comme si celui qui donne l'ordre connaissait l'avenir ! Croyez-vous que tuer soit un métier légitime, que ce soit pour votre pays ou pour une religion organisée ? Est-il jamais légitime de tuer ?

Si donc vous voulez découvrir la vérité dans ce processus essentiel qu'est votre propre vie, vous devrez examiner à fond tous ces sujets, en y mettant tout votre cœur et tout votre esprit. Il vous faudra penser de manière indépendante, lucide, sans préjugés, car la vérité n'est pas en dehors de la vie, elle est au cœur du mouvement même de votre existence quotidienne.

Q : Les images, les Maîtres et les saints ne nous aident-ils pas à méditer correctement ?

K : Savez-vous ce qu'est la vraie méditation ? N'avez-vous pas envie de découvrir par vous-même la vérité à ce sujet ? Et pourrez-vous jamais la découvrir si vous acceptez que l'on vous dise d'autorité ce qu'est la vraie méditation ?

La question est très vaste. Pour découvrir l'art de la méditation, vous devez connaître toute la profondeur et toute l'amplitude de ce processus extraordinaire qu'on appelle la pensée. Si vous acceptez qu'une quelconque autorité vous dise : « Méditez selon cette voie », vous n'êtes qu'un exécutant, le serviteur aveugle d'un système ou d'une idée. Votre acceptation de l'autorité est fondée sur l'espoir d'obtenir un résultat, et ce n'est pas cela, la méditation.

Q : Quels sont les devoirs d'un étudiant ?

K : Que signifie le mot « devoir » ? Devoir envers quoi ? Devoir envers votre pays, tel que l'entend un politicien ? Devoir envers votre père et votre mère, en fonction de leurs vœux ? Ils diront qu'il est de votre devoir de faire ce qu'ils vous disent ; or ce qu'ils vous disent est conditionné par leur milieu, par leurs traditions, etc. Et qu'est-ce qu'un étudiant ? Est-ce celui ou celle qui suit des cours et qui lit quelques livres en vue de réussir un examen ? Ou est-ce celui qui ne cesse d'apprendre et pour qui apprendre est une démarche sans fin ? Celui qui se contente de potasser un sujet, de réussir l'examen, pour tout laisser tomber ensuite, n'est évidemment pas un étudiant. Le véritable étudiant étudie, apprend, explore, enquête, non seulement jusqu'à vingt ou vingt-cinq ans, mais toute sa vie.

Être étudiant, c'est apprendre sans cesse ; et tant qu'on apprend, il n'y a pas de Maître, n'est-ce pas ? Dès l'instant où vous êtes en position d'étudiant, vous n'avez pas de Maître spécifique : vous apprenez de toute chose. La feuille emportée par le vent, le murmure des eaux au bord d'une rivière, le vol d'un oiseau très haut dans le ciel, le pauvre homme qui marche avec son lourd fardeau, les gens qui croient tout savoir de la vie – vous apprenez à partir de toute chose, il n'y a donc pas de Maître, et vous n'êtes pas un disciple.

Le seul devoir d'un étudiant est donc d'apprendre. Il y avait autrefois en Espagne un peintre célèbre nommé Goya. Il était l'un des plus grands, et une fois devenu très vieux, il écrivit au bas d'un de ses tableaux : « J'apprends encore. » On peut apprendre à partir de livres, mais cela ne vous mène pas très loin. Un livre ne peut vous donner que ce que l'auteur a à dire. Mais ce que l'on apprend au travers de la connaissance de soi est sans limites, car apprendre à partir de ce que vous savez de vous-même, c'est savoir écouter, observer – tout vous est donc source de savoir : la musique, ce que disent les gens et leur façon de le dire, de même que la colère, la cupidité, l'ambition.

Cette terre est la *nôtre*, elle n'appartient ni aux communistes, ni aux socialistes, ni aux capitalistes ; elle est à vous et à moi, prête à nous offrir une vie riche, heureuse, sans conflit. Mais ce sentiment de la richesse de la vie, ce sentiment de bonheur, ce sentiment qui nous souffle : « Cette terre est à nous », ne peut être suscité par la coercition ou par la loi. Il ne peut venir que de l'intérieur, parce que nous aimons la terre et tout ce qui l'habite : voilà ce qu'est cet état de perpétuel apprentissage.

Q : Quelle différence y a-t-il entre le respect et l'amour ?

K : Vous pouvez chercher les mots « respect » et « amour » dans un dictionnaire et trouver la réponse. Est-ce là ce que vous voulez savoir ? Voulez-vous connaître le sens superficiel de ces mots ? Ou bien la signification réelle qui se cache derrière eux ?

Quand un homme important – un ministre ou un gouverneur – vient dans les parages, avez-vous remarqué la façon dont tout le monde le salue ? Vous appelez cela du respect, n'est-ce pas ? Mais ce respect est suspect, parce que derrière lui se cachent la peur, la cupidité : on attend quelque chose de ce pauvre diable, on lui passe donc une guirlande de fleurs autour du cou. Cela n'a rien à voir avec le respect, ce n'est qu'une monnaie d'échange, comme au marché. Vous n'éprouvez pas de respect pour votre domestique ni pour le villageois, mais seulement pour ceux dont vous espérez tirer quelque chose. Ce genre de respect, qui n'en est pas un, est en réalité de la peur, et n'a aucune valeur. Mais si vous avez réellement de l'amour dans le cœur, alors à vos yeux le gouverneur, le professeur, votre domestique et le villageois sont tous identiques ; alors vous avez pour eux tous le même respect, la même affection, parce que l'amour ne demande rien en retour.

8

Une pensée bien ordonnée

Parmi tant d'autres aspects de la vie, vous êtes-vous demandé pourquoi nous sommes pour la plupart plutôt brouillons – dans notre mise, dans nos manières, dans nos pensées, dans notre façon d'agir ? Pourquoi manquons-nous de ponctualité, et donc d'égards envers les autres ? Mais qu'est-ce donc qui apporte l'ordre en toute chose – dans notre mise, dans nos pensées, dans notre discours, dans notre allure, dans la manière dont nous traitons ceux qui sont moins privilégiés que nous ? Qu'est-ce qui fait éclore cet ordre singulier qui advient sans contrainte, sans préméditation, sans volonté délibérée ? Vous êtes-vous jamais posé la question ? Mais savez-vous ce que j'entends par l'« ordre » ? L'ordre, c'est rester assis tranquille, mais sans effort, c'est manger avec élégance mais sans hâte, c'est être posé tout en étant précis, c'est être clair dans ses pensées tout en étant expansif. Qu'est-ce qui fait surgir cet ordre dans l'existence ? C'est une question vraiment très importante et je crois que, si l'éducation permettait de découvrir le facteur capable de susciter cet ordre, cela aurait une portée immense.

De toute évidence, l'ordre ne naît qu'à travers la vertu, car si vous n'êtes pas vertueux non seulement dans les petites choses, mais en toute chose, votre vie devient chaotique, n'est-il pas vrai ? La vertu en soi est sans grande importance, mais parce que vous êtes vertueux, la précision règne dans votre pensée, l'ordre règne dans tout votre être : telle est la fonction de la vertu.

Mais que se passe-t-il quand un homme s'efforce de *devenir* vertueux, qu'il se contraint à être bon, efficace, prévenant, attentionné, qu'il essaie de ne blesser personne, qu'il met toute son énergie à tenter d'établir l'ordre, qu'il se démène pour être bon ? Ses efforts ne mènent à rien d'autre qu'à la respectabilité, ce qui entraîne une médiocrité de l'esprit : cet homme-là n'est donc pas vertueux.

Avez-vous déjà regardé une fleur de très près ? Tout en elle – à commencer par les pétales – est d'une précision remarquable, et il s'en dégage pourtant une tendresse, un parfum, une beauté extraordinaires ! Ainsi, dès lors qu'un individu *essaie* d'être ordonné, sa vie peut être réglée avec précision, mais il a perdu cette qualité de douceur, qui ne naît, comme pour la fleur, qu'en l'absence d'effort. Le problème est donc pour nous d'être à la fois précis, lucide et expansif sans effort.

En effet, l'*effort* que l'on fait pour être ordonné ou méthodique a une influence tellement réductrice. Si j'essaie délibérément d'être ordonné pour ranger ma chambre, si je fais attention à tout remettre en place, si je n'arrête pas de me surveiller, de regarder où je mets les pieds, etc., que se passe-t-il ? Je deviens insupportablement assommant pour moi-même et pour les autres. Celui qui veut toujours être autre chose qu'il n'est, dont les pensées sont soigneusement organisées, qui choisit une pensée de préférence à une autre est quelqu'un de très fatigant. Un tel individu peut être très organisé, très lucide, savoir utiliser les mots de manière précise, être très attentif et plein d'égards, mais il a perdu la joie de vivre créatrice.

Quel est donc le problème ? Comment avoir en soi cette joie de vivre créatrice, être expansif dans ses sentiments, large dans sa pensée et cependant précis, lucide, ordonné dans sa vie ? Je crois que la plupart d'entre nous ne sont pas ainsi, car jamais nous ne ressentons rien de manière intense, jamais nous n'impliquons notre cœur et notre esprit dans quoi que ce soit de manière entière. Je me souviens d'avoir observé un jour deux écureuils roux à la longue queue touffue et à la fourrure superbe, qui, l'espace d'environ dix minutes, n'ont cessé de se poursuivre du haut en bas d'un grand arbre – par pure joie de vivre. Mais vous et moi ne pouvons pas connaître cette joie si nous ne ressentons pas les choses intensément, s'il n'y a pas de passion dans nos vies – pas la passion de faire le bien ou d'instaurer quelque réforme, mais la passion au sens où l'on ressent les choses très fortement ; et nous ne pouvons avoir cette passion vitale que quand a lieu dans notre pensée, dans tout notre être, une révolution totale.

Avez-vous remarqué comme nous sommes peu nombreux à ressentir les choses de façon intense ? Vous arrive-t-il de vous révolter contre vos professeurs, contre vos parents, pas simplement parce que vous n'avez pas envie de faire une chose donnée, mais parce que vous éprouvez un sentiment intense et ardent de refus face à certaines situations ? Si quelque chose déclenche en vous un sentiment intense et ardent, vous vous apercevez que, curieusement, ce sentiment même suscite l'avènement d'un nouvel ordre dans votre vie.

L'ordre, la propreté, la clarté de pensée ne sont pas très importants en eux-mêmes, mais ils le deviennent pour celui qui est sensible, qui a des sentiments profonds, qui est en état de perpétuelle révolution intérieure. Si vous êtes profondément émus par le sort des pauvres, ou du mendiant qui reçoit la poussière en plein visage au passage de la voiture du riche, si vous êtes extrêmement réceptifs, sensibles à tout, alors cette sensibilité même suscite l'ordre et la vertu. Je crois qu'il est très important que le professeur et l'élève le comprennent tous deux.

Malheureusement, dans ce pays comme partout ailleurs dans le monde, nous sommes si indifférents; rien ne nous émeut en profondeur. Nous sommes pour la plupart des intellectuels – au sens superficiel du terme, c'est-à-dire des gens très habiles, imbus de mots et de théories sur ce qui est juste et sur ce qui est faux, sur la façon dont il convient de penser ou d'agir. Mentalement, nous sommes hautement développés, mais intérieurement, nous manquons de substance et de sens; et c'est cette substance intérieure qui suscite l'action vraie, qui n'est pas une action dictée par une idée.

Voilà pourquoi il faut que vous ayez des sentiments très forts – des sentiments de passion, de colère –, il faut les observer, jouer avec eux, en découvrir la vérité; car si vous ne faites que les étouffer, si vous dites : «Je ne dois pas me mettre en colère, je ne dois pas me passionner, parce que c'est mal», vous vous apercevrez que peu à peu votre esprit s'enferme dans une idée et devient donc très superficiel. Vous pouvez être immensément intelligent, avoir des connaissances encyclopédiques, s'il n'y a pas en vous la vitalité de sentiments forts et profonds, votre compréhension est comme une fleur sans parfum.

Il est capital que vous compreniez tout cela tant que vous êtes jeunes, car en grandissant vous serez de vrais révolutionnaires – pas des révolutionnaires acquis à une idéologie, à une théorie ou à un livre, mais des révolutionnaires au sens global du terme, des êtres totalement, intégralement humains, de sorte qu'il ne reste pas en vous le moindre recoin qui soit contaminé pas les choses du passé. Alors vous avez l'esprit frais et innocent et donc capable d'une extraordinaire créativité. Mais si vous passez à côté du sens de tout cela, votre vie deviendra très morne, car vous serez happés par la société, par votre famille, votre femme ou votre mari, par des théories, par des organisations religieuses ou politiques. Voilà pourquoi il est si urgent pour vous de recevoir une vraie éducation, ce qui signifie que vous devez avoir des professeurs capables de vous aider à briser le carcan de la prétendue civilisation et à être non pas des machines répétitives, mais des individus qui aient vraiment en eux quelque chose qui chante, et qui soient donc des êtres humains heureux et créatifs.

Q : Qu'est-ce que la colère, et pourquoi se met-on en colère ?

K : Si je vous marche sur les pieds, ou si je vous pince, ou si je vous dérobe quelque chose, n'allez-vous pas être en colère ? Et pourquoi ne le seriez-vous pas ? Pourquoi pensez-vous que la colère, c'est mal ? Parce que quelqu'un vous l'a dit ? Il est donc très important de savoir pourquoi on est en colère, de voir la vérité concernant cette colère, au lieu de se contenter de dire que c'est mal d'être en colère.

Mais au fait, pourquoi vous mettez-vous en colère ? Parce que vous ne voulez pas qu'on vous fasse mal – ce qui est un réflexe humain de survie très normal. Vous sentez bien que vous n'avez pas lieu d'être utilisé, écrasé, détruit ou exploité par un individu, par un gouvernement ou par la société. Quand on vous gifle, vous vous sentez blessé, humilié, et cette sensation vous déplaît. Si celui qui vous blesse est un personnage important, puissant, de sorte que vous ne puissiez pas rendre coup pour coup, vous allez à votre tour faire du mal à quelqu'un d'autre et vous retourner contre votre frère, votre sœur, ou votre serviteur si vous en avez un. Ainsi se perpétue le jeu de la colère.

Disons tout d'abord qu'éviter les blessures est un réflexe naturel. Pourquoi faudrait-il donc qu'on vous exploite? Pour éviter d'être blessé, vous vous protégez, vous mettez en place des défenses, des barrières. Vous vous entourez de murailles intérieures, en n'étant ni ouvert ni réceptif; vous êtes donc incapable d'explorer et d'extérioriser vos sentiments. Vous dites que la colère est très mauvaise et vous la condamnez, comme vous condamnez diverses autres émotions; ainsi peu à peu vous vous desséchez, vous devenez vide, totalement dépourvu de tout sentiment fort.

Q : Pourquoi avons-nous tant d'amour pour notre mère?

K : Aimez-vous votre mère, si vous haïssez votre père? Écoutez attentivement. Quand vous aimez beaucoup quelqu'un, excluez-vous les autres de cet amour? Si vous aimez véritablement votre mère, n'aimez-vous pas aussi votre père, votre tante, votre voisin, votre domestique? Avant d'aimer quelqu'un en particulier, n'éprouve-t-on pas d'abord l'amour tout court? Quand vous dites : «J'aime beaucoup ma mère», n'êtes-vous pas plein d'attention à son égard? Pouvez-vous alors lui créer tout un tas de problèmes insensés? Et si vous êtes plein de considération envers votre mère, ne l'êtes-vous pas autant envers votre frère, votre sœur, votre voisin? Si tel n'est pas le cas, c'est que vous n'aimez pas vraiment votre mère : ce ne sont que des mots, des arguments commodes.

Q : Je suis rempli de haine. Pouvez-vous m'apprendre à aimer ?

K : Personne ne peut vous apprendre à aimer. Si l'amour pouvait s'apprendre, le problème du monde serait très simple, ne croyez-vous pas ? Si nous pouvions apprendre à aimer dans un livre, comme pour les mathématiques, ce monde serait merveilleux. Il n'y aurait ni haine, ni exploitation, ni guerres, ni divisions entre riches et pauvres, nous serions réellement tous amis. Mais l'amour ne vient pas si facilement. Il est facile de haïr, et, à sa manière, la haine rassemble les hommes, elle suscite toutes sortes de fantasmes, elle fait naître diverses formes de coopération, comme par exemple dans la guerre. Mais l'amour est chose beaucoup plus ardue. Vous ne pouvez pas apprendre à aimer. En revanche, vous pouvez observer la haine et l'écarter en douceur. Ne vous battez pas contre elle, ne dites pas que c'est abominable de haïr : voyez la haine pour ce qu'elle est et laissez-la s'éclipser, balayez-la ; elle est sans importance. L'important est de ne pas laisser la haine s'enraciner dans votre esprit – vous comprenez ? Votre esprit est comme une terre fertile : tout problème qui se présente, si vous lui en donnez le temps, y prend racine comme une mauvaise herbe, et ensuite vous avez du mal à l'arracher ; mais si vous ne laissez pas au problème le temps de s'enraciner, il n'aura nulle part où grandir et finira par dépérir. Si vous encouragez la haine, si vous lui donnez le temps de prendre racine, de grandir, de mûrir, elle devient un énorme problème. Mais si, chaque fois que la haine monte en vous, vous la laissez passer, vous vous apercevrez que votre esprit devient très sensible, sans être sentimental ; il connaîtra donc l'amour.

L'esprit peut courir après des sensations, des désirs, mais pas après l'amour. L'amour doit venir de lui-même à l'esprit. Et lorsqu'il est là, il n'est pas écartelé entre amour sensuel et amour divin : c'est l'amour tout court. C'est cela qui est extraordinaire avec l'amour : c'est la seule qualité qui apporte une compréhension totale de la globalité de l'existence.

Q : Qu'est-ce que le bonheur dans la vie ?

K : Si vous avez envie de faire quelque chose d'agréable, vous pensez qu'en le faisant cela vous rendra heureux. Vous pouvez vouloir épouser l'homme le plus riche ou la fille la plus belle, ou réussir un examen, être couvert de louanges, et vous croyez qu'en parvenant à vos fins vous allez être heureux. Mais est-ce cela, le bonheur ? Ce bonheur-là n'est-il pas éphémère, comme la fleur qui s'ouvre le matin et se fane le soir ? Pourtant, telle est notre vie, et c'est tout ce que nous désirons. Nous nous satisfaisons de choses tellement superficielles, comme avoir une voiture ou une situation stable, ressentir un peu d'émotion pour des futilités, à l'image d'un enfant tout heureux de jouer avec son cerf-volant contre la force du vent, et qui fond en larmes quelques minutes après. Telle est notre vie, et nous nous en contentons. Jamais nous ne disons : « Je vais consacrer mon cœur, mon être, toute mon énergie, à la découverte de ce qu'est le bonheur. » Mais nous ne sommes pas suffisamment sérieux, suffisamment passionnés par la question, nous nous satisfaisons donc de broutilles.

Inutile de courir après le bonheur car il n'est qu'une conséquence, un effet imprévu. Le poursuivre en tant que tel n'aura jamais aucun sens. Le bonheur vient sans invitation, et dès l'instant où vous avez conscience d'être heureux, vous cessez de l'être. L'avez-vous remarqué? Quand vous êtes soudain joyeux sans raison particulière, il n'y a rien d'autre que cette liberté de sourire, d'être heureux; mais dès l'instant où vous êtes conscient de ce bonheur, il vous échappe déjà, n'est-ce pas? Être conscient de son bonheur, ou courir à sa poursuite, sonne le glas du bonheur. Le bonheur n'existe qu'une fois laissés de côté le moi et ses exigences.

On vous apprend des quantités de choses sur les mathématiques, vous consacrez vos journées à étudier l'histoire, la géographie, les sciences, la physique, la biologie, etc. Mais vous et vos professeurs, consacrez-vous ne serait-ce qu'une minute à ces questions pourtant autrement sérieuses? Vous arrive-t-il de rester tranquillement assis, le dos bien droit, sans bouger, et d'apprendre à connaître la beauté du silence? Et au lieu de vous attarder sur des choses mesquines, laissez-vous jamais votre esprit voyager librement, au hasard d'horizons vastes et profonds, faisant ainsi des explorations et des découvertes?

Êtes-vous au courant de ce qui se passe dans le monde? Ce qui se passe dans le monde est le reflet de ce qui se passe en chacun d'entre nous : le monde n'est autre que ce que nous sommes. Nous sommes le plus souvent agités, âpres au gain, possessifs, nous sommes jaloux et prompts à condamner les autres, et c'est exactement ce qui se passe dans le monde, mais de manière plus dramatique et plus cruelle. Pourtant, ni vous ni vos professeurs ne consacrez de temps à réfléchir à tout cela. Or ce n'est que lorsqu'on passe tous les jours un certain temps à réfléchir avec ardeur à ces questions que s'ouvre une possibilité de déclencher une révolution totale et de créer un monde nouveau. Et, je vous l'assure, il est impératif de faire naître un monde nouveau, un monde qui ne soit pas le prolongement sous une autre forme de la même société pourrie. Mais il sera impossible de créer un monde nouveau si votre cerveau n'est pas alerte, attentif, très largement conscient ; c'est pourquoi il est si important, alors que vous êtes jeunes, de consacrer du temps à l'étude de ces questions très sérieuses au lieu de passer vos journées à l'étude de quelques sujets restreints, ce qui ne mène nulle part, sinon à un emploi et à la mort. Considérez donc tous ces éléments avec le plus grand sérieux, car de cette considération surgit un extraordinaire sentiment de joie, de bonheur.

Q : Qu'est-ce que la vraie vie ?

K : « Qu'est-ce que la vraie vie ? » La question est posée par un petit garçon. Jouer, bien manger, courir, sauter, pousser ses camarades – c'est cela, la vraie vie, pour lui. Voyez-vous, nous scindons la vie en deux : la vraie vie, et la fausse. La vraie vie consiste à faire ce que vous aimez, en y impliquant tout votre être, pour qu'il n'y ait aucune contradiction interne, pas de guerre entre ce que vous faites et ce que vous croyez devoir faire. La vie est alors un processus parfaitement intégré, source d'une formidable joie. Mais cela n'est possible que lorsque, psychologiquement, vous ne dépendez de personne ni d'aucune société, lorsque le détachement intérieur est total, car c'est seulement alors qu'il vous est possible d'aimer vraiment ce que vous faites. Si vous êtes en état de révolution totale, peu importe que vous fassiez du jardinage, que vous deveniez Premier ministre, ou que vous fassiez autre chose : vous aimerez ce que vous faites, et cet amour est source d'un sentiment extraordinaire de créativité.

9

Un esprit ouvert

Il est fort intéressant de découvrir ce qu'est apprendre. Nous apprenons, dans un livre ou grâce à un professeur, les mathématiques, la géographie, l'histoire, nous apprenons où se trouvent Londres, ou bien Moscou ou New York ; nous apprenons comment fonctionne une machine, ou comment les oiseaux font leur nid, s'occupent de leurs petits, et ainsi de suite. Nous apprenons grâce à l'observation et à l'étude. C'est une des manières d'apprendre.

Mais n'y a-t-il pas aussi une autre manière d'apprendre qui passe par l'expérience ? Lorsque nous voyons sur le fleuve un bateau dont les voiles se reflètent dans l'eau calme, n'est-ce pas là une expérience extraordinaire ? Que se passe-t-il alors ? L'esprit engrange ce genre d'expérience exactement comme il engrange les connaissances, et le lendemain soir nous retournons sur les lieux pour observer le bateau, dans l'espoir de retrouver la même sensation – une expérience de joie, ce sentiment de paix si rare dans nos vies. L'esprit stocke assidûment les expériences, et c'est ce stockage d'expériences sous forme de souvenirs qui fait que nous pensons, n'est-ce pas ? Ce que nous appelons la pensée est la réponse de la mémoire. Ayant observé ce bateau sur la rivière et éprouvé une sensation de joie, nous stockons l'expérience sous forme de souvenir et nous cherchons à la répéter; c'est ainsi que se met en marche le processus de la pensée, n'est-il pas vrai?

En fait, très peu d'entre nous savent réellement penser, la plupart se contentent de répéter ce qu'ils ont lu dans un livre ou ce qu'on leur a dit, ou bien notre pensée découle de notre propre expérience qui est très limitée. Même si nous voyageons aux quatre coins du monde et si nous vivons d'innombrables expériences, même si nous rencontrons énormément de gens différents et écoutons ce qu'ils ont à dire, si nous observons leurs coutumes, leurs religions, leurs manières, nous retenons quelque chose de tout cela, et c'est de là que naît ce que nous appelons la pensée. Nous comparons, nous jugeons, nous choisissons, et grâce à ce processus nous espérons trouver une attitude quelque peu raisonnable face à l'existence. Mais ce type de pensée reste très limité, confiné à un cadre très étroit. Nous faisons une expérience, telle que voir le bateau sur le fleuve, ou le cadavre que l'on emporte sur les lieux de crémation, ou une villageoise chargée d'un lourd fardeau : toutes ces impressions sont là, mais nous sommes si insensibles qu'elles ne s'imprègnent pas en nous pour y mûrir. Or ce n'est qu'à travers la sensibilité à tout ce qui nous entoure que s'amorce une forme de pensée différente, qui n'est plus limitée par notre conditionnement.

Si vous vous accrochez à un système de croyances quelconque, vous regardez toute chose à travers le prisme de cette tradition ou de ce préjugé particuliers : vous n'êtes pas au contact de la réalité. Avez-vous déjà remarqué les villageoises qui portent en ville de très lourdes charges? Quand vous les remarquez effectivement, que se passe-t-il en vous, que ressentez-vous ? Ou avez-vous vu passer ces femmes si souvent que vous n'éprouvez rien du tout parce que vous vous êtes habitué à ce spectacle et que vous les voyez à peine ? Et même quand vous observez quelque chose pour la première fois, que se passe-t-il ? Vous transcrivez automatiquement ce que vous voyez en fonction de vos préjugés, n'est-ce pas ? Votre expérience est conforme à votre conditionnement en tant que communiste, socialiste, capitaliste ou tout autre qualificatif en « iste ». Alors que, si vous n'êtes rien de tout cela, et que vous ne regardez pas les choses à travers l'écran d'une idée ou d'une croyance, mais que vous êtes en contact direct avec elles, vous remarquerez l'extraordinaire relation qui se crée entre vous et ce que vous observez. Si vous êtes sans préjugés, sans parti pris, si vous êtes ouvert, alors tout ce qui vous entoure devient extraordinairement intéressant, formidablement vivant.

Voilà pourquoi il est capital, dès le plus jeune âge, de remarquer toutes ces choses, de prendre conscience du bateau sur le fleuve, de regarder passer le train, de voir le paysan portant son lourd fardeau, d'observer l'insolence des riches, l'orgueil des ministres, des gens importants, ou de ceux qui croient savoir beaucoup de choses – observez-les simplement, ne les critiquez pas. Dès lors que vous critiquez, vous n'êtes plus en relation, vous avez déjà instauré une barrière entre eux et vous ; mais si vous ne faites qu'observer, alors vous serez en relation directe avec les gens et les choses. Si vous pouvez observer d'un regard aigu et pénétrant, vous découvrirez que votre pensée devient étonnamment perspicace. Alors vous êtes perpétuellement en train d'apprendre.

Partout autour de vous, il y a la naissance et la mort, la lutte pour l'argent, le prestige social, le pouvoir, ce processus sans fin que nous appelons la vie. Ne vous demandez-vous pas parfois, même en étant très jeune, à quoi rime tout cela ? Nous voulons généralement une réponse, nous voulons qu'on nous *dise* à quoi tout cela rime, donc nous prenons un livre sur la politique ou la religion, ou nous demandons à quelqu'un qu'il nous le dise. Mais personne ne peut rien nous dire car la vie ne s'appréhende pas à partir d'un livre, et l'on ne peut pas en saisir le sens en mettant nos pas dans les pas d'un autre, ou grâce à une quelconque forme de prière. La vie, vous et moi devons l'appréhender par nos propres moyens – ce qui n'est possible que si nous sommes pleinement vivants, alertes, attentifs, observateurs, intéressés par tout ce qui nous environne. Et nous découvrirons alors ce qu'est être véritablement heureux.

La plupart des gens sont malheureux, et ils sont malheureux parce qu'il n'y a pas d'amour dans leur cœur. L'amour surgira dans votre cœur quand vous aurez abattu les barrières entre vous et l'autre, quand vous rencontrerez et observerez les gens sans les juger, quand vous regarderez simplement le bateau à voile sur le fleuve et jouirez de la beauté du spectacle. Ne laissez pas vos préjugés obscurcir votre observation des choses telles qu'elles sont, ne faites qu'observer, et vous verrez que cette simple observation, cette perception des arbres, des oiseaux, des gens en train de marcher, de travailler, de sourire, déclenche en vous quelque chose. Sans l'avènement de cette chose extraordinaire, sans le surgissement de l'amour dans votre cœur, la vie n'a guère de sens, c'est pourquoi il est si important que l'éducateur soit formé à vous aider à comprendre la signification de tout cela.

Q : Pourquoi tenons-nous à vivre dans le luxe?

K : Qu'entendez-vous par luxe? Avoir des vêtements et un corps propres, une bonne alimentation, appelez-vous cela du luxe? Cela peut sembler un luxe pour celui qui meurt de faim, qui est vêtu de haillons et qui ne peut pas prendre un bain tous les jours. Le luxe varie donc en fonction de nos désirs; tout est question de degré.

Voulez-vous savoir ce qui se passe si vous adorez le luxe, si vous êtes attaché au confort, si vous tenez toujours à vous asseoir sur un canapé ou dans un fauteuil excessivement moelleux? Votre esprit s'endort. C'est bien de disposer d'un peu de confort matériel, mais mettre l'accent sur le confort, lui accorder une grande importance, c'est le signe qu'on a l'esprit assoupi. Avez-vous remarqué comme la plupart des gens gros sont heureux? Rien n'a l'air de les déranger, derrière leurs capitons de graisse. Là, il s'agit d'une caractéristique physique, mais l'esprit aussi s'engonce dans les épaisseurs de graisse. Il ne veut pas être remis en cause, ni dérangé en aucune manière, et petit à petit cet esprit s'endort. Ce que l'on appelle éducation a tendance à endormir l'élève, car, s'il pose des questions réellement abruptes et pénétrantes, cela dérange beaucoup le professeur, qui répond : « Poursuivons notre cours. »

Donc, lorsque l'esprit est attaché à une forme quelconque de confort, attaché à une habitude, à une croyance ou à un lieu particulier qu'il appelle « chez-soi », il commence à s'endormir, et il est plus important de comprendre ce fait que de demander si oui ou non nous vivons dans le luxe. Un esprit très actif, très vif, très attentif n'est jamais attaché au confort : le luxe ne signifie rien pour lui. Mais le simple fait d'avoir très peu de vêtements ne signifie pas qu'on ait l'esprit vif. Le *sannyasi* qui mène extérieurement une vie très simple peut, sur le plan intérieur, être très complexe, cultiver la vertu et vouloir atteindre la vérité, toucher Dieu. Ce qui compte, c'est d'être intérieurement très simple, très austère, c'est-à-dire avoir un esprit qui ne soit pas encombré de croyances, de peurs, de besoins innombrables, car seul un tel esprit est capable de pensée véritable, d'exploration et de découvertes.

Q : Pouvons-nous avoir la paix dans notre vie tant que nous sommes en lutte contre notre environnement?

K : Mais cette lutte n'est-elle pas indispensable? Ne devez-vous pas vous dégager de votre environnement? Ce que vos parents croient, votre milieu social, vos traditions, le type de nourriture que vous mangez, et certaines choses autour de vous telles que la religion, le prêtre, le riche, le pauvre – tout cela constitue votre environnement. Ne faudrait-il pas vous en dégager en le remettant en question, en vous révoltant contre lui? Si vous n'êtes pas en révolte, si vous ne faites qu'accepter votre environnement, il se fait une sorte de paix, mais c'est la paix de la mort; alors que si vous luttez pour vous dégager de cet environnement et pour trouver vous-même ce qui est vrai, vous découvrez une autre forme de paix qui n'est pas une simple stagnation. Il est essentiel de se battre contre son environnement. Il le faut. La paix est donc sans importance, ce qui compte, c'est de comprendre cet environnement et de vous y arracher : c'est de là que vient la paix. Mais si vous cherchez la paix en vous contentant d'accepter votre environnement, vous allez vous laisser endormir, et dans ce cas-là, autant mourir. Voilà pourquoi dès le plus jeune âge vous devriez avoir en vous un sentiment de révolte, sinon vous ne ferez que dépérir, n'est-il pas vrai?

Q : Êtes-vous heureux ou non?

K : Je ne sais pas. Je n'y ai jamais réfléchi. Dès l'instant où l'on croit être heureux, on cesse de l'être, n'est-ce pas? Quand vous jouez et que vous criez de joie, que se passe-t-il dès lors que vous prenez conscience de votre joie? Vous cessez d'être joyeux. L'avez-vous remarqué? Le bonheur ne se situe pas dans le champ restreint de la conscience de soi.

Quand vous vous efforcez d'être bon, l'êtes-vous vraiment? Peut-on s'entraîner à la bonté? La bonté n'est-elle pas plutôt une chose qui naît spontanément, parce que vous voyez, vous observez, vous comprenez? De même, quand vous êtes conscient d'être heureux, le bonheur s'enfuit par la fenêtre. La quête du bonheur est absurde, le bonheur n'est là que si on ne le cherche pas.

Connaissez-vous le sens du mot «humilité»? Peut-on cultiver l'humilité? Si tous les matins vous répétez : «Je vais être humble», est-ce de l'humilité? Ou bien l'humilité naît-elle spontanément quand vous cessez d'être orgueilleux, vaniteux? De même, lorsque les obstacles au bonheur disparaissent, quand l'anxiété, la frustration, la quête de sécurité cessent, alors le bonheur est là, inutile de le chercher.

Pourquoi êtes-vous presque tous tellement silencieux? Pourquoi ne discutez-vous pas avec moi? Il est important que vous exprimiez vos pensées et vos sentiments, même imparfaitement, car cela sera d'une grande valeur pour vous, et je vais vous dire pourquoi. Si vous commencez à exprimer vos pensées et vos sentiments dès à présent, même de manière hésitante, en grandissant vous ne serez pas étouffés par votre environnement, par vos parents, par la société, par la tradition. Mais malheureusement vos professeurs ne vous encouragent pas à remettre les choses en question, ils ne vous demandent pas votre avis.

Q : Pourquoi pleurons-nous, et qu'est-ce que la douleur ?

K : Un jeune garçon veut savoir pourquoi nous pleurons et ce qu'est la douleur. Quand pleurez-vous ? Vous pleurez quand quelqu'un vous arrache un jouet, quand vous vous faites mal, quand vous perdez un match, quand votre professeur ou vos parents vous grondent, ou quand quelqu'un vous frappe. En grandissant vous pleurez de moins en moins car vous vous endurcissez contre la vie. Nous sommes très peu nombreux à pleurer en prenant de l'âge, car nous avons perdu la fantastique sensibilité de l'enfance. Mais la douleur n'est pas simplement la perte de quelque chose, ce n'est pas simplement l'impression d'être stoppé net dans son élan, d'être frustré ; c'est quelque chose de beaucoup plus profond, comme par exemple être incapable de compréhension. Sans compréhension, il naît une immense douleur. Si l'esprit ne pénètre pas au-delà de ses propres barrières, la souffrance est là.

Q : Comment parvenir à l'intégration sans conflit ?

K : Pourquoi êtes-vous opposé au conflit ? Vous avez tous l'air de penser que le conflit est une abomination. Ici, vous et moi sommes en conflit, n'est-ce pas ? J'essaie de vous dire quelque chose et vous ne comprenez pas ; d'où un sentiment de friction, de conflit. Qu'y a-t-il à redire aux frictions, aux conflits, aux perturbations ? N'est-il pas indispensable pour vous d'être dérangés ? Ce n'est pas en éludant le conflit que l'on devient un être intégral, mais en passant par le conflit et en le comprenant.

L'intégration est l'une des choses les plus difficiles à atteindre, cela suppose une unification complète de tout votre être, dans toutes vos actions, toutes vos paroles et toutes vos pensées. Vous ne pouvez pas atteindre l'état d'intégration sans comprendre la relation, vos rapports avec la société, avec le pauvre, le villageois, le mendiant, le millionnaire et le gouverneur. Pour comprendre la relation, vous devez entrer en conflit avec elle, la remettre en cause, au lieu d'accepter simplement les valeurs établies par la tradition, par vos parents, par le prêtre, par la religion et le système économique de la société dont vous faites partie. Voilà pourquoi il est essentiel que vous soyez en révolte, sinon cette intégration ne sera jamais vôtre.

10

La beauté intérieure

Je suis sûr que nous avons tous à un moment ou à un autre senti monter en nous un immense sentiment de tranquillité et de beauté à la vue des vertes prairies, du soleil couchant, des eaux paisibles ou des sommets enneigés. Mais qu'est-ce que la beauté ? Tient-elle simplement à notre réaction admirative, ou est-elle dissociée de la perception ? Si vous avez bon goût en matière de vêtements, si vous utilisez des couleurs qui s'harmonisent, si vous avez des manières pleines de dignité, si vous parlez calmement, si vous vous tenez bien droit, tout cela participe de la beauté, n'est-ce pas ? Mais ce n'est que l'expression extérieure d'un état intérieur, tout comme un poème que vous écrivez ou un tableau que vous peignez. Vous pouvez regarder les vertes prairies se reflétant dans l'eau du fleuve et n'éprouver aucun sentiment de beauté, mais passer simplement à côté. Si, comme le pêcheur, vous voyez tous les jours les hirondelles voler au ras de l'eau, cela n'a probablement guère d'importance pour vous ; mais si vous êtes conscients de l'extraordinaire beauté de ce spectacle, que se passe-t-il en vous qui vous fait dire :

« Comme c'est beau ! » ? Qu'est-ce qui suscite ce sentiment intérieur de beauté ? Certes, il y a la beauté de la forme extérieure – les vêtements de bon goût, les tableaux attrayants, les beaux meubles, ou l'absence totale de meubles, associée à des murs nus aux belles proportions, à des fenêtres aux formes parfaites, et ainsi de suite. Je ne parle pas simplement de cette beauté-là, mais de ce qui entre en jeu pour qu'existe la beauté intérieure.

De toute évidence, pour avoir cette beauté intérieure, il faut s'abandonner complètement ; il faut ce sentiment de n'être retenu ni contraint par rien, d'être sans défense, sans résistance ; mais cet abandon devient chaotique s'il n'est pas doublé d'austérité. Savons-nous ce que veut dire être austère, se contenter de peu et ne pas penser en termes de « toujours plus » ? Il faut qu'il y ait cet abandon doublé d'une austérité intérieure profonde – cette austérité qui est d'une simplicité extraordinaire, car l'esprit n'acquiert rien, ne gagne rien, ne pense pas en termes de « plus ». C'est la simplicité née de cet abandon doublé d'austérité qui suscite l'état de beauté créative. Mais sans l'amour, vous ne pouvez pas être simples, être austères ; vous pouvez parler de simplicité et d'austérité, mais sans l'amour elles ne sont qu'une forme de contrainte, il n'y a donc pas d'abandon. Le seul qui ait en lui l'amour est celui qui s'abandonne, qui s'oublie totalement, et fait donc éclore l'état de beauté créatrice.

La beauté inclut évidemment la beauté de la forme ; mais sans la beauté intérieure, la simple appréciation sensuelle de cette beauté de la forme mène à la dégradation, à la désintégration. Il n'est de beauté intérieure que lorsqu'on éprouve un amour véritable pour les gens et les choses qui peuplent la terre, et cet amour s'accompagne d'un très haut degré de considération, de prévenance et de patience. Vous pouvez maîtriser parfaitement votre technique en tant que chanteur ou poète, vous pouvez savoir peindre ou assembler les mots, mais sans cette beauté créatrice en vous, votre talent n'aura que peu de valeur.

Malheureusement, la plupart d'entre nous sont en train de devenir de simples techniciens. Nous passons des examens, nous acquérons telle ou telle technique afin de gagner notre vie; mais acquérir une technique ou développer une capacité sans prêter attention à l'état intérieur est source de laideur et de chaos dans le monde. Si nous éveillons à l'intérieur de nous la beauté créative, elle s'exprime à l'extérieur, et l'ordre règne. Mais c'est beaucoup plus difficile que l'acquisition d'une technique, car cela suppose de s'abandonner totalement, sans peur, sans restriction, sans résistance, sans défense; et nous ne pouvons nous abandonner ainsi que s'il y a en nous cette austérité alliée à un sentiment de grande simplicité intérieure. Nous pouvons être simples sur le plan extérieur, ne posséder que quelques vêtements et nous contenter d'un repas par jour – mais ce n'est pas cela, l'austérité. L'austérité vient lorsque l'esprit est capable d'une expérience infinie, lorsqu'il a de l'expérience tout en restant très simple. Mais cet état ne peut naître que lorsque l'esprit cesse de penser en termes de « plus », en termes de choses acquises ou d'accomplissement au fil du temps.

Ce dont je parle ici est peut-être difficile à comprendre pour vous, c'est pourtant très important. Les techniciens, sachez-le bien, ne sont pas des créateurs. Et il y a dans le monde de plus en plus de techniciens, des gens qui savent ce qu'il faut faire et comment le faire, mais qui ne sont pas créateurs. En Amérique, il existe des machines à calculer capables de résoudre en quelques minutes des problèmes mathématiques qui demanderaient à un homme dix heures de travail par jour pendant cent ans. Ces machines extraordinaires sont en plein développement. Mais les machines ne peuvent jamais être créatrices – et les êtres humains sont de plus en plus à l'image des machines. Même lorsqu'ils se rebellent, leur rébellion reste circonscrite aux limites de la machine, ce n'est par conséquent absolument pas une rébellion.

Il est donc capital que vous découvriez ce qu'est être créatif. Vous ne pouvez l'être qu'en état d'abandon, c'est-à-dire s'il n'existe aucun sentiment d'obligation, aucune peur de ne pas être, de ne pas gagner, de ne pas arriver. Il se manifeste alors une grande austérité, une grande simplicité, et l'amour les accompagne. C'est tout ça la beauté.

Q : L'âme survit-elle après la mort?

K : Si vous avez vraiment envie de le savoir, comment allez-vous vous y prendre pour le découvrir? En lisant ce qu'en ont dit Shankara, Bouddha ou Jésus? En écoutant le guide spirituel ou le saint qui a votre préférence? Ils peuvent se tromper du tout au tout : êtes-vous prêt à l'admettre – ce qui signifie que votre esprit est en position d'exploration, d'enquête?

Bien sûr, avant de parler de survie, vous devez d'abord savoir si oui ou non l'âme existe. Qu'est-ce que l'âme? Le savez-vous? Ou avez-vous simplement entendu dire qu'elle existe – par vos parents, par le prêtre, par un livre, par votre environnement culturel – et admis ces affirmations?

Le mot «âme» sous-entend qu'il y a quelque chose au-delà de la simple existence physique, n'est-ce pas? Il y a votre corps physique, et aussi votre caractère, vos penchants, vos vertus; et puis, transcendant tout cela, vous dites qu'il y a l'âme. À supposer que cet état existe vraiment, il ne peut être que quelque chose de spirituel, ayant un caractère d'éternité. Et vous demandez si cette chose spirituelle survit à la mort. C'est une partie de la question.

L'autre étant de demander : qu'est-ce que la mort ? Le savez-vous ? Vous voulez savoir s'il y a une survie après la mort ; mais, en fait, cette question est sans importance. La question qui compte est de savoir si vous pouvez connaître la mort de votre vivant. À quoi sert que l'on vous dise que la survie après la mort existe – ou n'existe pas ? Vous restez toujours dans l'ignorance. Mais vous pouvez découvrir par vous-même ce qu'est la mort, pas une fois mort, mais alors même que vous êtes bien vivant, en bonne santé, vigoureux, en mesure de penser, de ressentir les choses.

Cela fait aussi partie de l'éducation. Être bien éduqué, ce n'est pas seulement être compétent en mathématiques, en histoire ou en géographie, c'est aussi avoir la capacité de comprendre cette chose extraordinaire qu'on appelle la mort – pas à l'instant de votre mort physique, mais tandis que vous vivez, tandis que vous riez, que vous grimpez aux arbres, que vous êtes en train de faire de la voile ou de nager. La mort, c'est l'inconnu, et ce qui compte c'est de connaître l'inconnu tant que vous êtes en vie.

Q : Quand nous tombons malades, pourquoi nos parents s'inquiètent-ils et se font-ils du souci pour nous ?

K : La plupart des parents ont, au moins en partie, le souci de s'occuper de leurs enfants, d'en prendre soin, mais lorsqu'ils ne cessent de s'inquiéter, cela indique qu'ils se préoccupent plus d'eux-mêmes que de leurs enfants. Ils ne veulent pas vous voir mourir, car ils se disent : « Si notre fils ou notre fille meurt, qu'allons-nous devenir ? » Si les parents aimaient leurs enfants, savez-vous ce qui se passerait? Si vos parents vous aimaient vraiment, ils veilleraient à ce que vous n'ayez aucune raison d'avoir peur, que vous soyez des êtres humains en bonne santé et heureux. Ils feraient en sorte qu'il n'y ait pas de guerre, pas de pauvreté dans le monde. Ils veilleraient à ce que la société ne vous détruise pas, ni vous ni personne de votre entourage, pas plus les villageois que les citadins ou les animaux. C'est parce que les parents n'aiment pas véritablement leurs enfants qu'il y a les guerres, les riches et les pauvres. Vos parents ont investi tout leur être dans leurs enfants, et à travers eux ils espèrent se perpétuer, et si vous tombez gravement malade ils s'inquiètent : c'est donc leur propre souffrance qui les préoccupe. Mais ils refusent de l'admettre.

En réalité, la propriété, les terres, le nom, la richesse et la famille sont les moyens de notre propre continuité, qui s'appelle aussi l'immortalité; et quand il arrive quelque chose à leurs enfants, les parents sont horrifiés, plongés dans un immense chagrin, car ils sont avant tout soucieux d'eux-mêmes. Si les parents se préoccupaient vraiment de leurs enfants, la société se transformerait du jour au lendemain, notre éducation prendrait une autre forme, chez nous tout changerait, et nous aurions un monde sans guerre.

Q : Les temples et le culte devraient-ils être ouverts à tous?

K : Qu'est-ce que le temple? C'est un lieu de culte dans lequel trône une image symbolique de Dieu, ce symbole étant une représentation conçue par l'esprit et sculptée dans la pierre par la main. Cette pierre, cette image, ce n'est pas Dieu, n'est-ce pas? Ce n'est qu'un symbole, et un symbole est semblable à votre ombre lorsque vous marchez au soleil. Cette ombre, ce n'est pas vous ; et ces représentations, ces symboles dans le temple ne sont pas Dieu, ne sont pas la vérité. Quelle importance, par conséquent, de savoir qui entre ou n'entre pas dans le temple ? Pourquoi en faire toute une histoire ? La vérité peut être sous une feuille morte, elle peut être dans une pierre sur le bord du chemin, dans les eaux qui reflètent la beauté du soir, dans les nuages, dans le sourire de la femme qui porte un fardeau. La réalité est là, partout dans ce monde, pas forcément dans le temple – et généralement elle *n'est pas* dans le temple, car ce temple est l'expression de la peur de l'homme, il est fondé sur son désir de sécurité, sur ses divisions de croyances et de castes. Ce monde est à nous, nous sommes des êtres humains et nous vivons ensemble, et si un homme est à la recherche de Dieu, alors il fuit le temple, car les temples divisent les hommes. L'église chrétienne, la mosquée musulmane, votre propre temple hindou – tous sont facteurs de division entre les hommes, et celui qui cherche Dieu rejettera tout cela. La question de savoir qui a le droit d'entrer ou non dans le temple se résume à un simple problème politique dénué de réalité.

Q : Quel rôle la discipline joue-t-elle dans nos vies ?

K : Malheureusement, elle joue un grand rôle, n'est-ce pas ? Une grande partie de votre vie est soumise à la discipline : faites *ceci* et ne faites pas *cela*. On vous dit à quelle heure vous lever, ce qu'il faut manger ou s'abstenir de manger, ce que vous devez savoir ou ignorer ; on vous dit que vous devez lire, assister aux cours, passer des examens, et ainsi de suite. Vos parents, vos professeurs, votre société, votre tradition, vos livres sacrés vous disent tous ce qu'il faut faire. Vous vivez donc ligoté, encerclé par la discipline, n'est-ce pas ? Vous êtes prisonnier d'obligations et d'interdits : ce sont les barreaux de votre cage.

Qu'arrive-t-il à un esprit qui est ligoté par la discipline ? Bien sûr, ce n'est que lorsque vous avez peur de quelque chose que vous résistez à quelque chose, que la discipline doit intervenir : vous devez alors vous contrôler, vous maîtriser. Soit vous le faites de votre plein gré, soit la société vous l'impose – la société, c'est-à-dire vos parents, vos professeurs, votre tradition, vos livres sacrés. Mais si vous commencez à explorer, à chercher, si vous apprenez et comprenez sans peur, la discipline est-elle alors nécessaire ? Alors, cette compréhension même suscite son ordre propre, qui n'est pas dicté par la coercition et la contrainte.

Réfléchissez bien à tout cela ; car lorsque la discipline passe par la peur, que vous êtes écrasé par les contraintes de la société, dominé par ce que vos parents et vos professeurs vous disent, il n'y a pour vous ni liberté ni joie, et toute initiative s'éteint. Plus la culture est ancienne, et plus lourd est le poids de la tradition qui vous impose sa discipline, vous dicte ce que vous devez faire et ne pas faire ; vous êtes écrasé sous ce poids, psychologiquement laminé comme si vous étiez passé sous un rouleau compresseur. C'est ce qui est arrivé en Inde : le poids de la tradition est si énorme que toute initiative a été anéantie, et vous avez cessé d'être un individu ; vous n'êtes qu'un rouage de la machine sociale et vous vous contentez de cela. Est-ce que vous comprenez ? Vous ne vous révoltez pas, vous n'explosez pas, vous ne vous libérez pas. Vos parents ne veulent pas que vous vous révoltiez, vos professeurs ne veulent pas que vous rompiez les amarres, donc votre éducation vise à vous faire agir conformément aux schémas établis. Mais alors vous n'êtes pas un être humain complet, car la peur vous ronge le cœur, et tant que la peur est là, il n'y a ni joie, ni créativité.

Q : Il y a quelques instants, en parlant du temple, vous avez dit du symbole de Dieu qu'il n'était qu'une ombre. Or on ne peut pas voir l'ombre d'un homme sans la présence réelle de celui qui la projette.

K : Mais l'ombre vous suffit-elle ? Si vous avez faim, allez-vous vous contenter de regarder la nourriture ? Pourquoi donc se contenter de l'ombre dans le temple ? Si vous voulez comprendre à fond la réalité authentique, vous ne vous attacherez pas à cette ombre. Mais en fait vous êtes fasciné par l'ombre, par le symbole, par l'image de pierre. Regardez ce qui se passe dans le monde : les gens sont divisés parce qu'ils vénèrent chacun une ombre particulière, à la mosquée, au temple ou à l'église. Les ombres ont beau se multiplier, il y a pourtant une seule réalité, qui est indivisible. Et pour atteindre cette réalité il n'y a pas de chemin – ni chrétien, ni musulman, ni hindou, ni autre.

Q : Les examens sont peut-être superflus pour le garçon ou la fille riches dont l'avenir est assuré, mais ne sont-ils pas indispensables pour les élèves pauvres que l'on doit préparer à gagner leur vie ? Et cette nécessité n'est-elle pas plus urgente encore compte tenu de l'état actuel de la société ?

K : Vous considérez l'état actuel de la société comme allant de soi. Pourquoi ? Vous qui ne faites pas partie des classes pauvres, mais qui êtes relativement aisé, pourquoi ne vous révoltez-vous pas – pas en tant que communiste ou socialiste –, mais pourquoi ne vous révoltez-vous pas contre l'ensemble du système social ? Vous pouvez vous le permettre, pourquoi donc ne vous servez-vous pas de votre intelligence pour trouver la vérité et créer une nouvelle société ? Le pauvre, lui, ne va pas se révolter, parce qu'il n'en a pas l'énergie, il n'a pas le temps de réfléchir, il n'a pas une minute à lui, il a besoin de nourriture, de travail. Mais vous qui avez des loisirs, un peu de temps libre pour mettre à profit votre intelligence, pourquoi ne *vous* révoltez-vous pas ? Pourquoi ne découvrez-vous pas ce qu'est une société juste, une société vraie, pourquoi ne bâtissez-vous pas une nouvelle civilisation ? Si ce n'est pas avec vous que les choses commencent, ce ne sera évidemment pas avec les pauvres.

Q : Les riches seront-ils jamais prêts à abandonner une grande partie de ce qu'ils ont au profit des pauvres ?

K : Nous ne parlons pas ici de ce que les riches devraient abandonner au profit des pauvres. Quoi qu'ils cèdent de ce qu'ils ont, les pauvres ne seront jamais satisfaits – mais là n'est pas la question. Vous qui êtes à l'aise, et qui avez donc l'opportunité de cultiver l'intelligence, ne pouvez-vous pas, en vous révoltant, créer une nouvelle société ? Cela dépend de vous et de personne d'autre ; cela dépend de chacun d'entre vous – pas des riches ou des pauvres ou des communistes. Mais nous n'avons généralement pas en nous cet esprit de révolte, ce désir ardent de briser les chaînes et d'aller à la découverte. Et c'est cette attitude qui compte le plus.

11

Conformisme et révolte

Vous est-il déjà arrivé de rester assis, très tranquillement, les yeux clos, à suivre le mouvement de votre pensée? Avez-vous observé le fonctionnement de votre pensée – ou, plutôt, votre esprit s'est-il regardé agir, rien que pour voir quelles sont vos pensées, quels sont vos sentiments, pour voir comment vous regardez les arbres, les fleurs, les oiseaux, les gens, comment vous répondez à une suggestion ou réagissez à une nouvelle idée? Avez-vous déjà fait cela? Si tel n'est pas le cas, vous passez à côté de quelque chose d'essentiel. Connaître le fonctionnement de notre esprit est l'un des buts essentiels de l'éducation. Si vous ignorez comment réagit votre esprit, si votre esprit n'est pas conscient de ses propres activités, jamais vous ne découvrirez ce qu'est la société. Vous aurez beau lire des ouvrages de sociologie, étudier les sciences sociales, si vous ignorez comment fonctionne votre propre esprit, vous ne pourrez pas réellement comprendre ce qu'est la société; car votre esprit en fait partie : il *est* la société. Vos réactions, vos croyances, votre assiduité au temple, les vêtements que vous portez, les choses que vous faites ou que vous ne faites pas, ce que vous pensez – c'est de tout cela qu'est faite la société : elle est la réplique de ce qui se passe dans votre propre esprit. Votre esprit n'est donc pas distinct de la société, pas plus qu'il n'est distinct de votre culture, de votre religion, de vos différents clivages de classes, des ambitions et des conflits communs à la majorité des gens. C'est tout cela, la société, et vous en faites partie. Il n'existe pas de « vous » distinct de la société.

Or la société cherche toujours à contrôler, à modeler, à mouler la pensée des jeunes. Dès votre naissance, dès les premières impressions que vous recevez, votre père et votre mère ne cessent de vous dire ce qu'il faut faire et ne pas faire, ce qu'il faut croire et ne pas croire, on vous dit que Dieu existe, ou qu'il n'y a pas de Dieu, mais que l'État existe et qu'un certain dictateur en est le prophète. Dès l'enfance, on vous abreuve de ces notions, ce qui signifie que votre esprit, qui est très jeune, impressionnable, curieux, avide de connaissances et de découvertes, est petit à petit enfermé, conditionné, façonné de telle sorte que vous allez vous conformer aux schémas d'une société particulière, au lieu d'être un révolutionnaire. Et comme cette habitude d'une pensée formatée s'est déjà ancrée en vous, même si vous vous « révoltez » effectivement, c'est sans sortir du cadre des schémas établis. À l'image de ces prisonniers qui se révoltent pour être mieux nourris, avoir plus de confort – mais en étant toujours dans l'enceinte de la prison. Lorsque vous cherchez Dieu, ou que vous voulez découvrir ce qu'est un gouvernement équitable, vous restez toujours dans le cadre des schémas de la société qui dit : « Telle chose est vraie, telle autre est fausse, ceci est bien et cela est mal, voici le leader à suivre, et voilà les saints à prier. » Ainsi votre révolte, comme la prétendue révolution suscitée par des gens ambitieux ou très habiles, reste toujours limitée par le passé. Ce n'est pas cela, la révolte ; ce n'est pas cela, la révolution : il s'agit là simplement d'une forme exacerbée d'action, d'un combat plus courageux que d'ordinaire – mais toujours dans le cadre des schémas établis. La vraie révolte, la vraie révolution consiste à rompre avec ces schémas et à explorer en dehors d'eux.

Tous les réformateurs – peu importe *qui* ils sont – ne s'intéressent qu'à l'amélioration des conditions dans l'enceinte de la prison. Jamais ils ne vous incitent au refus du conformisme, jamais ils ne vous disent : «Abattez les murs de la tradition et de l'autorité, franchissez-les, dépouillez-vous du conditionnement qui emprisonne l'esprit.» Or la véritable éducation consiste à ne pas simplement exiger de vous la réussite aux examens en vue desquels on vous a bourré le crâne, ou la retranscription de choses apprises par cœur, mais à vous aider à voir les murs de cette prison dans laquelle votre esprit est enfermé. La société nous influence tous, elle façonne notre pensée, et cette pression extérieure de la société se traduit peu à peu sur le plan intérieur; mais aussi profond qu'elle pénètre, elle agit toujours de l'extérieur, et l'intérieur n'existe pas pour vous tant que vous n'avez pas brisé l'emprise de ce conditionnement. Vous devez savoir ce que vous pensez, et savoir si c'est en tant qu'hindou, musulman ou chrétien que vous pensez – c'est-à-dire en fonction de la religion à laquelle vous vous trouvez appartenir. Vous devez être conscients de ce que vous croyez ou ne croyez pas. C'est de tout cela que sont faits les schémas de la société, et si vous n'en prenez pas conscience, vous en êtes prisonniers, même si vous croyez être libres.

Mais dans la plupart des cas, nous ne nous préoccupons que d'une révolte circonscrite à l'enceinte de la prison; nous voulons de meilleurs repas, un peu plus de lumière, une plus grande fenêtre pour voir un plus grand pan de ciel. Nous nous inquiétons de savoir si les intouchables devraient avoir accès au temple ou non ; nous voulons faire disparaître cette caste particulière, mais en l'éliminant nous en créerons une autre, une caste « supérieure » ; nous restons donc prisonniers, et en prison il n'y a pas de liberté. La liberté est hors des murs, hors des schémas établis de la société ; mais pour s'en libérer, vous devez en comprendre tout le contenu, c'est-à-dire comprendre votre propre esprit. C'est l'esprit qui a créé la civilisation actuelle, cette culture ou cette société esclave de la tradition, et si l'on ne comprend pas son propre esprit, se révolter simplement en tant que communiste, socialiste, ou que sais-je encore, ne présente guère d'intérêt. Voilà pourquoi il est si important d'avoir cette connaissance de soi, d'être conscient de tous ses actes, toutes ses pensées et tous ses sentiments – et c'est cela l'éducation, n'est-il pas vrai ? Car lorsque vous êtes pleinement conscients de vous-mêmes, votre esprit devient très sensible et très vif.

Faites cette expérience – pas un jour quelconque dans un lointain avenir, mais demain ou cet après-midi : s'il y a trop de monde dans votre chambre, ou s'il y a foule chez vous, partez tout seuls vous asseoir sous un arbre ou au bord du fleuve, et observez tranquillement comment fonctionne votre esprit. Ne cherchez pas à le corriger, ne dites pas : « C'est bien, c'est mal », mais regardez-le simplement comme vous regarderiez un film. Quand vous allez au cinéma, vous ne faites pas partie du film ; les acteurs et les actrices, oui, mais vous, vous n'êtes que spectateurs. De la même façon, observez comment fonctionne votre esprit. C'est vraiment très intéressant, beaucoup plus que n'importe quel film, parce que votre esprit est le résultat global de l'ensemble du monde et il contient toutes les expériences vécues par les êtres humains. Vous comprenez ? Votre esprit *est* l'humanité, et lorsque vous saisirez cela, vous aurez en vous une immense compassion. De cette compréhension surgit un immense amour : alors vous saurez, en voyant de jolies choses, ce qu'est la beauté.

Q : Comment avez-vous appris tout ce dont vous parlez, et comment pouvons-nous parvenir à le connaître ?

K : C'est une bonne question, n'est-ce pas ?

Si je puis me permettre de parler un peu de moi, sachez que je n'ai lu aucun livre traitant de ces choses, ni les *Upanishad*, ni le *Bhagavad-gîta*, ni aucun ouvrage de psychologie ; mais comme je vous l'ai dit, il vous suffit d'observer votre esprit : tout est là. Donc, dès que vous entamez le voyage de la connaissance de soi, les livres importent peu. C'est comme entrer sur un territoire étranger, où vous commencez à découvrir des choses nouvelles et où vous faites des trouvailles stupéfiantes : mais, voyez-vous, tout cela est anéanti si vous vous accordez de l'importance. Dès l'instant où vous dites : « J'ai trouvé, je sais, je suis un grand homme parce que j'ai découvert ceci et cela », vous êtes perdu. Si vous devez entreprendre un long voyage, il faut emporter très peu de choses ; si vous voulez escalader les sommets, il faut voyager léger.

Cette question est vraiment capitale, car la découverte et la compréhension passent par la connaissance de soi, par l'observation des modes de fonctionnement de l'esprit. Ce que vous dites de votre voisin, votre manière de parler, de marcher, de regarder le ciel, les oiseaux, la façon dont vous vous adressez aux autres, dont vous coupez une branche – tout cela compte, car ces actes sont autant de miroirs qui vous montrent tel que vous êtes, et si votre regard est vif, vous découvrez tout d'un œil neuf d'instant en instant.

Q : Doit-on ou non se faire une opinion sur les gens ?

K : Devez-vous vous faire une idée de ce que sont les gens, vous forger une opinion, émettre un jugement à leur propos ? Quand vous vous faites une certaine idée de votre professeur, qu'est-ce qui compte pour vous ? Pas votre professeur, mais l'idée que vous vous en faites. Et c'est ce qui se passe dans la vie. Nous avons une opinion sur les gens ; nous disons : « Il est bon », « Il est vaniteux », « Il est superstitieux », « Il fait ceci ou cela ». Un écran d'opinions nous sépare de l'autre, et la vraie rencontre n'a jamais lieu. Ayant vu quelqu'un agir, nous disons : « Il a fait telle chose. » Il devient dès lors important de dater les événements. Comprenez-vous ? Si vous voyez quelqu'un faire une chose que vous considérez bonne ou mauvaise, vous avez de lui une opinion qui tend à se figer, et quand vous le rencontrez dix jours ou un an après, vous pensez encore à lui en fonction de votre opinion. Or il peut avoir changé entretemps ; il est donc très important de ne pas dire : « Il est comme cela », mais de dire : « Il était comme cela en février », car d'ici à la fin de l'année il se pourrait qu'il soit tout à fait différent. Si vous dites de quelqu'un : « Je connais cette personne », vous pouvez vous tromper du tout au tout, car vous ne le connaissez que jusqu'à un certain point, ou à travers des événements qui ont eu lieu à une date donnée, et au-delà de cette limite vous ne savez rien de lui. Ce qui compte, c'est donc de rencontrer un autre être humain avec un esprit toujours frais, et pas avec vos préjugés, vos idées fixes, vos opinions toutes faites.

Q : Qu'est-ce que la sensation, le sentiment, et comment ressentons-nous les choses ?

K : Si vous suivez des cours de psychologie, votre professeur vous a probablement expliqué comment est constitué l'ensemble du système nerveux humain. Quand on vous pince, vous ressentez une douleur. Qu'est-ce que cela signifie ? Vos nerfs transmettent une sensation au cerveau qui le traduit sous forme de douleur, et vous dites : « Vous m'avez fait mal. » Cela, c'est l'aspect physique de la sensation.

De même il y a la sensation psychologique – l'émotion, le sentiment. Si vous croyez être merveilleusement beau, et qu'on vous dise : « Vous êtes laid », vous vous sentez blessé. Qu'est-ce que cela veut dire ? Vous entendez certains mots que le cerveau interprète comme étant agréables ou insultants, et cela vous perturbe ; ou bien quelqu'un vous flatte, et vous dites : « Comme c'est agréable à entendre ! » Donc, le « ressentir-penser » est un réflexe, une réaction à la piqûre d'épingle, à l'insulte, à la flatterie, etc. Cet ensemble constitue le processus du « ressentir-penser » ; mais c'est beaucoup plus complexe que cela, et on peut aller beaucoup plus loin dans l'approfondissement.

Quand nous éprouvons un sentiment, nous le nommons toujours, n'est-ce pas ? Nous disons qu'il est agréable ou douloureux. Lorsque nous sommes en colère, nous nommons ce sentiment, nous l'appelons la colère ; mais avez-vous jamais songé à ce qui se passerait si l'on ne nommait pas un sentiment ? Essayez, pour voir. La prochaine fois que vous serez en colère, ne lui donnez pas de nom, ne l'appelez pas colère ; prenez simplement conscience du sentiment sans le nommer, et voyez ce qui se passe.

Q : Quelle est la différence entre la culture indienne et la culture américaine ?

K : Quand on parle de culture américaine, on fait généralement allusion à la culture européenne qui fut transplantée en Amérique, et qui s'est depuis modifiée et élargie au contact de nouvelles frontières, matérielles aussi bien que mentales.

Et qu'est-ce que la culture indienne – cette culture qui est la vôtre ? Et qu'entendez-vous par ce terme de « culture » ? Si vous avez déjà jardiné, vous savez comment cultiver et préparer le sol. Vous bêchez, vous ôtez les pierres, et si nécessaire vous ajoutez du compost – qui est un mélange de feuilles, de foin et de fumier décomposés – ainsi que d'autres matières organiques, pour enrichir la terre, puis vous plantez. Le terreau enrichi nourrit la plante et celle-ci produit peu à peu cette pure merveille qui s'appelle une rose.

La culture indienne est à cette image. Des millions de gens l'ont créée, par leurs luttes, par l'exercice de leur volonté, leur désir pour telle chose et leur résistance à telle autre, leur réflexion constante, leurs souffrances, leurs peurs, leurs fuites, leurs plaisirs ; mais le climat, la nourriture et les vêtements l'ont également influencée. Nous avons donc là un terreau extraordinaire, ce terreau étant l'esprit ; et avant qu'il soit complètement façonné, il s'est trouvé quelques individus créatifs de tout premier plan, qui ont fait l'effet d'une bombe à travers toute l'Asie. Ils n'ont pas dit, comme vous le faites : « Je dois accepter les diktats de la société, sinon, que dira mon père ? » Au contraire, c'étaient des gens qui avaient fait une découverte, et qui n'étaient pas des tièdes, mais des passionnés. C'est tout cela à la fois, la culture indienne. Ce que vous pensez, ce que vous mangez, les vêtements que vous portez, vos manières, vos traditions, votre discours, vos peintures et vos statues, vos dieux, vos prêtres et vos livres sacrés – c'est tout cela, la culture indienne, n'est-ce pas ?

Cette culture est quelque peu différente de la culture européenne, mais fondamentalement le mouvement est identique. Il peut s'exprimer différemment en Amérique, car les attentes y sont différentes ; les Américains ont moins de traditions et plus de réfrigérateurs, et ainsi de suite. Mais en profondeur, c'est le même mouvement – vers la quête du bonheur, de Dieu, de la vérité. Et lorsque ce mouvement cesse, la culture décline, comme elle l'a fait dans ce pays. Lorsque ce mouvement est bloqué par l'autorité, la tradition, la peur, alors c'est la décadence, la déchéance.

Le désir ardent de découvrir ce qu'est la vérité, ce qu'est Dieu, est le seul qui soit authentique, tous les autres sont accessoires. Quand vous jetez une pierre dans une eau calme, elle fait des cercles qui vont s'élargissant. Ces cercles qui s'élargissent sont les mouvements secondaires, les réactions sociales, mais le vrai mouvement central, c'est le mouvement visant à trouver le bonheur, à trouver Dieu, la vérité – ce qui est impossible tant qu'on est ligoté par la peur, sous l'emprise d'une menace. Dès l'instant où la menace et la peur prennent de l'ampleur, la culture décline.

Voilà pourquoi il est si important, tant que vous êtes encore jeune, de *ne pas* devenir conditionné, de *ne pas* être tenu sous l'emprise de la peur par vos parents et par la société, de sorte qu'il y ait en vous ce mouvement éternel vers la découverte de la vérité. Seuls ceux qui veulent savoir ce qu'est la vérité, ce qu'il en est de Dieu, sont capables de créer une nouvelle civilisation, une nouvelle culture – et pas les conformistes, ceux qui se révoltent sans quitter le cadre du vieux conditionnement. Vous pouvez vous draper dans des robes d'ascète, être membre de telle ou telle société, quitter une religion pour une autre, essayer d'être libre de diverses façons : s'il n'y a pas en vous ce mouvement qui vous pousse à trouver ce qu'est la réalité authentique, ce qu'est la vérité, ce qu'est l'amour, vos efforts resteront lettre morte. Vous pouvez être fort érudit et faire des actions que la société juge bonnes, elles restent confinées aux murs de cette prison des traditions, et elles n'ont donc pas la moindre valeur révolutionnaire.

Q : Que pensez-vous des Indiens ?

K : Voilà une question vraiment innocente, ne trouvez-vous pas ? Voir les faits sans opinion préconçue est une chose, mais avoir une opinion sur les faits est une chose radicalement différente. C'est une chose de constater simplement le fait que tout un peuple est prisonnier des superstitions et de la peur, c'en est une autre de voir ce fait et de le condamner. Les opinions sont sans importance, car je peux toujours en changer. Tenir compte des opinions est une façon de penser stupide. Ce qui compte, c'est de voir les faits tels qu'ils sont sans se forger d'opinion, sans juger ni comparer.

Être sensible à la beauté en dehors de toute opinion est la seule perception réelle de la beauté. De la même façon, si vous êtes capable de voir les habitants de l'Inde tels qu'ils sont, avec lucidité mais sans avoir d'opinions figées, sans les juger, alors ce que vous verrez sera la réalité.

Les Indiens ont certaines manières, certaines coutumes qui leur sont propres, mais fondamentalement ils sont comme n'importe quel autre peuple. Ils s'ennuient, ils sont cruels, ils ont peur, ils se révoltent sans quitter la prison sociale, exactement comme les gens d'ailleurs. Comme les Américains, ils ont aussi envie de confort, simplement ils n'en jouissent pas de manière égale pour le moment. Ils ont une lourde tradition de renoncement au monde et de soif de sainteté; mais ils ont aussi, profondément enracinées en eux, des ambitions, de l'hypocrisie, de la cupidité, de l'envie, et ils sont morcelés en castes, comme le sont partout ailleurs les êtres humains, mais ici cela se manifeste de façon beaucoup plus brutale. Ici en Inde on peut voir de plus près le panorama complet de ce qui se passe dans le monde. Nous voulons être aimés, mais nous ignorons ce qu'est l'amour; nous sommes malheureux, assoiffés de réalité vraie, et nous nous tournons vers des livres, vers les *Upanishad*, le *Gîta* ou la Bible, et ainsi nous nous égarons dans les mots et les spéculations. Que ce soit ici, en Russie, ou en Amérique, l'esprit humain est le même, il s'exprime simplement de manières différentes sous des cieux différents et sous des gouvernements différents.

12

La confiance de l'innocence

Nous avons discuté de cette question d'une révolte qui reste confinée aux limites de la prison, et nous avons vu comment tous les réformateurs, les idéalistes, et d'autres encore, s'activant sans cesse à l'obtention de certains résultats, se révoltent sans jamais sortir des murailles de leur propre conditionnement, de leurs propres structures sociales, des schémas culturels qui sont l'expression de la volonté collective du plus grand nombre. Je crois qu'à présent nous aurions intérêt à examiner ce qu'est la confiance et comment elle naît.

C'est à travers l'initiative que naît la confiance; mais l'initiative restreinte à un schéma donné ne fait naître que la confiance *en soi*, qui est tout à fait différente de la confiance étrangère à l'ego. Savez-vous ce que signifie avoir confiance? Si vous faites quelque chose de vos propres mains, si vous plantez un arbre et le regardez grandir, si vous peignez un tableau ou écrivez un poème, ou, devenu plus âgé, si vous construisez un pont ou exercez de façon admirable des responsabilités administratives, cela vous donne confiance en vos capacités d'action. Mais la confiance telle que nous la connaissons actuellement reste dans l'enclos de cette prison que la société – qu'elle soit communiste, hindoue ou chrétienne – a édifiée autour de nous. L'initiative qui s'exerce dans l'enceinte de la prison suscite en effet une certaine confiance, car vous vous sentez capables de faire certaines choses : concevoir un moteur, être un très bon médecin, un excellent scientifique, etc. Mais ce sentiment de confiance qui va de pair avec la capacité à réussir dans le cadre des structures sociales, ou à réformer, à donner plus de lumière, à décorer l'intérieur de la prison, est en réalité de la confiance *en soi* : vous savez que vous êtes capables de faire quelque chose, et lorsque vous le faites, vous vous sentez importants. Au contraire, lorsque c'est à travers l'investigation et la compréhension que vous rompez avec les structures sociales dont vous faites partie, il apparaît alors une forme de confiance totalement différente et dénuée de toute sensation de notre propre importance; et si nous parvenons à comprendre la différence entre les deux – entre la confiance en soi et la confiance étrangère à l'ego –, je crois que cette distinction aura une grande portée dans notre vie.

Quand vous êtes doués pour un sport, comme le badminton, le cricket ou le football, vous avez un certain sentiment de confiance, n'est-ce pas? Cela vous donne le sentiment d'être plutôt bons. Si vous trouvez rapidement la solution à des problèmes mathématiques, cela aussi engendre un sentiment d'assurance. Quand la confiance naît d'une action qui a lieu dans le cadre des structures sociales, elle s'accompagne toujours d'une étrange arrogance, ne trouvez-vous pas? La confiance de celui qui sait faire, qui est capable d'obtenir des résultats, est toujours teintée de cette arrogance de l'ego, du sentiment que « C'est moi qui l'ai fait ». Ainsi, dans l'acte même d'obtenir des résultats, de susciter une réforme sociale à l'intérieur de la prison, il y a l'arrogance de l'ego, le sentiment que *c'est moi* qui ai fait cela, que *mon* idéal a de la valeur, que *mon* groupe a réussi. Ce sentiment du « moi » et du « mien » va toujours de pair avec la confiance qui s'exprime dans l'enceinte de la prison sociale.

Vous avez sans doute remarqué à quel point les idéalistes sont arrogants. Les leaders politiques qui obtiennent certains résultats, qui réussissent de grandes réformes – n'avez-vous pas remarqué comme ils sont imbus d'eux-mêmes et se rengorgent en parlant de leurs idéaux et de leurs réussites ? Ils sont au plus haut dans leur propre estime. Lisez quelques discours politiques, observez certains de ceux qui se disent réformateurs, et vous verrez que dans le processus même de réforme ils cultivent leur ego ; leurs réformes, si étendues qu'elles soient, restent limitées au cadre de la prison, elles sont donc destructrices et en définitive apportent à l'homme un surcroît de souffrances et de conflits.

Si vous percevez lucidement toutes ces structures sociales, ces schémas collectifs que nous appelons la civilisation – si vous pouvez comprendre tout cela et vous en dégager, abattre les murs de la société qui est la vôtre et vous en arracher, que vous soyez hindou, communiste ou chrétien, vous vous apercevrez alors qu'il naît en vous une confiance qui n'est pas polluée pai ce sentiment d'arrogance. C'est la confiance de l'innocence. Elle est comme la confiance d'un enfant qui est si totalement innocent qu'il est prêt à tout essayer. C'est cette confiance innocente qui fera éclore une nouvelle civilisation ; mais cette confiance-là ne peut pas voir le jour tant que vous restez prisonniers des schémas sociaux établis.

Écoutez très attentivement. L'orateur n'a pas la moindre importance, ce qui compte, c'est que vous compreniez la vérité de ses propos. En définitive, c'est cela l'éducation, n'est-il pas vrai ? L'éducation n'a pas pour rôle de vous ajuster aux schémas sociaux, mais au contraire de vous aider à comprendre complètement, pleinement ces schémas et de vous en dégager afin d'être un individu dépourvu de toute arrogance de l'ego : vous avez confiance parce que vous êtes réellement innocents.

N'est-il pas tragique que notre unique préoccupation, ou presque, soit de savoir comment nous insérer dans la société, ou comment la réformer ? Avez-vous remarqué que la plupart des questions que vous avez posées reflètent cette attitude ? Vous dites, en fait : « Comment m'insérer dans la société ? Que diront mon père et ma mère, et que se passera-t-il si je ne le fais pas ? » Une telle attitude détruit le peu de confiance ou le peu d'esprit d'initiative que vous pourriez avoir. Et vous quittez l'école et l'université comme autant d'automates, hautement efficaces, peut-être, mais sans la moindre flamme créatrice. Voilà pourquoi il est si important de comprendre la société, l'environnement dans lesquels on vit, et, par ce processus de compréhension, de rompre les liens avec tout cela.

Le problème est le même dans le monde entier. L'homme cherche une nouvelle réponse, une nouvelle approche de la vie, car les voies anciennes sont en décadence, que ce soit en Europe, en Russie ou ici. La vie est un perpétuel défi, et ne faire qu'instaurer un ordre économique meilleur n'est pas la réponse totale à ce défi, qui est perpétuellement neuf ; et quand des cultures, des peuples, des civilisations sont incapables de répondre en totalité à ce défi de l'inédit, ils sont anéantis.

Si vous ne recevez pas une éducation digne de ce nom, et si vous n'avez pas cette extraordinaire confiance de l'innocence, vous serez inévitablement absorbés par le collectif et noyés dans la médiocrité. Vous ferez étalage de vos diplômes sur vos cartes de visite, vous vous marierez, vous aurez des enfants et c'en sera fini de vous.

En réalité, nous avons pratiquement tous peur. Vos parents ont peur, vos éducateurs ont peur, les gouvernements et les religions ont peur que vous deveniez un individu à part entière, car ils veulent tous que vous restiez bien à l'abri au sein de la prison que sont les influences de l'environnement et de la culture. Mais seuls les individus qui brisent le carcan des schémas sociaux en les comprenant, et qui cessent par conséquent d'être prisonniers du conditionnement de leur propre esprit – seuls ceux-là sont en mesure de faire éclore une nouvelle civilisation, et non ceux qui ne font que se conformer aux schémas en place, ou qui résistent à un moule donné parce qu'ils ont été moulés dans un autre. La quête de Dieu ou de la vérité ne consiste pas à demeurer dans la prison, mais plutôt à comprendre la prison et à s'en échapper – et ce mouvement vers la liberté crée une nouvelle culture, un monde différent.

Q : Pourquoi tenons-nous à avoir un compagnon ?

K : Une jeune fille demande pourquoi nous voulons avoir un compagnon. Pourquoi, en effet, a-t-on besoin d'un compagnon ou d'une compagne ? Peut-on vivre seul dans ce monde, sans mari ou femme, sans enfants, sans amis ? La plupart des gens sont incapables de vivre seuls, ils ont donc besoin de compagnons. Vivre seul suppose une immense intelligence – or vous *devez* être seule pour trouver Dieu, découvrir la vérité. Certes, c'est agréable d'avoir un compagnon, un mari ou une femme, et aussi d'avoir des bébés ; mais voyez-vous, nous nous perdons dans tout cela, nous nous perdons dans la famille, dans le travail, dans la triste monotonie routinière d'une existence décadente. Nous nous y habituons, et l'idée de vivre seul devient quelque chose d'épouvantable et qui nous fait peur. Nous avons le plus souvent investi toute notre foi en une seule chose, mis tous nos œufs dans le même panier, et nos vies n'ont aucune richesse en dehors de nos compagnons, de notre famille et de notre travail. Mais si notre vie est pleine de richesse – pas une richesse liée à l'argent ou aux connaissances, qui est à la portée de tout le monde, mais cette richesse qui est le mouvement de la réalité sans commencement ni fin – alors le compagnonnage devient une question accessoire.

Mais notre éducation ne nous apprend pas à vivre seuls. Vous arrive-t-il jamais d'aller vous promener seule ? C'est pourtant essentiel de sortir seul, de s'asseoir sous un arbre – sans livre et sans autre compagnon que soi-même – et d'observer la chute d'une feuille, d'entendre le clapotis de l'eau, le chant du pêcheur, d'observer l'envol d'un oiseau, et de vos propres pensées, l'une pourchassant l'autre à travers l'espace de votre esprit. Si vous êtes capable de rester seule et d'observer ces choses, alors vous découvrirez de fabuleuses richesses qu'aucun gouvernement ne pourra taxer, qu'aucune intervention humaine ne pourra corrompre, et qui ne pourront jamais être détruites.

Q : Les conférences que vous donnez sont-elles votre hobby ? N'êtes-vous jamais las de parler ? Pourquoi faites-vous cela ?

K : Je suis heureux que vous ayez posé cette question. Voyez-vous, si l'on aime quelque chose, on ne s'en lasse jamais – je parle ici d'un amour ne visant à aucun résultat, ne cherchant à tirer aucun profit. Quand on aime quelque chose, on n'est pas en quête d'autosatisfaction, ce qui exclut par conséquent toute notion de déception ou de finalité. Pourquoi est-ce que je fais cela? Vous pourriez tout aussi bien demander à la rose pourquoi elle fleurit, pourquoi le jasmin embaume, ou pourquoi l'oiseau vole.

En fait, j'ai essayé de *ne pas* m'exprimer, pour voir ce qui se passe si je cesse de parler. Comprenez-vous? Si vous parlez parce que vous en retirez quelque chose – de l'argent, une récompense, un sentiment d'importance –, alors la lassitude s'installe, et vos propos sont destructeurs, cela ne veut plus rien dire parce que ce n'est rien d'autre que de l'autosatisfaction. Mais si l'amour est dans votre cœur, et si votre cœur n'est pas encombré par les choses propres à l'esprit, alors c'est comme une fontaine, comme une source qui offre éternellement son eau fraîche.

Q : Quand j'aime une personne et qu'elle se met en colère, pourquoi sa colère est-elle si intense?

K : Tout d'abord, aimez-vous vraiment qui que ce soit? Savez-vous ce qu'est l'amour? C'est donner sans réserve votre esprit, votre cœur, tout votre être, sans rien demander en retour, sans mendier l'amour. Vous comprenez? Quand cet amour est là, y a-t-il place pour la colère? Et pourquoi nous emportons-nous quand nous aimons quelqu'un de ce prétendu amour ordinaire? C'est parce que cette personne ne répond pas à nos attentes, n'est-ce pas? J'aime ma femme ou mon mari, mon fils ou ma fille, mais dès l'instant où ils font quelque chose de « mal », je me mets en colère. Pourquoi ?

Pourquoi le père se met-il en colère contre son fils ou sa fille ? Parce qu'il veut que l'enfant soit – ou fasse – quelque chose, qu'il se plie à certains schémas, et l'enfant se rebelle. Les parents essaient de se réaliser, de s'immortaliser à travers leurs enfants, et quand l'enfant fait une chose qu'ils désapprouvent, ils entrent dans une violente colère. Ils ont un idéal quant à ce que l'enfant devrait être, et à travers cet idéal ils cherchent à se réaliser ; et ils sont en colère quand l'enfant ne correspond pas au modèle qui les comblerait.

Avez-vous déjà remarqué à quel point, parfois, vous êtes en colère contre un ami ? C'est le même processus qui a lieu. Vous attendez quelque chose de lui, et lorsque cette attente n'est pas comblée, vous êtes déçu – ce qui signifie qu'intérieurement, psychologiquement, vous dépendez de cette personne. Ainsi, chaque fois qu'il y a dépendance psychologique, la frustration est inévitable, et elle engendre la colère, l'amertume, la jalousie et diverses autres formes de conflit. Voilà pourquoi il est essentiel, surtout quand on est jeune, d'aimer de tout son être – que ce soit un arbre, un animal, votre professeur, votre père ou votre mère – car alors vous découvrirez par vous-même ce qu'est être sans conflit, sans peur.

Mais en fait, l'éducateur se préoccupe en général surtout de lui-même, il est pris par des soucis personnels concernant sa famille, son argent, sa situation. Il n'a pas d'amour dans le cœur, et c'est l'une des pierres d'achoppement de l'éducation. *Vous* avez peut-être de l'amour dans le cœur, car l'amour est tout naturel quand on est jeune ; mais il est vite détruit par les parents, par l'éducateur, par l'environnement social. Maintenir cette innocence, cet amour qui est le parfum de la vie, est chose excessivement ardue ; cela demande énormément d'intelligence, de vision pénétrante.

Q : Comment l'esprit peut-il transcender ses propres défaillances ?

K : Pour transcender ses propres défaillances, l'esprit doit d'abord en avoir conscience, ne croyez-vous pas ? Vous devez connaître les limites de votre propre esprit, ses frontières, ses bornes ; mais très peu d'entre nous les connaissent. Certes nous l'affirmons, mais ce ne sont là que des mots. Jamais nous ne disons : « Il y a là, en moi, une barrière, une entrave, et je veux la comprendre ; je vais donc l'appréhender, voir comment elle est née et quelle en est toute la nature. » Si l'on connaît la nature d'une maladie, il est possible de la soigner. Mais pour connaître et comprendre le trouble, la limitation particulière, la faille ou le handicap qui affectent l'esprit, il ne faut pas les condamner, il ne faut pas dire que c'est bien ou mal. Il faut les observer sans avoir d'opinion ni de préjugés à leur égard – ce qui est extrêmement difficile, car toute notre éducation nous incite à condamner.

Pour comprendre un enfant, toute condamnation doit être bannie. Condamner l'enfant n'a pas de sens. Vous devez le regarder jouer, pleurer, manger, vous devez l'observer dans tous ses états d'âme ; mais c'est impossible si vous lui dites qu'il est vilain, qu'il est stupide ou que sais-je encore. De même, si l'on peut observer les défaillances de l'esprit, pas seulement les failles superficielles, mais les failles plus profondes de l'inconscient – et les observer sans condamnation –, alors l'esprit peut les transcender : et cette avancée même est un mouvement vers la vérité.

Q : Pourquoi Dieu a-t-il créé un si grand nombre d'hommes et de femmes dans le monde ?

K : Pourquoi tenez-vous pour acquis le fait que Dieu nous ait créés ? Il y a une explication très simple : l'instinct biologique. L'instinct, le désir, la passion, l'appétit sexuel font tous partie intégrante de la vie. Si vous dites : « La vie, c'est Dieu », alors c'est une autre affaire. Alors Dieu est tout, y compris la passion, l'appétit sexuel, l'envie, la peur. Tous ces facteurs sont responsables de l'apparition dans le monde d'une énorme quantité d'hommes et de femmes, de sorte qu'il y a un problème de surpopulation, qui est l'une des plaies de ce pays. Mais ce problème n'est pas si simple à résoudre. L'homme a hérité de pulsions et de besoins divers, et si toute la complexité de ces phénomènes n'est pas comprise, s'en tenir au contrôle de la natalité n'a guère de sens. Nous avons semé le chaos dans ce monde – et chacun d'entre nous est concerné – car nous ne savons pas ce que signifie vivre. Vivre n'a rien à voir avec cette chose médiocre, clinquante et soumise à la discipline que nous appelons « notre existence ». Vivre, c'est tout autre chose : la vie est fabuleusement riche, elle est en perpétuel changement, et tant que nous ne comprendrons pas cet éternel mouvement, nos vies n'auront forcément que fort peu de sens.

13

Égalité et liberté

La pluie sur une terre desséchée est un bienfait extraordinaire, n'est-il pas vrai? Elle lave les feuilles et rafraîchit la terre. Et je crois que nous devrions tous nous laver totalement l'esprit, comme les arbres sont lavés par la pluie, car notre esprit est lourdement chargé de la poussière des nombreux siècles passés, la poussière de ce qu'on appelle les connaissances, l'expérience. Si vous et moi pouvions purifier notre esprit chaque jour, le libérer des réminiscences de la veille, chacun de nous aurait alors un esprit frais, capable de faire face aux nombreux problèmes de l'existence.

L'un des grands problèmes qui perturbent le monde est celui de l'égalité. En un sens, l'égalité n'existe pas, car nous avons tous de nombreuses aptitudes différentes; mais nous parlons de l'égalité au sens où tous les hommes devraient être traités de manière identique. À l'école, par exemple, les postes de principal, de professeur ou de coordinateur ne sont que des fonctions professionnelles, un métier; mais certaines fonctions, certains métiers vont de pair avec un certain statut social, et ce statut est respecté parce qu'il implique un pouvoir, un prestige, cela veut dire qu'on est en position de sélectionner les gens, de leur donner des ordres, d'attribuer des postes aux amis et aux membres de sa famille. Fonction et statut vont de pair. Mais si l'on pouvait éliminer toute notion de statut social, de pouvoir, d'influence, de prestige, de privilèges distribués, la fonction prendrait un tout autre sens, n'est-ce pas? Dans ce cas, qu'il soit gouverneur, Premier ministre, cuisinier ou simple instituteur, chacun serait traité avec le même respect puisque chacun assume une fonction différente mais indispensable à la société.

Savez-vous ce qui se passerait, tout particulièrement dans une école, si l'on pouvait réellement ôter à la fonction toute connotation de pouvoir, d'influence, de prestige – ce sentiment qui fait dire : «Je suis proviseur, donc je suis important»? Nous vivrions tous dans une atmosphère tout à fait différente, n'est-ce pas? Il n'y aurait pas d'autorité au sens d'une distinction entre le haut et le bas, entre l'homme important et l'homme modeste, et la liberté régnerait. Et il est essentiel pour nous de créer cette atmosphère au sein de l'école, une atmosphère de liberté où l'amour soit présent, où chacun ait un immense sentiment de confiance; car en fait la confiance naît lorsqu'on se sent parfaitement à l'aise, totalement rassuré. Vous sentez-vous à l'aise chez vous si votre père, votre mère et votre grand-mère ne cessent de vous dire ce qu'il faut faire, de sorte que vous perdez peu à peu toute confiance de pouvoir agir seul? En grandissant, vous devez être capables de discuter, de découvrir ce que vous estimez vrai, et de tenir bon. Vous devez être capables de soutenir ce que vous pensez être juste, même si cela est source de douleur, de souffrances, de pertes d'argent, et j'en passe; mais pour y parvenir, vous devez, dès votre plus jeune âge, vous sentir complètement rassurés et à l'aise.

La plupart des jeunes ne se sentent pas en sécurité car ils ont peur. Peur de leurs aînés, de leurs professeurs, de leurs père et mère, ils ne se sentent donc jamais à l'aise. Mais lorsque vous vous sentez *vraiment* bien, il se passe quelque chose de très étrange. Lorsque vous pouvez aller dans votre chambre, en fermer la porte à clé, et y rester seul sans que quiconque le remarque, sans que quiconque vous dise ce que vous avez à faire, cela vous sécurise complètement ; vous commencez à vous épanouir, à comprendre, à vous révéler. Vous aider à vous révéler : telle est la fonction de l'éducation, et si l'école ne contribue pas à vous révéler, ce n'est pas du tout une école.

Lorsqu'on se sent bien quelque part, au sens où l'on se sent en sécurité, et pas rabaissé, pas contraint de faire telle ou telle chose, lorsqu'on se sent très heureux, complètement à l'aise, alors on n'est pas méchant, n'est-ce pas? Quand on est vraiment heureux, on n'a pas envie de faire du mal à qui que ce soit ni de détruire quoi que ce soit. Mais faire en sorte que l'élève soit parfaitement heureux est une tâche extrêmement difficile, car l'enfant vient à l'école avec l'idée que le directeur, les professeurs et les surveillants vont lui imposer des choses et lui donner des ordres, d'où un sentiment de peur.

Vous venez pour la plupart de familles ou d'écoles dans lesquelles on vous a enseigné le respect du statut social. Votre père et votre mère jouissent d'un certain statut, le directeur aussi, vous arrivez donc ici en étant craintifs, et respectueux de ce statut. Mais nous devons créer au sein de l'école une véritable atmosphère de liberté, et cela n'est possible que si la fonction est dissociée du statut, et qu'il existe donc un sentiment d'égalité. La vraie préoccupation d'une éducation authentique est de contribuer à faire de chacun de vous un être humain plein de vitalité et de sensibilité, sans peur et sans faux sentiment de respect lié à un statut quelconque.

Q : Pourquoi prenons-nous plaisir à faire du sport et pas à étudier ?

K : Pour la raison toute simple que vos professeurs ne savent pas enseigner. C'est tout, la raison n'est pas plus compliquée que cela. En effet, si un professeur aime les mathématiques, ou l'histoire, ou la matière qu'il enseigne, quelle qu'elle soit, vous l'aimerez aussi, car l'amour est communicatif. Vous le savez, n'est-ce pas ? Si un musicien adore chanter et qu'il chante de tout son être, ce sentiment ne se communique-t-il pas à vous qui écoutez ? Vous avez l'impression que vous aussi, vous aimeriez apprendre à chanter. Mais la plupart des enseignants n'aiment pas la matière qu'ils enseignent, c'est devenu une routine ennuyeuse à laquelle ils doivent se plier pour gagner leur vie. Si vos professeurs aimaient vraiment enseigner, savez-vous ce qui se passerait ? Vous seriez des êtres humains extraordinaires. Vous aimeriez non seulement le sport et vos études mais aussi les fleurs, le fleuve, les oiseaux, la terre, parce que vous auriez cette vibration dans le cœur ; et vous apprendriez beaucoup plus vite, votre esprit serait excellent et pas médiocre.

Voilà pourquoi il est essentiel d'éduquer celui qui éduque, ce qui est très difficile parce que les enseignants sont déjà bien ancrés dans leurs habitudes. Mais l'habitude ne pèse pas aussi lourd chez les jeunes, et si vous aimez ne serait-ce qu'une seule discipline pour elle-même – si vous aimez vraiment votre sport favori, ou les mathématiques, l'histoire, la peinture ou le chant –, vous vous apercevrez qu'intellectuellement vous êtes plein de vivacité, d'énergie, et vous serez bon dans toutes vos études. En définitive, l'esprit a envie d'explorer, de savoir, car il est curieux ; mais cette curiosité est détruite par une éducation faussée. Ce n'est donc pas seulement l'élève ou l'étudiant qui doivent être éduqués, mais aussi le professeur. La vie est en soi un processus d'éducation, un processus d'apprentissage. Les examens finissent un jour, mais on ne cesse jamais d'apprendre, et tout peut être prétexte à apprendre si vous avez l'esprit vif et curieux.

Q : Vous avez dit que le fait de voir la nocivité d'une chose la faisait cesser. Je constate quotidiennement les méfaits du tabac, et le tabagisme persiste.

K : Avez-vous déjà observé des adultes en train de fumer, qu'il s'agisse de vos parents, de vos professeurs, de vos voisins ou d'autres encore ? C'est devenu chez eux une habitude, n'est-ce pas ? Ils continuent à fumer jour après jour, tout au long de l'année, et ils sont devenus esclaves de cette habitude. Nombre d'entre eux se rendent compte que cet esclavage est stupide, et ils luttent pour se défaire de cette habitude à grand renfort de discipline, ils lui résistent, ils tentent par toutes sortes de moyens de s'en débarrasser. Mais, voyez-vous, l'habitude est un poids mort, une action devenue automatique, et plus on la combat, plus on la renforce. En revanche, si le fumeur prend conscience de son habitude, s'il est attentif à chaque geste : la main qu'on porte à la poche, la cigarette qu'on tire du paquet, qu'on tapote, qu'on met à la bouche, qu'on allume, puis la première bouffée – si chaque fois qu'il accomplit ce rituel il ne fait que l'observer sans le condamner, sans se dire que c'est affreux de fumer, alors il cesse de renforcer cette habitude particulière. Mais pour renoncer pour de bon à ce qui est devenu une habitude, il faut pousser beaucoup plus loin l'investigation, c'est-à-dire creuser la question de savoir pourquoi l'esprit cultive l'habitude – autrement dit, pourquoi il est inattentif. Si vous vous lavez les dents tous les jours tout en regardant par la fenêtre, cela devient une habitude; mais si vous vous lavez toujours les dents avec le plus grand soin, en y mettant toute votre attention, alors cela ne devient pas une habitude, un geste machinal que l'on répète sans même y penser.

Faites l'expérience : observez comment l'esprit cherche à s'endormir dans les habitudes et à éviter le moindre dérangement. L'esprit de la plupart des gens est prisonnier de l'habitude, et les choses empirent avec l'âge. Vous avez sans doute déjà contracté quantité d'habitudes. Vous avez peur de ce qui se passera si vous ne faites pas ce que vous disent vos parents, si vous ne vous mariez pas selon les vœux de votre père : votre esprit fonctionne donc déjà de manière routinière, et dès lors que vous suivez les rails de la routine, même si vous n'avez que dix ou quinze ans, vous êtes déjà vieux et délabré intérieurement. Certes, vous pouvez avoir un corps solide, mais cela ne suffit pas. Certes, votre corps peut être jeune et bien droit, mais votre esprit croule sous son propre poids.

Il est donc capital de comprendre en détail la raison pour laquelle l'esprit s'engonce dans les habitudes, suit des sillons routiniers, des rails tout tracés comme ceux d'un tramway, et a peur d'explorer les choses, de les remettre en question. Si vous dites : «Mon père est sikh, donc je suis sikh et je vais me laisser pousser les cheveux et porter un turban» – si vous dites cela sans vous poser de questions, sans rien remettre en cause, sans songer à rompre avec tout cela, dans ce cas vous êtes comme une machine. Fumer fait également de vous une machine, un esclave de l'habitude, et ce n'est qu'une fois que vous avez compris tout cela que l'esprit devient frais, jeune, actif, vivant, de sorte que chaque jour est un jour nouveau, chaque aube reflétée dans l'eau du fleuve est un spectacle qui réjouit la vue.

Q : Pourquoi avons-nous peur quand certains de nos aînés sont sérieux ? Et qu'est-ce qui les rend si sérieux ?

K : Que signifie être sérieux : y avez-vous déjà songé ? Êtes-vous jamais sérieux ? Êtes-vous toujours gai, toujours joyeux, toujours rieur, ou bien y a-t-il des moments où vous êtes calme, sérieux – pas *à propos de* quelque chose, mais simplement sérieux ? Et pourquoi faudrait-il avoir peur quand des adultes sont sérieux ? Qu'avez-vous à craindre ? Craignez-vous qu'ils puissent voir en vous quelque chose que vous-même n'aimez pas ? En général, nous ne réfléchissons pas à ces questions ; si nous avons peur en présence d'une personne grave ou sérieuse, nous ne cherchons pas plus loin, nous ne nous demandons pas : « Pourquoi ai-je peur ? »

Qu'est-ce au juste qu'être sérieux ? Découvrons-le ensemble. Vous pouvez être sérieux à propos de choses très superficielles. Au moment d'acheter un sari par exemple, vous pouvez y consacrer toute votre attention, vous inquiéter, aller dans dix boutiques différentes, et passer toute la matinée à passer en revue les différents modèles. Cela s'appelle aussi être sérieux : mais dans ce cas-là, on n'est sérieux que superficiellement. On peut également être sérieux quant à la fréquentation quotidienne du temple, à l'endroit où l'on dispose des guirlandes de fleurs, à l'argent donné aux prêtres; mais tout cela sonne très faux, n'est-ce pas? Car la vérité, ou Dieu, n'est dans un aucun temple. Et vous pouvez être très sérieux en matière de nationalisme, ce qui est encore une notion fausse.

Savez-vous ce qu'est le nationalisme? C'est le sentiment qu'ici c'est : « Mon Inde, mon pays, à tort ou à raison », ou le sentiment que cette Inde possède d'immenses trésors de savoir spirituel, et qu'elle est par conséquent supérieure à toute autre nation. Quand nous nous identifions à un pays spécifique et que nous en sommes fiers, nous suscitons le nationalisme dans le monde. Le nationalisme est un faux dieu, pourtant des millions de gens le prennent très au sérieux; ils sont prêts à faire la guerre, à détruire, à tuer ou à être tué au nom de leur pays, et ce genre de sérieux est mis à profit et exploité par les politiciens.

On peut donc être sérieux à propos de choses fausses. Mais si vous commencez à examiner de près ce qu'être sérieux veut dire, vous découvrirez qu'il existe un sérieux qui ne se mesure pas en fonction de l'activité du faux, et qui n'est coulé dans aucun moule particulier – c'est le sérieux qui naît lorsque l'esprit n'est à la poursuite d'aucun résultat, d'aucune finalité.

Q : Qu'est-ce que la destinée?

K : Avez-vous vraiment envie de creuser cette question? Poser une question est la chose la plus aisée au monde, mais votre question n'a de sens que si elle vous affecte directement, de sorte que vous la preniez vraiment au sérieux. Sitôt la question posée, nombre de personnes s'en désintéressent très vite – l'avez-vous remarqué? L'autre jour, un homme a posé une question, et puis il s'est mis à bâiller, à se gratter la tête et à bavarder avec son voisin : il avait perdu tout intérêt pour sa question. Je suggère donc que vous ne posiez une question que si vous êtes sérieusement concerné.

Savoir ce qu'est la destinée est un problème difficile et complexe. En fait, toute cause lorsqu'elle entre en jeu produit inévitablement un effet. Si un grand nombre de gens, qu'ils soient russes, américains ou hindous, se préparent à la guerre, leur destinée est la guerre ; ils ont beau dire qu'ils veulent la paix, et qu'ils préparent la guerre uniquement à titre défensif, ils ont mis en mouvement des causes qui déclenchent la guerre. De même, lorsque des millions de gens prennent part depuis des siècles au développement d'une civilisation ou d'une culture données, ils ont mis en marche un mouvement dans lequel se trouvent individuellement happés et entraînés des êtres humains, de gré ou de force. Et tout ce processus par lequel un courant particulier de culture ou de civilisation vous happe et vous emporte peut être qualifié de destinée.

Si vous êtes né fils d'un avocat qui insiste pour que vous deveniez également avocat, et si vous exaucez ses vœux, bien que vous ayez d'autres préférences, alors votre destinée est de toute évidence de devenir avocat. Mais si vous refusez, si vous insistez pour faire ce que vous sentez être votre vrai choix, pour faire ce que vous aimez vraiment – que ce soit écrire, peindre, ou être sans argent et mendier –, alors vous avez échappé au courant, vous avez rompu avec le destin que votre père vous avait assigné. Il en va de même pour une culture ou une civilisation.

C'est pourquoi il est d'une grande importance que nous soyons éduqués de façon authentique – sans être étouffés par la tradition, sans tomber dans le destin tout tracé d'un groupe racial, culturel ou familial particulier, sans devenir des êtres mécanisés en marche vers une fin déterminée d'avance. Celui qui comprend l'ensemble de ce processus, qui rompt avec lui et qui fait front tout seul – cet homme-là est le moteur de son propre élan ; et si son action consiste à rompre avec le faux pour aller vers le vrai, alors cet élan même devient la vérité. De tels hommes échappent au destin.

14

L'autodiscipline

Pourquoi sommes-nous disciplinés, ou pourquoi nous imposons-nous une discipline : vous êtes-vous déjà posé la question ? Les partis politiques partout dans le monde insistent sur l'idée qu'il faut suivre la discipline du parti. Vos parents, vos professeurs, la société autour de vous – bref, tout le monde vous dit que vous devez être discipliné et vous contrôler. Mais pourquoi ? La discipline est-elle vraiment indispensable ? Je sais que nous sommes habitués à croire en la nécessité de la discipline – qu'elle soit imposée par la société, par un Maître spirituel, par un code moral particulier ou par notre propre expérience. Pour l'ambitieux qui veut réussir, gagner beaucoup d'argent, devenir un grand homme politique, le moteur de sa propre discipline est son ambition même. Tous autour de vous affirment donc que la discipline est nécessaire : vous devez aller au lit et vous lever à une certaine heure, vous devez étudier, réussir vos examens, obéir à vos père et mère, et ainsi de suite.

Mais pourquoi au juste faudrait-il être discipliné ? Et que signifie la discipline, sinon la nécessité de s'adapter ? Il faut adapter sa pensée à l'opinion des autres, résister à certaines formes de désir et en admettre d'autres, se plier à telle pratique et pas à telle autre, se conformer, se refréner, se soumettre, non seulement en surface mais au plus profond de notre esprit – voilà ce qu'implique la discipline. Et depuis des siècles, depuis des éternités, Maîtres, gourous, prêtres, politiciens, rois, hommes de loi – et toute la société dans laquelle nous vivons – n'ont cessé de nous dire que la discipline est une nécessité.

Je me demande donc – et j'espère que vous vous le demandez aussi – si la discipline est vraiment nécessaire, et s'il n'y aurait pas une tout autre approche à cette question. Je crois qu'on peut bel et bien l'aborder autrement, et là est le véritable problème auquel doivent faire face non seulement les écoles mais le monde entier. On admet généralement que, pour être efficace, il faut se soumettre à une discipline, soit celle d'un code moral ou d'un credo politique, soit celle du travail auquel on vous entraîne comme une machine dans une usine. Mais ce processus même de discipline abêtit l'esprit à force de conformisme.

La discipline est-elle libératrice, ou vous incite-t-elle à vous conformer à des schémas idéologiques, que ce soit le schéma utopique du communisme ou un quelconque modèle religieux ou moral ? La discipline peut-elle jamais vous libérer ? Après vous avoir ligoté, fait prisonnier, ce que font toutes les formes de discipline, peut-elle ensuite vous libérer ? Comment le pourrait-elle ? N'y aurait-il pas plutôt une approche radicalement différente, consistant à éveiller en vous une vision pénétrante du panorama complet de ce problème de la discipline ? En d'autres termes, êtes-vous capable – l'individu est-il capable – d'avoir un seul et unique désir à la fois, et pas deux ou une multitude de désirs simultanés et contradictoires ?

Comprenez-vous ce que je veux dire? Dès l'instant où vous êtes habité par deux, trois ou dix désirs différents, le problème de la discipline se pose à vous, n'est-ce pas? Vous voulez être riche, avoir des voitures, des maisons, et en même temps vous voulez renoncer à toutes ces choses parce que vous estimez que ne rien posséder, ou quasiment rien, va dans le sens de la morale, de l'éthique, de la religion. Est-il possible, grâce à une éducation adéquate, de faire en sorte que tout notre être soit « intégré », c'est-à-dire exempt de divisions, de contradictions, et n'ait donc pas besoin de discipline? Être intégré en ce sens-là implique un sentiment de liberté, et lorsque cette intégration a lieu, il est évident que toute discipline devient superflue. Cette intégrité de l'être signifie qu'on est totalement un à tous les niveaux en même temps.

Si l'accès à cette éducation authentique était possible dès le plus jeune âge, il en résulterait un état dénué de toute contradiction, intérieure ou extérieure; la coercition et la discipline deviendraient inutiles, car on agirait en s'impliquant de tout son être, librement et complètement. Le besoin de discipline ne se manifeste que face à une contradiction. Les hommes politiques, les gouvernements, les religions organisées souhaitent tous que vous n'ayez qu'un unique mode de pensée, car s'ils peuvent faire de vous un parfait communiste, un parfait catholique, ou que sais-je encore, alors vous cessez d'être un problème : vous vous contentez de croire ou de travailler comme une machine; il n'y a pas de contradiction, car vous vous contentez d'obéir. Mais tout assujettissement est destructeur parce qu'il est mécanique, ce n'est qu'un conformisme d'où toute expression créative est absente.

Pouvons-nous donc susciter, dès l'âge le plus tendre, un sentiment de bien-être, de sécurité totale, de sorte que vous ne vous efforciez plus d'être *ceci* et pas *cela*? Car dès l'instant où vous luttez intérieurement, il y a conflit, et pour surmonter ce conflit, la discipline s'impose. Alors que si votre éducation est bien faite, chacune de vos actions est une action intégrée – sans contradiction et par conséquent sans contrainte. Tant que cette intégration fait défaut, la discipline reste nécessaire, mais elle est destructrice car elle ne mène pas à la liberté.

Être «intégré» n'exige pas la moindre forme de discipline. En d'autres termes, si je fais ce qui est bien, ce qui est intrinsèquement vrai, ce qui est réellement beau, et que je le fais de tout mon être, il n'y a en moi nulle trace de contradiction et je ne fais pas que me conformer. Si ce que je fais est totalement bon et juste – juste en soi, et pas selon les dires d'une quelconque théorie hindoue ou communiste, mais juste de toute éternité, juste en toutes circonstances –, alors je suis un être humain intégré, et je n'ai nul besoin de discipline. L'école n'a-t-elle pas pour rôle de faire éclore en vous ce sentiment de confiance intégrée, de sorte que ce que vous faites n'est pas simplement ce que vous souhaitez faire, mais ce qui est fondamentalement juste, éternellement vrai?

Si l'on aime, la discipline est superflue, n'est-il pas vrai? L'amour apporte sa propre compréhension créatrice, il s'ensuit que toute résistance, tout conflit disparaît; mais aimer en ayant cette intégration intérieure totale n'est possible que lorsqu'on se sent parfaitement rassuré, tout à fait à l'aise, surtout quand on est jeune. Cela veut dire, en fait, que l'éducateur et l'élève doivent avoir une immense confiance réciproque, sinon nous créerons forcément une société aussi répugnante et destructrice que celle d'aujourd'hui. Si nous sommes capables de comprendre la portée de l'action totalement intégrée – c'est-à-dire sans contradiction et ne nécessitant donc aucune discipline –, je pense que nous ferons naître une forme de culture tout à fait différente, une nouvelle civilisation. Mais si nous ne faisons que résister, réprimer, alors ce qui est réprimé rebondira inévitablement dans d'autres directions, entraînant diverses activités malfaisantes et autres événements destructeurs.

Il est donc capital d'appréhender toute cette question de la discipline. À mes yeux, la discipline est une chose tout à fait hideuse; elle n'est pas créatrice, mais destructrice. Mais s'en tenir à une telle déclaration lapidaire pourrait laisser entendre que vous pouvez simplement faire tout ce qui vous plaît. Au contraire, celui qui aime *ne fait pas* tout ce qui lui plaît. Seul l'amour mène à l'action juste. Ce qui amène l'ordre dans le monde, c'est d'aimer et de laisser l'amour faire ce que bon lui semble.

Q : Pourquoi haïssons-nous les pauvres?

K : Haïssez-vous vraiment les pauvres? Je ne vous condamne pas, je vous demande seulement : haïssez-vous vraiment les pauvres? Et si tel est le cas, pourquoi? Est-ce parce que vous pourriez, vous aussi, un jour, devenir pauvre, et qu'à l'idée de votre propre calvaire, vous exprimez un rejet? Ou bien est-ce que vous détestez l'existence sordide, crasseuse et débraillée qui est celle des pauvres? Détestant le laisser-aller, la misère, la saleté, vous dites : «Je ne veux rien avoir à faire avec les pauvres.» C'est ça? Mais qui a suscité la pauvreté, la misère noire et le désordre dans le monde? Vous, vos parents, votre gouvernement – c'est toute notre société qui en est responsable; car en réalité nous n'avons pas d'amour dans nos cœurs. Nous n'aimons ni nos enfants ni nos voisins, ni les vivants ni les morts. Les politiciens ne vont pas éradiquer toute cette misère et toute cette laideur répandues de par le monde, pas plus que ne le feront les religions et les réformateurs, parce que tout ce qui les intéresse, c'est un petit rapiéçage par-ci par-là. S'il y avait l'amour, toutes ces horreurs disparaîtraient dès demain.

Mais au fait, aimez-vous quoi que ce soit ? Savez-vous ce qu'est l'amour ? Quand on aime quelque chose de manière absolue, de tout son être, cet amour-là n'est pas sentimental, ce n'est pas non plus un devoir, et il n'y a pas de clivage entre amour physique et amour divin. Aimez-vous quelqu'un ou quelque chose de tout votre être – que ce soit un ami, vos parents, votre chien ou un arbre ? Aimez-vous vraiment ? Je crains bien que non. C'est pourquoi il y a en vous de vastes espaces où règnent la laideur, la haine, l'envie. Celui qui aime, voyez-vous, n'a pas de place en lui pour autre chose que l'amour. Nous devrions vraiment passer notre temps à discuter de tout cela et à trouver comment débarrasser notre esprit de ce qui l'encombre à tel point que nous ne savons pas aimer ; car c'est seulement quand on aime qu'on peut être libre et heureux. Seuls ceux qui sont pleins d'amour, de vie, de bonheur ont le pouvoir de créer un monde nouveau – pas les politiciens, les réformateurs ou les quelques saints patrons de l'idéologie.

Q : Vous parlez de la vérité, du bien et de l'intégration, ce qui implique qu'il y ait d'un autre côté le mensonge, le mal et la désintégration. Comment peut-on, sans la discipline, être vrai, bon et intégré ?

K : En d'autres termes, comment peut-on, si l'on est envieux, se libérer de l'envie sans passer par la discipline ? Je crois qu'il est essentiel de comprendre la question elle-même, car la réponse est dans la question, elle n'en est pas distincte.

Que signifie l'envie, le savez-vous? Vous êtes bien de votre personne, élégamment vêtu, vous portez un beau turban ou un beau sari, et moi aussi je voudrais m'habiller ainsi, mais je ne peux pas : donc je suis envieux. Je suis envieux parce que je convoite ce que vous avez; je veux être autre que je ne suis.

Je suis envieux parce que je voudrais être aussi beau que vous, avoir les vêtements raffinés, la maison élégante, la position élevée qui sont les vôtres. Étant insatisfait de ce que je suis, je veux vous ressembler; or, si je comprenais mon insatisfaction et ses causes, je n'aurais plus envie d'être comme vous ni de convoiter ce que vous avez. Autrement dit, il suffit que je commence à comprendre ce que je suis pour ne jamais plus me comparer à autrui ou être envieux de quiconque. L'envie naît du désir que j'ai de me changer et de vouloir ressembler à un autre. Si je dis au contraire : «Ce que je suis, peu importe, mais c'est *cela* que je veux comprendre», alors l'envie s'en va; alors plus besoin de discipline, et de la compréhension de ce que je suis vient l'intégration.

Notre éducation, notre environnement social, notre culture – tout nous incite au devenir. Nos philosophies, nos religions et les livres sacrés disent tous la même chose. Mais je vois à présent que le processus même du devenir implique l'envie, ce qui veut dire que je ne me satisfais pas d'être ce que je suis; et je veux comprendre ce que je suis, je veux savoir pourquoi je me compare sans cesse aux autres, pourquoi je cherche à devenir quelque chose d'autre; et cette compréhension de ce que je suis ne nécessite aucune discipline. Grâce à ce processus même de compréhension, l'intégration advient. La contradiction qui est en moi cède la place à la connaissance que j'ai de moi-même, et il s'ensuit une action qui est intégrale, totale.

Q : Qu'est-ce que le pouvoir?

K : Il y a la puissance mécanique, la puissance produite par le moteur à combustion interne, par la vapeur ou l'électricité. Il y a aussi au cœur de l'arbre cette puissante force qui fait monter la sève et naître la feuille. Et il y a le pouvoir de penser très clairement, le pouvoir d'aimer, le pouvoir de haïr, le pouvoir du dictateur, le pouvoir d'exploiter les gens au nom de Dieu, au nom des Maîtres, au nom de la patrie. Telles sont les multiples formes de la puissance, du pouvoir.

Prenons l'électricité, la lumière, l'énergie atomique, et ainsi de suite : chacune de ces formes de pouvoir est bonne en soi, n'est-ce pas? Mais le pouvoir de l'esprit qui les utilise à des fins d'agression ou de tyrannie, ou pour en tirer un profit personnel – un tel pouvoir est mauvais en toutes circonstances. Le chef d'une société quelle qu'elle soit – Église ou groupe religieux – qui exerce un pouvoir sur d'autres est un être nocif, car il contrôle, il modèle, il guide les autres sans savoir lui-même où il va. Cela est vrai non seulement pour les grandes organisations, mais pour les petites sociétés partout dans le monde. Dès lors qu'un individu est lucide, et pas en proie à la confusion, il cesse d'être un leader et n'a donc pas de pouvoir.

Il est par conséquent de la plus haute importance de déterminer pourquoi l'esprit humain a une telle envie d'exercer un pouvoir sur autrui. Les parents ont un pouvoir sur leurs enfants, la femme sur le mari, ou le mari sur la femme. Le mal prend racine dans la petite cellule familiale, pour s'étendre ensuite jusqu'à la tyrannie des gouvernements, des leaders politiques et des interprètes religieux. Peut-on vivre sans cette soif de pouvoir, sans vouloir influencer ni exploiter personne, sans vouloir le pouvoir ni pour soi-même ni pour un groupe, une nation, un Maître ou un saint? Toutes ces formes de pouvoir sont destructrices, elles apportent à l'homme le malheur. Ce qu'il faut, au contraire, c'est être authentiquement bon, attentionné, ce qu'il faut, c'est aimer... L'amour est une chose étrange, il a ses effets propres de toute éternité : il est à lui-même sa propre éternité, et là où est l'amour, aucun pouvoir mauvais ne saurait exister.

Q : Pourquoi sommes-nous en quête de notoriété?

K : Y avez-vous déjà réfléchi? On veut être célèbre en tant qu'écrivain, poète, peintre, homme politique ou chanteur, ou que sais-je encore. Pourquoi? C'est parce qu'on n'aime pas vraiment ce que l'on fait. Si vous aimiez chanter, peindre, ou écrire des poèmes – si vous aimiez réellement cela –, vous ne vous soucieriez pas de savoir si vous êtes célèbre ou non. Vouloir être célèbre est indigne, vulgaire, stupide, cela n'a pas de sens. Mais, n'aimant pas ce que nous faisons, nous voulons nous enrichir de célébrité. Notre éducation actuelle est absolument nulle, parce qu'elle nous apprend à aimer le succès au lieu d'aimer ce que nous faisons. Le résultat a pris le pas sur l'action.

C'est pourtant si bien de cacher son propre éclat sous le boisseau, d'être anonyme, d'aimer ce que l'on fait sans ostentation, d'être un homme bon incognito. Cela ne vous rend pas célèbre, votre photo ne paraît pas dans les journaux, les politiciens ne se pressent pas à votre porte. Vous êtes juste un être humain créatif vivant en tout anonymat et il y a en cela une grande richesse et une grande beauté.

15

Coopération et partage

Nous avons parlé de tant de choses, abordé les nombreux problèmes de l'existence. Mais je me demande si nous savons vraiment ce qu'est un problème. Les problèmes deviennent difficiles à résoudre si on les laisse s'enraciner dans l'esprit. L'esprit crée les problèmes, et devient le terreau dans lequel ils prennent racine; et une fois bien installé dans l'esprit, le problème est très difficile à déraciner. L'essentiel est que l'esprit lui-même voie le problème et ne lui fournisse pas le terrain favorable à son enracinement.

L'un des problèmes de base auquel le monde est confronté est celui de la coopération. Que veut dire le mot «coopération»? Coopérer, c'est faire des choses ensemble, les construire ensemble, les ressentir ensemble, c'est avoir un objectif commun de manière à pouvoir travailler ensemble librement. Mais les gens sont généralement peu enclins à collaborer naturellement, facilement, avec bonheur; ils ne le font que contraints et forcés par divers modes de persuasion : la menace, la peur, le châtiment, la récompense. C'est une pratique répandue dans le monde entier. Sous des gouvernements tyranniques, on vous force à travailler ensemble de manière brutale : si vous ne «coopérez» pas, vous êtes liquidé ou envoyé dans un camp de concentration. Dans les pays prétendument civilisés, on vous incite à travailler ensemble grâce au concept de patrie, ou au nom d'une idéologie très soigneusement élaborée et largement propagée pour que vous l'acceptiez; ou bien vous travaillez ensemble pour faire aboutir un projet conçu par d'autres, un programme visant à l'utopie.

C'est donc le projet, l'idée, l'autorité qui incitent les gens à travailler ensemble. C'est cela qu'on appelle en général la «coopération», et le terme sous-entend toujours la notion de châtiment ou de récompense, ce qui signifie que derrière cette «coopération» se cache la peur. Vous travaillez toujours *pour* quelque chose – pour le pays, pour le roi, pour le parti, pour Dieu ou le Maître, pour la paix, ou pour mettre en œuvre telle ou telle réforme. Votre idée de la coopération, c'est de travailler ensemble en vue d'un résultat particulier. Vous avez un idéal – édifier l'école parfaite, ou que sais-je encore – auquel vous travaillez, et vous dites donc que la coopération est nécessaire. Tout cela implique l'intervention d'une autorité, n'est-ce pas? Il y a toujours quelqu'un censé savoir ce qu'il convient de faire, ce qui vous amène à dire : «Nous devons coopérer à l'exécution du projet.»

Je n'appelle pas cela de la coopération – mais alors pas du tout! Loin d'être de la coopération, c'est une forme d'avidité, une forme de peur, de coercition, dissimulant une menace : si vous refusez de coopérer, le gouvernement ne vous reconnaîtra pas, ou bien le plan quinquennal va échouer, ou bien on va vous envoyer dans un camp de concentration, ou bien votre pays va perdre la guerre, ou bien vous risquez de ne pas aller au ciel. Il y a toujours un argument de persuasion, et dans ce cas il ne peut y avoir de coopération réelle.

Lorsque vous et moi travaillons ensemble simplement parce que nous nous sommes mis d'accord pour effectuer une tâche, ce n'est pas non plus de la coopération. Dans tout accord de ce genre, ce qui compte c'est l'accomplissement de la tâche, pas le travail en commun. Vous et moi pouvons être d'accord pour bâtir un pont, ou construire une route, ou planter des arbres ensemble, mais dans cet accord il y a toujours la peur du désaccord, la crainte que je ne fasse pas ma part de travail et ne vous en laisse effectuer la totalité.

Lorsqu'on travaille ensemble suite à une forme quelconque de persuasion ou en vertu d'un simple d'accord, ce n'est pas de la coopération, car derrière tous les efforts de ce type se cache la volonté de gagner ou d'éviter quelque chose.

Pour moi, la coopération est tout autre chose. C'est le plaisir d'être et de faire ensemble – mais pas forcément de faire une chose en particulier. Comprenez-vous ? Les jeunes enfants ont normalement cet instinct d'être et de faire ensemble, l'avez-vous remarqué ? Ils sont prêts à coopérer à tout. Il n'est pas question d'accord ou de désaccord, de châtiment ou de récompense : ils ont seulement envie de se rendre utiles. Ils coopèrent instinctivement, pour le plaisir d'être et d'agir ensemble. Mais les adultes détruisent cet esprit de coopération naturel et spontané chez les enfants, en disant : « Si vous faites telle chose, je vous récompenserai ; si vous ne faites pas telle chose, vous n'irez pas au cinéma », ce qui introduit un élément corrupteur.

La coopération authentique ne naît donc pas simplement d'un accord visant à réaliser un projet commun, mais de la joie, du sentiment d'unité, si l'on peut dire ; car dans ce sentiment n'entre pas l'obstination de la conception personnelle, de l'opinion personnelle.

Quand vous saurez ce qu'est cette coopération-là, vous saurez aussi quand il faut *refuser* de coopérer, ce qui est tout aussi important. Vous comprenez? Nous devons tous éveiller en nous cet esprit de coopération, car ce ne sera pas alors un simple projet ou un simple accord qui nous poussent à travailler ensemble, mais un extraordinaire sentiment d'unité, une sensation de joie à être et à agir ensemble hors de toute notion de châtiment ou de récompense. Ce point est très important. Mais il est tout aussi important de savoir quand il faut *dire non*; car nous risquons, par manque de discernement, de coopérer avec des gens malavisés, avec des leaders ambitieux porteurs de projets grandioses, d'idées fantastiques, comme Hitler et d'autres tyrans qui sévissent depuis la nuit des temps. Nous devons donc savoir quand *refuser* de coopérer; et ce n'est possible que si nous connaissons la joie de la véritable coopération.

Il est important de discuter ensemble de cette question, car lorsqu'on nous suggère de travailler en commun, votre réaction immédiate risque d'être : «Pour quoi faire? Qu'allons-nous faire ensemble?» Autrement dit, la chose à faire compte plus que le sentiment d'être ensemble et de collaborer; et quand la chose à faire – le projet, le concept, l'utopie idéologique – prend le pas sur le reste, il n'y a pas de coopération véritable. Nous ne sommes plus liés alors que par l'idée; et si une idée peut nous lier, une autre peut nous diviser. Ce qui compte, c'est donc d'éveiller en nous-mêmes cet esprit de coopération, ce sentiment de joie et d'action commune, hors de toute considération de châtiment ou de récompense. La plupart des jeunes ont cet esprit-là, spontanément, librement, à condition qu'il ne soit pas corrompu par leurs aînés.

Q : Comment nous débarrasser des soucis qui agitent notre esprit si nous ne pouvons pas éviter les situations qui en sont la cause ?

K : Dans ce cas, il faut y faire face, ne croyez-vous pas ? Pour vous débarrasser des soucis, vous essayez en général d'éluder le problème : vous allez au temple, ou au cinéma, vous lisez un magazine, vous allumez la radio, ou vous cherchez une autre forme de distraction. Mais la fuite ne résout pas le problème, car à votre retour il est toujours là ; alors pourquoi ne pas y faire face d'emblée ?

Qu'est-ce qu'un souci ? Vous vous inquiétez pour vos résultats aux examens, vous craignez d'échouer, cela vous donne des sueurs froides et des nuits blanches. Si vous n'êtes pas reçu, vos parents seront déçus, et vous aimeriez tant pouvoir dire : « Ça y est, j'ai réussi, j'ai eu mes examens. » Et vous continuez à vous inquiéter jusqu'au jour de l'épreuve et de l'annonce des résultats. Pouvez-vous fuir, éluder la situation ? En réalité, c'est impossible, n'est-ce pas ? Vous devez donc l'affronter. Mais pourquoi vous faire du souci ? Vous avez étudié, vous avez fait de votre mieux : soit vous passez, soit vous échouez. Plus vous vous inquiétez, plus vous devenez nerveux et plus vous paniquez, et moins vous êtes capable de penser ; et quand arrive le jour fatidique, vous êtes incapable d'aligner deux mots, vous ne pouvez que garder les yeux rivés sur la pendule – c'est ce qui m'est arrivé !

Lorsque l'esprit ressasse un problème et ne cesse de s'en inquiéter, c'est ce qu'on appelle un souci, n'est-ce pas ? Comment s'en débarrasser ? Tout d'abord, il importe que l'esprit ne lui fournisse pas le terrain favorable à son enracinement.

Savez-vous ce qu'est l'esprit? De grands philosophes ont passé des années à examiner la nature de l'esprit, et de nombreux volumes ont été écrits à ce sujet. Mais si l'on y met vraiment toute son attention, je crois qu'il est relativement simple de découvrir ce qu'est l'esprit. Avez-vous déjà observé votre propre esprit? Tout ce que vous avez appris jusqu'à présent, le souvenir de toutes vos petites expériences, ce que vous ont dit vos parents, vos professeurs, les choses que vous avez lues dans des livres ou observées dans le monde qui vous entoure – c'est tout cela, l'esprit. C'est l'esprit qui observe, qui discerne, qui apprend, qui cultive de prétendues vertus, qui transmet des idées, qui a des désirs et des peurs. Et c'est non seulement ce qui est visible en surface, mais aussi les couches profondes où se cachent les ambitions raciales, les mobiles, les pulsions, les conflits. Tout cela constitue l'esprit, que l'on appelle la conscience.

L'esprit a besoin d'être occupé, comme la mère qui s'inquiète pour ses enfants, la ménagère pour sa cuisine, l'homme politique pour sa popularité ou son influence au Parlement – or un esprit occupé est incapable de résoudre un problème. Saisissez-vous cela? Seul un esprit inoccupé peut avoir la fraîcheur voulue pour comprendre un problème.

Observez votre propre esprit, et constatez à quel point il est agité, toujours occupé à quelque chose – accaparé par les propos tenus hier par Untel, par une nouvelle que vous venez d'apprendre, par vos projets de demain, etc. Jamais il n'est inoccupé – « inoccupé » ne signifiant pas que l'esprit soit stagnant ou en proie à une sorte de vacuité mentale. Tant qu'il est occupé, que ce soit à des choses très élevées ou très humbles, l'esprit reste petit, mesquin ; et un esprit mesquin ne peut jamais résoudre le moindre problème, il ne peut que se laisser accaparer par lui. Quelle que soit l'importance du problème, en s'en occupant, l'esprit le rend mesquin. Seul un esprit inoccupé, et donc frais, peut s'attaquer au problème et le résoudre.

Mais il est très difficile d'avoir l'esprit inoccupé. À l'occasion, quand vous êtes tranquillement assis au bord du fleuve, ou dans votre chambre, observez-vous et vous verrez que ce petit espace dont nous sommes conscients et que nous appelons l'esprit est empli d'une foule de pensées qui se bousculent pour l'envahir. Tant que l'esprit est rempli, occupé par quelque chose – qu'il s'agisse de l'esprit de la ménagère ou du plus grand savant – il reste petit, mesquin, et quel que soit le problème auquel il s'attelle, il est incapable de le résoudre. Alors qu'un esprit inoccupé, un esprit qui a de l'espace, peut s'attaquer au problème et le résoudre, car un tel esprit est frais, il approche le problème de manière inédite, et pas avec l'ancien héritage de ses propres souvenirs et de ses traditions.

Q : Comment faire pour se connaître soi-même ?

K : Vous connaissez votre visage pour avoir souvent vu son reflet dans le miroir. Il existe un miroir dans lequel vous pouvez vous voir en entier – pas votre visage, mais tout ce que vous pensez, tout ce que vous ressentez, vos motivations, vos appétits, vos désirs et vos peurs. Ce miroir est celui de la relation – relation entre vous et vos parents, entre vous et vos professeurs, entre vous et la rivière, les arbres, la terre, entre vous et vos pensées. La relation est un miroir dans lequel vous pouvez vous voir, non tel que vous souhaiteriez être, mais tel que vous êtes. En me regardant dans un miroir ordinaire, je peux souhaiter qu'il me renvoie un reflet plus flatteur, mais cela n'arrive jamais, car le miroir reflète mon visage exactement tel qu'il est et je ne peux pas m'illusionner. De même, je peux me voir exactement comme je suis dans le miroir de ma relation aux autres. Je peux observer comment je m'adresse à eux, plus poliment si j'en attends quelque chose, de façon plus grossière ou plus méprisante s'ils n'ont rien à m'offrir. Je suis attentif envers ceux que je crains, je me lève à l'arrivée de personnages importants, mais aux domestiques je ne prête même pas attention. Ainsi, en m'observant moi-même dans mes rapports aux autres, j'ai découvert à quel point mon respect était faux, n'est-ce pas? Je peux aussi me découvrir tel que je suis à travers ma relation aux arbres, aux oiseaux, aux idées et aux livres.

Vous pouvez avoir tous les diplômes universitaires du monde, si vous ne vous connaissez pas, vous êtes quelqu'un de très stupide. Se connaître soi-même est la finalité même de l'éducation. Sans la connaissance de soi, la simple mémorisation des faits ou la prise de notes afin de réussir aux examens vous ramène à un mode d'existence très stupide. Vous avez beau être capable de citer le *Bhagavad-gîta,* le Coran et la Bible, si vous ne vous connaissez pas, vous êtes comme un perroquet qui répète des mots. Alors que, dès l'instant où vous vous connaissez, même de façon minime, un extraordinaire processus de créativité est déjà en marche. C'est une vraie découverte que de se voir tel que l'on est : avide, querelleur, plein de colère, d'envie, de stupidité. Voir le fait sans chercher à le modifier, se voir exactement tel que l'on est, est une révélation stupéfiante. À partir de là on peut creuser de plus en plus profond, à l'infini, car la connaissance de soi est sans fin.

À travers la connaissance de soi, vous commencez à découvrir ce qu'est Dieu, ce qu'est la vérité, ce qu'est cet état d'éternité. Votre professeur peut vous transmettre le savoir qu'il a reçu de *son* Maître et vous pouvez réussir aux examens, obtenir un diplôme universitaire et tout ce qui s'ensuit; mais si vous ne vous connaissez pas comme vous reconnaissez votre propre visage dans le miroir, tout autre savoir n'a guère de signification. Les érudits qui ne se connaissent pas eux-mêmes sont en réalité inintelligents : ils ne savent pas ce qu'est penser, ni ce qu'est la vie. Voilà pourquoi il est important que l'éducateur soit éduqué, au vrai sens du terme, autrement dit, qu'il connaisse les mécanismes de son propre esprit et de son propre cœur, qu'il se voie exactement tel qu'il est à travers le miroir de la relation. La connaissance de soi est le commencement de la sagesse. La connaissance de soi est l'univers tout entier; elle embrasse toutes les luttes de l'humanité.

Q : Peut-on se connaître soi-même sans l'aide d'un inspirateur?

K : Pour vous connaître vous-même, vous faut-il un inspirateur, quelqu'un qui vous incite, vous stimule, vous pousse? Écoutez très attentivement la question, et vous découvrirez la vraie réponse. Étudier la question, c'est déjà la résoudre à moitié, ne croyez-vous pas? Mais vous ne pouvez pas étudier pleinement le problème si votre esprit est trop intensément occupé à trouver une réponse.

La question est celle-ci : pour accéder à la connaissance de soi, faut-il qu'il y ait quelqu'un pour nous inspirer?

Si vous avez besoin d'un gourou, de quelqu'un qui vous inspire, vous encourage, vous dise que vous progressez, cela veut dire que vous comptez sur cette personne, et, inévitablement, vous êtes perdu lorsqu'il s'en va un jour. Dès lors qu'on est dépendant d'une personne ou d'une idée pour être inspiré, la peur est inéluctable, il ne s'agit donc pas du tout d'une inspiration authentique. Alors que si vous regardez en face le cadavre qu'on emporte à la crémation, ou que vous observez une dispute entre deux personnes, cela n'est-il pas pour vous matière à réflexion ? Si vous voyez un ambitieux en action, ou si vous remarquez cette façon que vous avez tous de vous jeter aux pieds du gouverneur à son arrivée, cela ne vous fait-il pas réfléchir ? Tout est source d'inspiration, de la chute d'une feuille ou de la mort d'un oiseau jusqu'au comportement de l'homme. Si vous observez toutes ces choses, vous apprenez sans cesse ; mais si vous prenez pour Maître un seul individu à titre exclusif, vous êtes perdu et cet individu devient votre cauchemar. Voilà pourquoi il importe de ne suivre personne, de ne pas avoir de Maître spécifique, mais d'apprendre de toute chose : de la rivière, des fleurs, des arbres, de la femme qui porte un fardeau, des membres de votre famille et de vos propres pensées. C'est une éducation que nul autre que vous-même ne peut vous dispenser, et c'est ce qui en fait la beauté. Cela demande une attention de tous les instants, un esprit en perpétuelle investigation. On n'apprend qu'en observant, en luttant, en étant heureux et en versant des larmes.

Q : Compte tenu de toutes nos contradictions internes, comment est-il possible d'être et d'agir simultanément ?

K : Savez-vous ce qu'est la contradiction interne ? Si je veux faire une chose spécifique dans la vie tout en voulant plaire à mes parents, qui souhaiteraient me voir faire autre chose, il y a en moi une contradiction, un conflit.

Comment le résoudre ? Si je n'arrive pas à résoudre cette contradiction interne, il ne peut évidemment pas y avoir d'intégration entre l'être et l'agir. La première chose à faire est donc de se débarrasser de la contradiction interne.

Supposons que vous vouliez étudier la peinture, car peindre est pour vous la joie suprême ; mais votre père veut que vous deveniez avocat ou homme d'affaires, sinon il vous coupera les vivres et n'assurera pas les frais de votre éducation : il y a donc en vous une contradiction, n'est-ce pas ? Comment allez-vous la faire disparaître et vous libérer du conflit et de la douleur qu'elle suscite ? Tant que vous êtes prisonnier d'une contradiction interne, vous êtes incapable de penser ; il faut donc la faire cesser, et vous devez agir dans un sens ou un autre. Lequel ? Allez-vous céder à votre père ? Dans ce cas, vous renoncez à votre plus grande joie, pour épouser un destin haïssable à vos yeux : cela va-t-il résoudre la contradiction ? Si au contraire vous tenez tête à votre père, si vous lui dites : « Désolé, et tant pis si je dois mendier, mourir de faim, mais je vais devenir peintre », dans ce cas il n'y a pas de contradiction : alors l'être et l'agir sont simultanés, car vous savez ce que vous voulez faire et vous le faites de tout votre cœur. Mais si vous devenez avocat ou homme d'affaires tout en brûlant intérieurement d'être peintre, vous serez pour le restant de votre vie un être terne, plein de lassitude, tourmenté et frustré, malheureux, vous serez à la fois détruit et destructeur.

C'est un problème capital auquel vous devez réfléchir, car à mesure que vous grandirez, vos parents voudront que vous fassiez certaines choses, et si vous n'avez pas une idée très claire de ce que vous avez vraiment envie de faire, vous vous laisserez mener comme un agneau à l'abattoir. Mais si vous découvrez ce que vous aimez vraiment et que vous y consacrez toute votre vie, alors il n'y a pas trace de contradiction, et dans cet état-là, ce que vous êtes se confond avec ce que vous faites.

Q : Faut-il, au nom de ce que nous aimons faire, oublier nos devoirs envers nos parents?

K : Qu'entendez-vous par ce terme extraordinaire de «devoir»? Devoir envers qui? Envers vos parents, envers le gouvernement, la société? Si vos parents disent qu'il est de votre devoir de devenir avocat, et de leur apporter le soutien qui convient, alors qu'en réalité vous voulez devenir *sannyasi*, qu'allez-vous faire? En Inde, être un *sannyasi* est une situation sans danger et respectable, il se peut donc que votre père soit d'accord. À peine avez-vous revêtu la tunique d'ascète que vous devenez déjà un grand homme, et votre père peut en tirer parti. Mais si vous voulez travailler de vos mains, être un simple menuisier ou fabriquer de beaux objets en terre cuite, où est votre devoir? Quelqu'un peut-il vous le dire? N'est-ce pas à vous de réfléchir en toute lucidité et par vos propres moyens, en tenant compte de toutes les implications de la situation, afin de pouvoir dire : «J'estime que c'est cette voie-là qui est la bonne pour moi, et je ne m'en écarterai pas, que mes parents soient d'accord ou non»? Ne pas vous contenter de vous plier aux vœux de vos parents et de la société, mais réfléchir vraiment à toutes les implications du devoir; voir clairement ce qui est vrai et ne pas en démordre, tout au long de votre vie, même si cela implique éventuellement la faim, le malheur ou la mort – il faut, pour agir ainsi, énormément d'intelligence, de finesse de perception, de lucidité profonde, et aussi énormément d'amour. Voyez-vous, si vous soutenez vos parents simplement parce que vous croyez que c'est votre devoir, dans ce cas votre soutien n'est qu'un objet marchand, sans grande valeur, parce que dénué d'amour.

Q : Même si je meurs d'envie d'être ingénieur, si mon père s'y oppose et refuse de m'aider, comment puis-je faire des études d'ingénieur ?

K : Si vous persistez dans votre projet de devenir ingénieur, même si votre père vous met à la porte, voulez-vous dire que vous n'allez pas trouver le moyen de faire des études d'ingénieur ? Vous mendierez, vous aurez recours aux amis. La vie, monsieur, est très étrange. Dès lors que vous savez très clairement ce que vous voulez faire, il se passe des choses. La vie vient à votre aide – un ami, une relation, un professeur, une grand-mère –, quelqu'un vient à votre secours. Mais si vous avez peur d'essayer parce que votre père risque de vous jeter dehors, alors vous êtes perdu. La vie ne vient jamais en aide à ceux qui ne font que céder, par peur, à une exigence. Mais si vous dites : « Voilà ce que je veux réellement faire, et je vais persister dans cette voie », vous vous apercevrez que quelque chose de miraculeux se produit. Même si vous devez avoir faim, vous battre pour y arriver, vous serez alors un être humain digne de ce nom, pas une simple copie conforme, et là est le miracle.

Mais nous avons le plus souvent peur d'affronter seuls les événements, et je sais que c'est particulièrement difficile pour vous qui êtes jeune, car dans ce pays il n'existe pas, comme en Amérique ou en Europe, de liberté économique. Ici le pays est surpeuplé, donc tout le monde cède. Vous dites : « Que m'arrivera-t-il ? » Mais si vous tenez bon, vous découvrirez que quelque chose ou quelqu'un vient à votre secours. Quand vous résistez vraiment à la demande générale, alors vous êtes un individu à part entière et la vie vous vient en aide.

Il existe en biologie un phénomène appelé mutation, qui est une déviation soudaine et spontanée par rapport à la norme de l'espèce. Si vous avez un jardin où vous avez cultivé une variété de fleur spécifique, il peut vous arriver, un beau matin, de découvrir qu'à partir de cette variété a soudain surgi quelque chose d'inédit. Cette nouvelle forme s'appelle un mutant. Son caractère inédit fait qu'on le remarque et le jardinier lui accorde une attention toute particulière. La vie est ainsi faite : dès l'instant où vous quittez les sentiers battus, quelque chose se passe en vous et autour de vous. La vie vous vient en aide de diverses manières. Il se peut que vous n'appréciiez pas la forme que prend cette aide – ce peut être la faim, la lutte, la misère – et pourtant, quand on invite la vie à bras ouverts, des choses commencent à se passer. Mais nous refusons de lui ouvrir les bras, nous ne voulons pas prendre de risques; et ceux qui jouent la carte de la sécurité meurent... en toute sécurité. N'est-ce pas la vérité?

16

Le renouveau de l'esprit

J'ai vu l'autre matin un cadavre que l'on emportait pour le brûler. Il était enveloppé dans un tissu éclatant de couleur magenta et il tanguait au pas des quatre mortels qui le portaient. Quel genre d'impression nous fait un cadavre ? Je me le demande. Et vous, ne vous demandez-vous pas pourquoi toute chose se détériore ? Vous achetez un moteur flambant neuf, et au bout de quelques années il est usé. Le corps s'use, lui aussi ; mais en cherchant un peu plus loin, ne vous demandez-vous pas pourquoi l'esprit se détériore ? Tôt ou tard le corps meurt, mais chez la plupart d'entre nous l'esprit est déjà mort. La détérioration a déjà eu lieu ; mais pourquoi donc l'esprit se détériore-t-il ? Le corps se détériore parce que nous nous en servons continuellement et que l'organisme physique s'use. La maladie, l'accident, la vieillesse, une mauvaise alimentation, une hérédité défavorable – tels sont les facteurs responsables de la détérioration et de la mort du corps. Mais pourquoi l'esprit devrait-il se détériorer, vieillir, devenir pesant et terne ?

Face à un cadavre, vous êtes-vous jamais posé ces questions ? Bien que notre corps soit voué à la mort, pourquoi l'esprit serait-il condamné à se détériorer ? Cette question vous a-t-elle jamais effleuré ? Car l'esprit se détériore *effectivement* – nous en avons la preuve non seulement chez les vieillards, mais aussi chez les jeunes. Nous voyons chez les jeunes un esprit déjà en train de se ternir, de devenir pesant, insensible, et si nous parvenons à savoir pourquoi l'esprit se détériore, nous découvrirons peut-être quelque chose de réellement indestructible. Nous comprendrons peut-être ce qu'est la vie éternelle, cette vie qui n'a pas de fin, qui n'est pas de l'ordre du temps, cette vie incorruptible, qui échappe à toute détérioration, à l'opposé du corps que l'on emporte sur les lieux de crémation, que l'on brûle et dont on jette les restes dans l'eau du fleuve.

Pourquoi l'esprit se détériore-t-il ? Y avez-vous jamais réfléchi ? Étant encore très jeunes – et à condition de ne pas être déjà abêtis par la société, par vos parents, par les circonstances –, vous avez l'esprit frais, ardent, curieux. Vous voulez savoir pourquoi les étoiles existent, pourquoi les oiseaux meurent, pourquoi les feuilles tombent, comment volent les avions ; vous voulez connaître tant de choses. Mais ce besoin vital d'exploration, de découverte, est très vite étouffé, n'est-ce pas ? Étouffé par la peur, par le poids des traditions, par notre propre incapacité à affronter cette chose fabuleuse qu'on appelle la vie. Vous avez sans doute remarqué qu'une parole acerbe, un geste méprisant, la peur d'un examen ou la menace d'un parent ont tôt fait de réduire à néant votre enthousiasme – ce qui signifie que la sensibilité est déjà peu à peu mise à l'écart, et l'esprit déjà abêti.

Une autre cause de l'abêtissement de l'esprit est l'imitation. La tradition vous incite à imiter. Le poids du passé vous pousse à vous conformer, à être docile, et grâce au conformisme l'esprit se sent rassuré, à l'abri ; il s'installe dans un train-train bien rodé qui lui permet de fonctionner sans incident, sans perturbation, sans l'ombre d'un doute. Observez les adultes autour de vous et vous verrez que leur esprit refuse d'être dérangé. Ils veulent la paix, même si c'est celle de la mort ; or la paix véritable, c'est tout autre chose.

Quand l'esprit s'installe dans la routine, dans des schémas établis, c'est toujours – vous l'aurez sûrement remarqué – sous l'influence d'un désir de sécurité. Voilà pourquoi l'esprit suit un idéal, un exemple ou un gourou. Il veut être en sécurité, à l'abri des perturbations, et par conséquent il imite. Quand vous lisez dans vos livres d'histoire des récits concernant les grands chefs, les grands saints, les grands guerriers, n'êtes-vous pas pris d'une envie de les imiter ? Il ne faut pas nier qu'il existe de grands personnages dans le monde ; mais l'instinct d'imiter les grands hommes, de devenir semblable à eux est bien là, et c'est l'un des facteurs de détérioration de l'esprit car celui-ci se coule alors dans un moule.

En outre, les individus qui sont vifs, passionnés, révolutionnaires, la société n'en veut pas, car de tels individus ne s'adapteront pas aux modèles sociaux établis, et pourraient même les briser. Voilà pourquoi la société cherche à maintenir votre esprit dans la ligne de ses propres modèles, et voilà pourquoi la prétendue éducation vous encourage à imiter, à vous plier, à vous conformer.

L'esprit peut-il cesser d'imiter ? Autrement dit, peut-il cesser de contracter des habitudes ? Et un esprit déjà sous l'emprise des habitudes peut-il s'en libérer ?

L'esprit est le résultat de l'habitude, n'est-ce pas ? Il est le résultat de la tradition, le résultat du temps – le temps étant la répétition, la continuation du passé. L'esprit, *votre* esprit peut-il cesser de penser en termes de passé et de futur – le futur n'étant en réalité qu'une projection du passé ? Votre esprit peut-il se libérer des habitudes, et cesser d'en créer de nouvelles ? Si vous examinez à fond ce problème, vous constaterez que c'est possible ; et lorsque l'esprit se renouvelle sans se créer de nouveaux schémas, de nouvelles habitudes, sans retomber dans l'ornière de l'imitation, alors il garde sa fraîcheur, sa jeunesse, son innocence, et il est donc capable d'une compréhension infinie.

Pour un tel esprit, la mort n'existe pas, car il n'y a plus de processus d'accumulation. C'est ce processus qui suscite l'habitude, l'imitation, et l'esprit qui accumule est voué à la détérioration, à la mort. Mais pour l'esprit qui n'accumule rien, qui n'engrange rien, mais qui meurt chaque jour, à chaque minute – pour cet esprit-là il n'y a pas de mort. Il est dans un état d'espace infini.

L'esprit doit donc mourir à tout ce qu'il a engrangé – à toutes les habitudes, toutes les vertus factices, à tout ce sur quoi il s'est appuyé pour jouir de ce sentiment de sécurité. Alors, il n'est plus emprisonné dans les rets de sa propre pensée. En mourant au passé d'instant en instant, l'esprit garde toute sa fraîcheur, il ne peut donc jamais se détériorer ni déclencher un déferlement de ténèbres.

Q : Comment pouvons-nous mettre en pratique ce que vous nous dites ?

K : Vous entendez dire des choses qui vous paraissent justes, et vous voulez les mettre en pratique dans votre vie quotidienne : il y a donc un fossé entre ce que vous pensez et ce que vous faites, n'est-ce pas ? Vous pensez une chose, et vous en faites une autre. Mais vous voulez mettre en pratique ce que vous pensez, il y a donc ce fossé entre l'action et la pensée ; et vous vous demandez alors comment faire pour combler ce fossé, comment lier votre pensée à votre action.

Quand vous avez vraiment envie de faire quelque chose, vous le faites, n'est-ce pas ? Quand vous voulez aller jouer au cricket, ou vous livrer à une activité qui vous intéresse vraiment, vous trouvez toujours le moyen de le faire ; jamais vous ne demandez comment il faut faire pour mettre les choses en pratique. Vous les faites parce que vous êtes enthousiaste, que tout votre cœur, tout votre être sont impliqués.

Mais dans l'affaire qui nous occupe, vous êtes devenu très rusé : vous pensez une chose et vous en faites une autre. Vous dites : « C'est une excellente idée, et je l'approuve intellectuellement, mais je ne sais pas quoi faire, alors s'il vous plaît, dites-moi comment la mettre en pratique » – ce qui signifie que vous ne voulez rien faire du tout. Ce que vous voulez en réalité, c'est retarder le moment d'agir, car cela vous plaît d'être un peu envieux, ou que sais-je encore. Vous dites : « Tout le monde est envieux, alors pourquoi pas moi ? » et vous continuez comme par le passé. Mais si vous voulez vraiment cesser d'être envieux, et que vous voyez l'envie dans sa vérité vraie, aussi réellement que l'on voit un cobra, alors vous cessez d'être envieux, et c'est terminé : jamais plus vous ne demandez comment faire pour se libérer de l'envie.

Ce qui compte, c'est de voir les choses en toute vérité, et non de demander comment les mettre en pratique – ce qui est signe que vous n'en voyez pas la vérité. Quand vous croisez un cobra sur la route, vous ne demandez pas : « Que dois-je faire ? » Vous comprenez très bien le danger que représente un cobra et vous vous en écartez. Mais vous n'avez jamais vraiment examiné toutes les implications de l'envie; personne ne vous en a jamais parlé en allant au fond des choses avec vous. On vous a dit qu'il ne fallait pas être envieux, mais vous n'avez jamais exploré la nature de l'envie; vous n'avez jamais constaté à quel point la société et les religions organisées se sont construites sur la base de l'envie, de la soif de devenir. Mais dès lors que vous examinez l'envie en profondeur et la saisissez dans toute sa vérité, alors elle disparaît.

La question «Comment dois-je faire?» est une question irréfléchie, car lorsque vous êtes vraiment intéressé par quelque chose que vous ne savez pas faire, vous vous y attaquez et vous trouvez très vite la solution. Si vous dites, sans bouger d'un pouce : «S'il vous plaît, indiquez-moi un moyen pratique de me libérer de la cupidité», vous continuerez à être cupide. Mais si vous investissez toute la vivacité de votre esprit dans l'examen minutieux de la cupidité, hors de tout préjugé, et si vous vous y impliquez de tout votre être, vous découvrirez par vos propres moyens toute la vérité sur la cupidité : et c'est la vérité qui vous libère, pas la recherche d'un moyen d'être libre.

Q : Pourquoi nos désirs ne sont-ils jamais pleinement réalisés? Pourquoi y a-t-il toujours des obstacles qui nous empêchent d'agir entièrement selon nos vœux?

K : Si votre désir d'agir est total et qu'il implique tout votre être – mais sans quête d'un résultat, sans désir d'accomplissement de votre part, c'est-à-dire sans peur –, alors il n'y a pas d'obstacle. Il n'y a d'obstacle, de contradiction, que lorsque votre désir n'est pas entier, mais écartelé : vous voulez faire quelque chose et en même temps vous craignez de le faire, ou vous avez à moitié envie de faire autre chose. Par ailleurs, peut-on jamais réaliser pleinement ses désirs ? Comprenez-vous ? Je vais m'expliquer.

La société, qui est la relation collective entre l'homme et son semblable, ne veut pas que vous ayez de désir absolu, car dans ce cas vous deviendriez nuisible, dangereux pour la société. On vous permet des désirs respectables, comme l'ambition, l'envie : c'est parfaitement admis. Étant constituée d'êtres humains qui sont envieux, ambitieux, qui croient et qui imitent, la société accepte l'envie, l'ambition, la croyance, l'imitation, bien que toutes ces attitudes soient des indices de peur. Tant que vos désirs coïncident avec les schémas établis, vous êtes un citoyen respectable. Mais dès que vous avez un désir entier et sortant de la norme, vous devenez un danger ; la société veille donc toujours à vous empêcher d'avoir un désir qui aille jusqu'au bout, un désir qui serait l'expression de votre être intégral et qui susciterait par là même une action révolutionnaire.

L'action d'être est entièrement différente de l'action de devenir. La démarche d'être est tellement révolutionnaire que la société la rejette et se préoccupe exclusivement de l'action de devenir, qui est respectable car elle coïncide avec les schémas en place. Mais tout désir qui s'exprime dans une démarche de devenir, qui est une forme d'ambition, reste inaccompli. Tôt ou tard, ce désir est contrarié, empêché, frustré, et nous nous révoltons contre cette frustration par des voies mauvaises.

La question doit donc impérativement être creusée, car en grandissant vous constaterez que vos désirs ne se réalisent jamais pleinement. Dans l'accomplissement du désir plane toujours l'ombre de la frustration, et dans votre cœur ce n'est pas un chant mais un cri qui résonne. La soif de devenir – de devenir un grand homme, un grand saint, un grand ceci ou un grand cela – est sans fin, et donc sans réalisation possible ; on exige toujours « plus » et un tel désir engendre la souffrance, le malheur, la guerre. Mais quand on est libre de tout désir de devenir, il est un état d'être dont l'action est tout à fait différente. Il *est*. Il est ce qui n'est pas de l'ordre du temps. Il ne pense pas en termes d'accomplissement. Son accomplissement n'est autre que son existence même.

Q : Je me rends compte que je suis bête, mais d'autres disent que je suis intelligent. Que dois-je prendre en compte : ce que je vois ou ce qu'ils disent ?

K : Écoutez cette question très attentivement, très calmement, sans essayer de trouver la réponse. Si vous dites que je suis un homme intelligent, alors que je sais très bien que je suis bête, ce que vous dites va-t-il m'affecter ? Ce sera le cas si je m'efforce d'être intelligent, n'est-ce pas ? Je me sentirai flatté, influencé par votre remarque. Mais si je me rends compte que ce n'est pas en cherchant à devenir intelligent que quelqu'un de bête va cesser de l'être, alors que se passe-t-il ?

Assurément, si je suis stupide et que je cherche à toute force à être intelligent, je continuerai d'être stupide, car s'efforcer d'être ou de devenir quoi que ce soit participe de la stupidité. Une personne stupide peut acquérir un vernis d'intelligence, réussir quelques examens, obtenir un emploi, elle n'en demeure pas moins stupide. (Suivez bien mes propos, il ne s'agit pas d'un argument cynique.) Mais dès lors que quelqu'un prend conscience de sa bêtise, de sa stupidité, et qu'au lieu de prétendre à l'intelligence il commence à examiner et à comprendre sa stupidité – à ce moment-là se produit un éveil de l'intelligence.

Prenons l'avidité. Savez-vous ce que c'est? C'est, par exemple, manger plus que nécessaire, vouloir éclipser les autres dans la pratique d'un sport, vouloir plus de biens, une plus grosse voiture que le voisin. Vous dites alors que vous ne *devez* pas être avide, vous pratiquez donc la « non-avidité » – ce qui est vraiment bête, car jamais l'avidité ne peut cesser en voulant devenir le contraire de ce qu'elle est. Mais si vous commencez à saisir toutes les implications de l'avidité, si vous cherchez de tout votre cœur et de tout votre esprit à découvrir sa vraie nature, alors vous êtes libéré de l'avidité comme de son contraire. Alors vous êtes un être humain réellement intelligent, parce que vous affrontez *ce qui est* au lieu d'imiter *ce qui devrait être.*

Donc, si vous êtes bête, n'essayez pas de devenir intelligent ou habile, mais comprenez ce qui vous rend bête. L'imitation, la peur, le fait de copier l'autre, de suivre un exemple ou un idéal – tout cela abêtit l'esprit. Quand vous cessez de suivre un modèle, quand vous n'avez pas peur, quand vous êtes capable de penser lucidement par vous-même, n'êtes-vous pas alors le plus brillant de tous les êtres humains? Mais si vous êtes bête et que vous voulez devenir malin, vous rejoindrez les rangs de ceux dont l'astuce cache mal la bêtise.

Q : Pourquoi est-on méchant?

K : Si vous posez cette question à l'instant même où vous l'êtes, alors elle a un sens, elle veut dire quelque chose. Mais quand vous êtes en colère, par exemple, vous ne demandez jamais pourquoi vous êtes en colère, n'est-ce pas ? C'est toujours après coup que vous posez cette question. Après votre coup de colère, vous dites : « Comme c'est bête, je n'aurais pas dû me mettre en colère. » Alors que si vous êtes conscient, attentif quand la colère vient, si vous êtes aux aguets quand cette vague d'émoi monte dans votre esprit, vous verrez comme elle se dissipe vite.

Les enfants sont méchants à un certain âge, et c'est bien ainsi, parce que alors ils débordent d'énergie, de vie, de dynamisme et il faut bien que tout cela s'exprime d'une manière ou d'une autre. Mais le problème est complexe, en réalité, car la méchanceté peut être due à une mauvaise alimentation, à un manque de sommeil ou à un sentiment d'insécurité, etc. Si tous les facteurs en cause ne sont pas correctement appréhendés, la méchanceté des enfants devient une révolte au sein de la société, où ils n'ont aucune voie d'expression.

Les enfants « délinquants », savez-vous ce que c'est ? Ce sont des enfants qui font toutes sortes de choses terribles ; ils sont en révolte au sein de la prison de la société, parce qu'on ne les a jamais aidés à comprendre l'ensemble du problème de l'existence. Ils sont pourtant débordants d'énergie, et, pour certains d'entre eux, d'une intelligence extraordinaire, et leur révolte est une façon de dire : « Aidez-nous à comprendre, à briser ces contraintes, ce conformisme abominable. » Voilà pourquoi cette question est de toute première importance pour l'éducateur, qui a besoin d'être éduqué plus encore que les enfants.

Q : J'ai l'habitude de boire du thé. Un professeur dit que c'est une mauvaise habitude, un autre dit qu'il n'y a rien de mal à cela.

K : Et *vous*, qu'en dites-vous ? Faites abstraction pour l'instant de ce que disent les autres, ils peuvent avoir des préjugés, et écoutez la question. Que pensez-vous d'un jeune garçon qui est déjà « habitué » à quelque chose – à boire du thé, à fumer, à manger de façon compulsive, ou que sais-je encore ? On peut admettre qu'à soixante-dix ou quatre-vingts ans, quand on a déjà un pied dans la tombe, on puisse avoir contracté certaines habitudes ; mais à l'orée même de son existence, c'est terrible d'être déjà habitué à quelque chose, ne trouvez-vous pas ? La question qui compte, c'est celle-ci, et pas celle de savoir s'il faut ou non boire du thé.

Quand vous êtes habitué à quelque chose, votre esprit est déjà en route vers le cimetière. Si c'est en tant qu'hindou, communiste, catholique ou protestant que vous pensez, votre esprit est déjà sur le déclin, en voie de détérioration. Mais si vous avez l'esprit vif, curieux de découvrir pourquoi vous êtes prisonnier d'une certaine habitude, pourquoi vous pensez d'une certaine manière, alors la question accessoire de savoir si vous devez ou non boire du thé peut être résolue.

17

Le fleuve de la vie

Je ne sais pas si vous avez remarqué au cours de vos promenades cette mare longue et étroite en bordure du fleuve. Des pêcheurs l'ont sans doute creusée, mais elle ne communique pas avec le fleuve. Le fleuve est large et profond, et son flux est régulier, mais la mare, elle, regorge d'écume car elle n'est pas connectée à la vie du fleuve, et il n'y a pas de poissons dans ses eaux stagnantes, alors que celles du fleuve, profondes, pleines de vie et d'énergie, s'écoulent à un rythme rapide.

Ne pensez-vous pas que les êtres humains sont à cette image ? Ils se creusent une petite mare à l'écart du courant rapide de la vie, et dans cette petite mare ils stagnent et meurent, et c'est cette stagnation, cette déchéance qu'on appelle l'existence. Autrement dit, nous voulons tous un état de permanence ; nous voudrions que certains désirs durent toujours, que les plaisirs soient sans fin. Nous creusons un petit trou et nous nous y barricadons avec nos familles, nos ambitions, nos cultures, nos peurs, nos dieux, nos diverses formes de culte, puis nous mourons là, laissant échapper la vie – cette vie qui, elle, est impermanente, perpétuellement changeante, qui coule à si vive allure, qui a des profondeurs immenses et une vitalité, une beauté si extraordinaires.

N'avez-vous pas remarqué que, si vous restez assis tranquillement au bord du fleuve, vous entendez son chant – le clapotis de l'eau, le bruit du courant qui passe? Il y a toujours une sensation de mouvement, un formidable mouvement allant toujours vers le plus large, le plus profond. Mais dans la petite mare il n'y a pas trace de mouvement, l'eau stagne. Et si vous observez bien, vous verrez que c'est ce que veulent la plupart d'entre nous : de petites mares d'existence stagnante à l'écart de la vie. Nous disons que notre existence en forme de mare, c'est bien, et nous avons inventé toute une philosophie pour la justifier; nous avons élaboré des théories sociales, politiques, économiques et religieuses pour défendre nos positions, et nous ne voulons pas qu'on les ébranle, car ce que nous cherchons, en fait, c'est un sentiment de permanence.

Savez-vous ce que signifie la quête de permanence? C'est vouloir que perdure indéfiniment ce qui est agréable, et que ce qui est désagréable cesse dès que possible. Nous voulons que le nom que nous portons soit connu, et qu'il se perpétue à travers la famille, la propriété. Nous avons besoin d'un sentiment de permanence dans nos relations, dans nos activités, ce qui signifie que nous sommes à la recherche d'une vie durable, permanente dans la mare stagnante; nous ne voulons pas que de réels changements s'y produisent, nous avons donc édifié une société qui nous garantit la permanence de la propriété, du nom, de la réputation.

Mais, voyez-vous, la vie n'est pas du tout comme cela, elle n'est pas permanente. Comme les feuilles qui tombent de l'arbre, toute chose est impermanente, rien ne perdure;

il y a toujours le changement et la mort. Avez-vous déjà remarqué combien peut être beau un arbre dénudé dressé contre le ciel ? Le contour de toutes ses branches ressort, et de sa nudité émane un chant, un poème. Plus une seule feuille : il attend le printemps. Quand le printemps revient, il inonde à nouveau l'arbre du chant mélodieux d'une multitude de feuilles qui, la saison venue, tombent et sont emportées par le vent ; ainsi va la vie.

Mais nous ne voulons rien de la sorte. Nous nous accrochons à nos enfants, à nos traditions, à notre société, à notre nom et à nos petites vertus, parce que nous tenons à la permanence : voilà pourquoi nous avons peur de mourir. Nous avons peur de perdre les choses qui nous sont connues. Mais la vie n'est pas telle que nous la souhaiterions : elle est sans permanence aucune. Les oiseaux meurent, la neige fond, les arbres sont coupés ou détruits par les tempêtes, et ainsi de suite. Nous voulons que tout ce qui nous donne satisfaction soit permanent ; nous voulons que perdurent notre situation, ou l'autorité que nous avons sur les gens. Nous refusons d'accepter la vie telle qu'elle est dans les faits.

Pourtant le fait est que la vie est comme le fleuve : elle est perpétuellement en train d'avancer, de chercher, d'explorer, de pousser, d'inonder ses berges, de faire pénétrer ses eaux dans chaque anfractuosité. Mais l'esprit ne veut pas permettre qu'une telle chose lui arrive. Il voit qu'il est dangereux, risqué de vivre dans un état d'impermanence, d'insécurité, il s'entoure donc d'une muraille : le mur de la tradition, de la religion organisée, des théories sociales et politiques. La famille, le nom, la propriété, les petites vertus que nous avons cultivées – tout cela reste à l'abri des murs, à l'écart de la vie. Mais la vie est mouvante, impermanente, et elle cherche sans cesse à pénétrer, à abattre ces murs, derrière lesquels il n'y a que confusion et malheur. Les dieux régnant dans leur enceinte sont tous de faux dieux, leurs écrits et leurs philosophies n'ont aucun sens car la vie est au-delà d'eux.

Mais pour l'esprit qui n'a pas de murs, qui n'est pas accablé par le poids de ses acquisitions, de ses accumulations, de ses connaissances, pour l'esprit qui vit dans l'éternel et l'insécurité – pour cet esprit-là, la vie est une chose extraordinaire. Un tel esprit est la vie même, car la vie n'a pas de lieu de repos. Mais nous avons pour la plupart besoin d'un lieu de repos ; nous voulons une petite maison, un nom, une situation, et nous disons que ces choses ont beaucoup d'importance. Nous exigeons la permanence et nous créons une culture fondée sur cette attente, en inventant des dieux qui, loin d'être des dieux, ne sont que la projection de nos propres désirs.

Un esprit en quête de permanence ne tarde pas à stagner ; comme cette mare le long du fleuve, il est très vite envahi par la corruption, la pourriture. Seul l'esprit qui n'a pas de murs, pas de seuil, pas de barrières, pas de lieu de repos, mais qui bouge continuellement avec la vie, qui va sans cesse de l'avant, qui explore, qui explose – seul cet esprit-là peut être heureux, éternellement neuf, parce qu'il est en lui-même créatif.

Comprenez-vous de quoi je parle ? Ce serait souhaitable, car tout cela fait partie de la véritable éducation, et lorsque vous le comprendrez, toute votre vie en sera transformée, et votre relation au monde, vos rapports avec votre voisin, votre femme ou votre mari prendront un tout autre sens. Alors vous n'essaierez plus de vous réaliser à travers quoi que ce soit, voyant que la quête d'un accomplissement personnel n'est qu'une invitation à la souffrance et au malheur. C'est pourquoi vous devriez interroger vos professeurs sur la question, et en discuter entre vous. Si vous la comprenez, vous aurez déjà commencé à comprendre l'extraordinaire vérité de ce qu'est la vie, et cette compréhension recèle une immense beauté, un immense amour et la floraison du bien et du bon. Mais les efforts de l'esprit en quête d'une petite mare de sécurité, de permanence, ne peuvent mener qu'aux ténèbres et à la corruption. Une fois installé dans la mare, cet esprit a peur de s'aventurer au-dehors, de chercher, d'explorer; or la vérité, Dieu, la réalité – peu importe comment on l'appelle – réside au-delà de cette mare.

Savez-vous ce qu'est la religion? Elle n'est pas dans les psalmodies, ni dans la pratique de la *puja* ou d'un autre rituel, elle n'est pas dans la vénération de dieux de métal ou de pierre, elle n'est ni dans les temples ni dans les églises, ni dans la lecture de la Bible ou de la *Gîta*, ni dans la répétition d'un nom sacré ou dans la soumission à quelque superstition inventée par les hommes. La religion n'est rien de tout cela.

La religion, c'est ce sentiment de bonté, c'est cet amour qui est comme le fleuve, éternellement vivant, éternellement mouvant. Dans cet état, vous découvrirez qu'il vient un moment où cesse toute quête; et cette fin de la quête est le commencement de quelque chose de tout à fait différent. Cette quête de Dieu, de la vérité, ce sentiment d'être totalement bon – qui n'est pas le fait de cultiver la bonté, l'humilité, mais une démarche d'où surgit quelque chose qui est au-delà des inventions et des illusions de l'esprit, autrement dit, la perception de cette chose qui vit en l'esprit, qui n'est autre que lui –, c'est *cela* la vraie religion. Mais cette démarche n'est possible que si vous quittez la mare que vous avez vous-même creusée pour plonger dans le fleuve de la vie. Alors la vie prend soin de vous de manière stupéfiante, car pour votre part vous ne vous en souciez plus. La vie vous mène où elle veut car vous faites partie d'elle, alors plus de soucis de sécurité, de ce que les gens disent ou ne disent pas, et c'est cela la splendeur de la vie.

Q : Qu'est-ce qui nous fait craindre la mort ?

K : Croyez-vous qu'une feuille qui tombe à terre ait peur de la mort ? Croyez-vous qu'un oiseau vive dans la peur de mourir ? Quand la mort vient, il l'affronte ; mais il ne s'en inquiète pas, il est beaucoup trop occupé à vivre, à attraper des insectes, à construire un nid, à chanter, à voler pour la simple joie de voler. Avez-vous déjà observé des oiseaux montant dans le ciel sans un battement d'ailes, portés par le vent ? Comme ils ont l'air de s'amuser ! Ils ne se soucient pas de la mort. Si elle vient, il n'y a rien à dire, c'est fini pour eux. Il n'y a pas d'inquiétude par rapport au futur : ils vivent dans l'instant, n'est-ce pas ? C'est nous, les êtres humains, qui sommes sans cesse préoccupés par la mort – car nous ne vivons pas. Là est le problème : nous sommes en train de mourir, au lieu de vivre. Les vieux sont à deux pas du tombeau, et les jeunes suivent de près.

En fait, cette préoccupation concernant la mort vient de notre peur de perdre le connu, tout ce que nous avons engrangé. Nous avons peur de perdre une femme, un mari, un enfant ou un ami ; nous avons peur de perdre ce que nous avons appris, accumulé. Si nous pouvions emporter avec nous tout ce que nous avons amassé en chemin – nos amis, nos biens, nos vertus, notre caractère –, alors nous n'aurions pas peur de la mort, n'est-ce pas ? Voilà pourquoi nous inventons des théories sur la mort et sur l'au-delà. Mais le fait est que la mort est une fin, et la plupart d'entre nous refusent d'affronter ce fait. Nous ne voulons pas quitter le connu; et ce qui crée en nous cette peur, ce n'est pas l'inconnu, c'est le fait de s'agripper au connu. Or l'inconnu n'est pas accessible au connu. Mais l'esprit, qui est constitué de connu, dit : « Je vais cesser d'exister », et voilà pourquoi il a peur.

Si vous êtes capable de vivre d'instant en instant, sans vous inquiéter de l'avenir, si vous pouvez vivre sans songer à demain – ce qui ne veut pas dire qu'on est superficiel ou uniquement soucieux du moment présent –, si donc, étant conscient de l'ensemble de ce phénomène du connu, vous êtes capable de renoncer au connu, de le lâcher sans réticence, alors vous vous apercevrez qu'il se produit une chose stupéfiante. Essayez, l'espace d'une journée – faites abstraction de tout ce que vous savez, oubliez-le, et voyez juste ce qui se passe. Ne laissez pas vos soucis vous accompagner jour après jour, d'heure en heure, d'instant en instant : laissez-les tous s'en aller, et vous verrez que de cette liberté jaillit une vie extraordinaire qui inclut le fait de vivre et celui de mourir. La mort n'est que la fin de quelque chose; et dans cette mort même il y a un renouveau.

Q : On dit qu'en chacun de nous la vérité est permanente et éternelle; mais l'existence étant transitoire, comment la vérité peut-elle être en nous?

K : C'est nous qui avons fait de la vérité quelque chose de permanent. Mais l'est-elle vraiment? Si tel est le cas, alors la vérité est dans le champ du temps. Dire qu'une chose est permanente sous-entend qu'elle est continue; et ce qui a une continuité n'est pas la vérité. La beauté de la vérité, c'est qu'il faut la découvrir d'instant en instant, pas en avoir le souvenir. Une vérité dont on se souvient est une chose morte. La découverte doit se faire d'instant en instant, parce que la vérité est vivante, elle n'est jamais la même; et pourtant, chaque fois qu'on la découvre, elle est identique.

Ce qui compte, c'est de ne pas se construire des théories sur la vérité, de ne pas dire qu'elle est permanente en nous, et tout ce qui s'ensuit – cela, c'est une invention de vieillards qui ont à la fois peur de la mort et peur de la vie. Ces merveilleuses théories – affirmant que la vérité est permanente, et qu'il est inutile d'avoir peur, puisque notre âme est immortelle, etc. – ont été inventées par des gens apeurés dont l'esprit décline et dont les philosophies n'ont aucune validité. Le fait est que la vérité c'est la vie, et que la vie est impermanente. La vie doit être découverte d'instant en instant, jour après jour; elle doit être *découverte*, elle n'est jamais acquise. Si vous prenez pour acquis le fait que vous connaissez la vie, vous ne vivez pas. Trois repas par jour, des vêtements, un toit, une vie sexuelle, votre travail, vos distractions, et votre processus de pensée – tout ce processus bête et répétitif, ce n'est pas cela, la vie. La vie est affaire de découverte, mais pour pouvoir la découvrir il faut avoir perdu tout ce qu'on avait trouvé, y avoir renoncé. Faites l'expérience de ce que je vous dis : laissez de côté vos philosophies, vos religions, vos coutumes, vos tabous raciaux et tout le reste, car ce n'est pas la vie. Si vous restez prisonnier de tout cela, jamais vous ne découvrirez la vie; et la fonction de l'éducation est, sans aucun doute, de vous aider à découvrir la vie en permanence.

Celui qui dit savoir est déjà mort. Mais celui qui pense : «Je ne sais pas», et qui découvre, qui trouve, sans poursuivre aucun but, sans penser en termes d'aboutissement ou de devenir – cet homme-là vit vraiment, et c'est cette vie-là qui est la vérité.

Q : Puis-je me faire une idée de la perfection ?

K : Probablement. À force de spéculer, d'inventer, de projeter, de dire : « Telle chose est laide, telle autre est parfaite », vous aurez une *idée* de la perfection. Mais votre notion de perfection, comme votre croyance en Dieu, n'a pas de sens. La perfection est une chose qui se vit dans l'instant, un instant non prémédité et sans continuité ; la perfection est donc impossible à concevoir, et il n'existe aucun moyen de la rendre permanente. Seul un esprit très silencieux, qui ne prémédite pas, qui n'invente ni ne projette rien, peut connaître un instant de perfection, un moment de complétude.

Q : Pourquoi cherchons-nous à nous venger en rendant à autrui le mal qu'il nous a fait ?

K : C'est un réflexe instinctif de survie, n'est-ce pas ? Alors que l'esprit intelligent, éveillé, qui a beaucoup réfléchi à la question, n'éprouve pas le désir de rendre coup pour coup – non parce qu'il s'efforce d'être vertueux ou de cultiver le pardon, mais parce qu'il comprend que rendre les coups est chose stupide et que cela n'a aucun sens. Mais cela suppose de méditer sur le sujet.

Q : Taquiner les autres m'amuse, mais quand on me taquine, je me mets en colère.

K : Je crains que ce ne soit la même chose chez les gens plus âgés ! Nous aimons généralement exploiter les autres, mais nous n'aimons pas être exploités en retour. Vouloir blesser ou contrarier les autres, c'est manquer totalement d'égards envers eux, n'est-ce pas ? C'est la conséquence d'une vie égocentrique. Ni vous ni votre adversaire n'aimez être taquinés – alors pourquoi ne pas vous arrêter tous les deux? C'est-à-dire être attentionnés.

Q : En quoi consiste le travail de l'homme?

K : Et *vous*, qu'en dites-vous? Est-ce d'étudier, de passer des examens, de trouver un emploi et d'y consacrer le restant de ses jours? Est-ce d'aller au temple, de faire partie de groupes, de lancer diverses réformes? Le travail de l'homme, est-ce de tuer des animaux pour se nourrir? Est-ce de construire un pont pour faire passer les trains, de creuser des puits dans un pays aride, de trouver du pétrole, d'escalader des montagnes, de conquérir la terre et les airs, d'écrire des poèmes, de peindre, d'aimer, de haïr? Est-ce tout cela, le travail de l'homme? Bâtir des civilisations qui s'effondrent au bout de quelques siècles, créer Dieu à sa propre image, tuer au nom de la religion ou de l'État, parler de paix et de fraternité tout en usurpant le pouvoir et en agissant sans scrupule envers les autres – c'est ce que fait l'homme tout autour de vous, n'est-ce pas? Est-ce là le vrai travail de l'homme?

Vous pouvez constater que tout ce travail mène à la destruction et à la souffrance. Le grand luxe côtoie l'extrême pauvreté; d'un côté la maladie et la famine, de l'autre les réfrigérateurs et les avions à réaction. Tout cela est le résultat du travail de l'homme; face à cela, ne vous dites-vous pas : «Quoi, c'est tout? Le véritable travail de l'homme se limite-t-il à cela?» Si nous parvenons à trouver la réponse, alors les avions, les machines à laver, les ponts, les foyers d'étudiants – tout prendra un sens entièrement différent; mais si l'on ne parvient pas à découvrir en quoi consiste le vrai travail de l'homme, le fait de se livrer à de simples réformes, à de simples rafistolages, ne mènera nulle part.

Quelle est donc la véritable tâche assignée à l'homme? C'est à n'en pas douter de découvrir la vérité, de trouver Dieu. C'est d'aimer et de ne pas se laisser piéger par ses propres activités égocentriques. C'est dans la découverte même de ce qui est vrai qu'est l'amour, et cet amour dans la relation d'homme à homme donnera naissance à une civilisation différente, à un monde nouveau.

Q : Pourquoi vénérons-nous Dieu?

K : Désolé de le dire, mais nous ne vénérons pas Dieu! Ne riez pas. En fait, nous n'aimons pas Dieu; si nous l'aimions, ce que nous qualifions de vénération n'existerait pas. Nous vénérons Dieu parce que nous le craignons : c'est la peur, pas l'amour, qui règne dans nos cœurs. Le temple, la *puja*, le fil sacré – toutes ces pratiques n'ont rien à voir avec Dieu, ce sont des émanations de la vanité et de la peur des hommes. Seuls les malheureux, les craintifs vénèrent Dieu. Ceux qui ont la richesse, l'influence et l'autorité ne sont pas des gens heureux. L'ambitieux est le plus malheureux des hommes. Le bonheur ne vient que lorsqu'on est libéré de tout cela – et alors on ne vénère pas Dieu. Ce sont les malheureux, les torturés, les désespérés qui se traînent au temple; mais s'ils renoncent à cette prétendue vénération et comprennent leur propre détresse, alors ils seront des hommes et des femmes heureux, car ils découvriront ce qu'est la vérité, ce qu'est Dieu.

18

L'esprit attentif

Avez-vous jamais prêté attention au tintement des cloches du temple ? Qu'écoutez-vous au juste ? Les notes, ou le silence entre les notes ? Sans le silence, y aurait-il des notes ? Et si vous écoutiez le silence, les notes ne seraient-elles pas plus pénétrantes, d'une autre qualité ? L'ennui, c'est que nous sommes rarement attentifs à quoi que ce soit ; et je crois qu'il importe de découvrir ce que signifie prêter attention. Quand votre professeur vous explique un problème de mathématiques ou que vous lisez un livre d'histoire, quand un ami vous parle et vous raconte une anecdote, ou quand vous êtes près du fleuve et que vous entendez le clapotis de l'eau sur la berge, en général vous n'êtes guère attentif. Et si nous pouvions découvrir ce que signifie l'attention, il serait alors beaucoup plus facile d'apprendre, car cela prendrait un tout autre sens.

Lorsque votre professeur réclame votre attention en classe, que cherche-t-il à vous dire ? Que vous ne devez pas regarder par la fenêtre, que vous devez ignorer tout le reste et concentrer votre attention uniquement sur ce que vous êtes censé étudier. Ou lorsque, par exemple, vous êtes plongé dans un roman, tout votre esprit est tellement concentré sur cette lecture que vous perdez momentanément tout intérêt envers quoi que ce soit d'autre : c'est une autre forme d'attention. Donc, au sens ordinaire, l'attention est un processus de rétrécissement du champ perceptif, n'est-ce pas?

Je crois pour ma part qu'il existe une forme d'attention totalement différente. L'attention qui est généralement conseillée, pratiquée, ou privilégiée, consiste à rétrécir l'esprit aux dimensions d'un point, ce qui est un processus d'exclusion. Quand vous faites un effort pour être attentif, vous résistez généralement à quelque chose – au désir de jeter un coup d'œil par la fenêtre, ou de regarder qui entre dans la pièce, et ainsi de suite. Une partie de votre énergie se dissipe déjà dans cette résistance. Vous emmurez votre esprit pour le forcer à se concentrer totalement sur un objet particulier, et vous appelez cela discipliner l'esprit pour le rendre attentif. Vous essayez d'exclure de votre esprit toute pensée, à l'exception de la seule et unique sur laquelle vous voulez qu'il se concentre pleinement. Voilà ce que signifie pour la plupart des gens « prêter attention ». Mais je crois qu'il existe un type d'attention différent, un état d'esprit qui n'est pas exclusif, qui n'est fermé à rien ; et parce que aucune résistance ne s'exerce, l'esprit est alors capable d'une attention beaucoup plus grande. Mais l'attention sans résistance est distincte de l'attention liée à l'absorption.

La forme d'attention dont j'aimerais parler est toute différente de ce qu'on entend en générale par attention, et elle offre d'immenses possibilités parce qu'elle n'est pas exclusive. Quand vous vous concentrez sur un sujet, une causerie, une conversation, consciemment ou inconsciemment vous opposez un mur de résistance à l'intrusion d'autres pensées, votre esprit n'est donc pas entièrement présent ; il ne l'est qu'en partie, quels que soient les efforts d'attention déployés, car une partie de votre esprit résiste à toute éventuelle intrusion, déviation ou distraction.

Prenons la question à rebours. Savez-vous ce qu'est la distraction ? Vous avez envie d'être attentif à votre lecture, mais votre esprit est distrait par un bruit extérieur, et vous regardez par la fenêtre. Quand vous voulez vous concentrer sur quelque chose et que votre esprit vagabonde, c'est ce vagabondage qu'on appelle la distraction ; alors une partie de votre esprit résiste à ce phénomène nommé distraction, et cette résistance est une perte d'énergie. Alors que si vous êtes conscient de chaque mouvement de l'esprit, d'instant en instant, la distraction n'existe à aucun moment et l'énergie de l'esprit n'est pas gaspillée sous forme de résistance. D'où l'importance de savoir ce qu'est réellement l'attention.

Si vous écoutez à la fois le son de la cloche et le silence entre ses tintements, c'est cette écoute qui constitue l'attention. De la même manière, lorsque quelqu'un parle, l'attention consiste à tendre l'esprit non seulement vers les paroles prononcées, mais aussi vers le silence entre les mots. Si vous faites cette expérience, vous vous rendrez compte que votre esprit est capable d'une attention totale, sans aucune distraction ni aucune résistance. Mais quand vous cherchez à le discipliner, en disant : « Je ne dois pas regarder par la fenêtre, ni regarder entrer les gens, je dois être attentif même si j'ai envie de faire autre chose », cela suscite une division très nocive – car elle dissipe l'énergie de l'esprit. Mais si vous écoutez de manière globale, de sorte qu'aucune division et par conséquent aucune résistance n'intervienne, vous vous apercevrez alors que l'esprit est capable de prêter une attention totale à n'importe quoi, sans effort. Voyez-vous ce que je veux dire? Suis-je suffisamment clair?

Il est certain que vouloir plier l'esprit à une discipline pour le rendre attentif entraîne sa détérioration – ce qui ne veut pas dire pour autant qu'il faille laisser l'esprit errer en tous sens comme le font les singes! Mais à part l'attention liée à l'absorption, ces deux états sont les seuls que nous connaissions. Soit nous nous efforçons de discipliner l'esprit de manière si stricte qu'il ne peut plus dévier, soit nous le laissons vagabonder et sauter d'un sujet à l'autre. Or ce que je décris n'est pas un compromis entre ces deux états, mais au contraire quelque chose qui n'a rien à voir ni avec l'un ni avec l'autre. C'est une approche radicalement différente consistant à être totalement conscient, de sorte que votre esprit est attentif en permanence sans être enfermé dans le processus d'exclusion.

Tentez l'expérience que je vous décris, et vous verrez à quel point votre esprit peut apprendre vite. Vous pouvez entendre une chanson, ou un son, et laisser l'esprit s'en imprégner si complètement que l'effort d'apprendre disparaît. Après tout, si vous savez écouter ce que dit votre professeur sur des événements historiques, si vous êtes capable d'écouter sans résistance parce que votre esprit dispose d'espace et de silence, et n'est donc pas distrait, vous prendrez conscience non seulement des faits historiques mais aussi de la version éventuellement biaisée qu'en donne votre professeur, ainsi que de votre propre réaction intime.

J'ai quelque chose à vous dire. Vous savez ce qu'est l'espace. Il y a de l'espace dans cette salle. La distance entre ici et votre foyer de résidence, entre le pont et votre maison, entre cette rive du fleuve et l'autre – c'est tout cela, l'espace. Mais y a-t-il de l'espace dans votre esprit? Ou est-il si encombré qu'il n'y a pas du tout d'espace? Si votre esprit a de l'espace à sa disposition, c'est dans cet espace qu'est le silence – et c'est de ce silence que vient tout le reste, car vous êtes alors capable d'écouter, d'être attentif sans résistance. Voilà pourquoi il importe qu'il y ait de l'espace au sein de l'esprit. S'il n'est pas trop encombré, ni continuellement occupé, il peut alors écouter ce chien qui aboie, le bruit du train qui passe au loin sur le pont, tout en étant pleinement conscient de ce que dit ici et maintenant une personne qui s'adresse à vous. Alors l'esprit n'est pas une chose morte, il est vivant.

Q : Hier, après la réunion, nous vous avons vu en train d'observer deux petits paysans pauvres typiques du voisinage, qui jouaient au bord de la route. Nous aimerions savoir quels sentiments ont surgi dans votre esprit en les regardant.

K : Hier après-midi, plusieurs élèves m'ont croisé sur la route, et peu de temps après les avoir quittés, j'ai aperçu les deux enfants du jardinier en train de jouer. Notre interlocuteur veut savoir quels sentiments j'éprouvais en observant ces deux enfants.

Mais *vous*, quels sentiments sont les vôtres lorsque vous observez des enfants pauvres ? C'est plus important à savoir que mes propres impressions. Ou êtes-vous toujours si occupé en regagnant votre foyer de résidence ou votre classe que jamais vous n'y prêtez la moindre attention ?

En fait, lorsque vous voyez ces pauvres femmes emporter leur lourde charge au marché, ou que vous regardez les petits paysans jouer dans la boue en n'ayant pratiquement pas d'autre jouet qu'elle, ces enfants qui n'auront pas l'éducation dont vous bénéficiez actuellement, qui n'ont pas de foyer décent, pas d'hygiène, pas assez de vêtements, une alimentation inadéquate – quand vous constatez tout cela, quelle est votre réaction ? Il est très important de découvrir vous-même quelle réaction est la vôtre. Je vais vous dire quelle fut la mienne.

Ces enfants ne disposent pas d'un endroit décent pour dormir ; le père et la mère sont occupés du matin au soir, sans jamais un jour de vacances ; les enfants ignorent ce qu'est être aimé, entouré de soins et d'attention ; jamais les parents ne s'assoient avec eux pour leur raconter des histoires sur la beauté de la terre et des cieux. Quel genre de société a créé de telles conditions de vie – où l'on a d'un côté des gens immensément riches qui ont absolument tout ce qu'ils désirent et de l'autre des garçons et des filles qui n'ont rien ? Quel genre de société est-ce donc, et comment est-elle née ? Vous pouvez toujours révolutionner la société, en briser les moules, mais le fait même de les briser donne naissance à une nouvelle société, identique à la précédente sous des formes différentes – le résultat, ce sont les commissaires du peuple avec leurs maisons de campagne personnelles, les privilèges, les uniformes, et la liste n'est pas close. C'est ce qui s'est passé après chaque révolution – française, russe ou chinoise. Est-il donc possible de créer une société où toute cette corruption et cette misère n'existeraient pas ? Elle ne pourra se créer que lorsque vous et moi en tant qu'individus nous dissocierons du collectif, que nous serons libérés de toute ambition, et que nous saurons ce qu'aimer veut dire. Telle fut ma réaction, le tout en une fraction de seconde.

Mais avez-vous écouté ce que j'ai dit ?

Q : Comment l'esprit peut-il être attentif à plusieurs choses à la fois ?

K : Ce n'est pas de cela que je parlais. Certaines personnes peuvent se concentrer en même temps sur un grand nombre de choses – c'est une simple question d'entraînement de l'esprit. Ce dont je parle n'a rien à voir avec cela. Je parle au contraire d'un esprit qui n'oppose pas de résistance, qui est capable d'écouter parce qu'il a en lui l'espace, le silence d'où toute pensée peut jaillir.

Q : Pourquoi aimons-nous paresser ?

K : Mais qu'y a-t-il de mal à être paresseux ? Qu'y a-t-il de mal à rester tranquillement assis à écouter un bruit lointain se rapprocher peu à peu ? Ou à rester au lit un matin à observer les oiseaux dans un arbre voisin, ou une feuille qui est la seule à danser dans la brise quand toutes les autres sont immobiles ? Qu'y a-t-il de mal à cela ? Nous condamnons la paresse parce que nous pensons que c'est mal d'être paresseux ; voyons un peu ce qu'on entend par paresse. Si, alors que vous vous sentez bien, vous restez au lit au-delà d'une certaine heure, certains vous accusent de paresse. Si vous n'avez pas envie de jouer ou d'étudier parce que vous manquez d'énergie, ou pour d'autres raisons de santé, là encore cela peut être qualifié par certains de paresse. Mais qu'est-ce que la paresse en réalité ?

Lorsqu'un esprit n'est pas conscient de ses réactions, de son propre mouvement subtil, cet esprit-là est paresseux, ignorant. Si vous échouez à vos examens, si vous n'avez pas lu beaucoup de livres, si vous êtes peu informé, ce n'est pas cela, l'ignorance. La véritable ignorance, c'est ne pas vous connaître vous-même, ne pas percevoir comment fonctionne votre esprit, quelle sont vos motivations, vos réactions. De la même façon, il y a de la paresse quand l'esprit est endormi. Et l'esprit de la plupart des gens l'est effectivement. Ils sont intoxiqués par le savoir, par les Écritures, par les paroles de Shankara ou d'autres. Ils suivent une philosophie, pratiquent une discipline, et ainsi leurs esprits – qui devraient être riches, pleins, débordants comme le fleuve – deviennent las, bêtes et étriqués. Ce genre d'esprit est paresseux. Et un esprit ambitieux, qui court après des résultats, n'est pas actif dans le vrai sens du terme : certes, il peut l'être superficiellement, à force de travailler, de s'échiner tout le jour pour parvenir à ses fins, mais sous la surface il est lourd de désespoir et de frustration.

Il faut donc être très attentif pour déterminer si l'on est réellement paresseux. Si l'on vous dit que vous étiez paresseux, ne vous contentez pas d'accepter le verdict, mais découvrez vous-même ce qu'est la paresse. Celui qui ne fait qu'accepter, rejeter ou imiter, celui qui, par peur, se creuse une petite tranchée protectrice – celui-là est paresseux et il s'ensuit que son esprit se détériore, se délite. Mais celui qui est attentif n'est pas paresseux, même s'il s'assoit souvent, silencieux et immobile, pour observer, les gens, les arbres, les oiseaux, les étoiles et le fleuve silencieux.

Q : Vous dites que nous devrions nous révolter contre la société, et en même temps que nous ne devrions pas avoir d'ambition. Le désir d'améliorer la société n'est-il pas une forme d'ambition ?

K : J'ai expliqué très soigneusement ce que j'entends par révolte, mais j'utiliserai deux termes différents pour que ce soit encore plus clair. Se révolter en restant dans le cadre de la société pour l'améliorer un peu, pour promouvoir certaines réformes, c'est comme une révolte de détenus visant à améliorer la vie dans l'enceinte de la prison : ce genre de révolte n'en est pas une, c'est juste une mutinerie. Voyez-vous la différence? La révolte circonscrite à la société, c'est comme une mutinerie de détenus réclamant une meilleure alimentation, un meilleur traitement au sein de la prison; mais lorsque la révolte naît de la compréhension, l'individu rompt avec la société, et c'est cela, la révolution créatrice.

Si vous, en tant qu'individu, vous rompez avec la société, cet acte est-il motivé par l'ambition? Si tel est le cas, il ne s'agit pas du tout d'une rupture, vous êtes toujours à l'intérieur la prison, car la base même de la société est l'ambition, la soif de posséder, l'avidité. Mais si vous comprenez tout cela et opérez une révolution dans votre cœur, dans votre esprit, alors vous cessez d'être ambitieux, d'être motivé par l'envie, l'avidité, la soif de posséder, et par conséquent vous serez totalement en dehors d'une société fondée sur de telles bases. Vous êtes alors un individu créatif et votre action sera la semence d'une autre culture.

Il y a donc une immense différence entre l'action de la révolution créatrice et l'action d'une révolte ou d'une mutinerie internes à la société. Tant que vous ne vous préoccupez que de simples réformes, ou de décorer les barreaux et les murs de la prison, vous n'êtes pas créatif. Une réforme en appelle toujours une autre, et n'apporte qu'un surcroît de misère et de destruction. Alors que l'esprit qui saisit dans toutes leurs dimensions les mécanismes de la soif de posséder, de l'avidité, de l'ambition, et qui rompt avec tout cela – cet esprit-là est en état de révolution permanente. C'est un esprit expansif, créatif, qui agit donc à l'image d'une pierre provoquant des vagues dans un bassin d'eau calme : ces vagues formeront une civilisation radicalement nouvelle.

Q : Pourquoi ai-je de la haine envers moi-même quand je n'étudie pas ?

K : Écoutez la question. Pourquoi ai-je de la haine envers moi-même quand je n'étudie pas comme je suis censé le faire ? quand je ne suis pas aussi gentil qu'il le faudrait ? En d'autres termes, pourquoi ne suis-je pas à la hauteur de mes idéaux ?

Ne serait-il pas beaucoup plus simple de ne pas avoir d'idéaux du tout ? Si vous n'en aviez pas, auriez-vous alors la moindre raison de vous haïr ? Dans ce cas, pourquoi dites-vous : « Je dois être bon, je dois être généreux, je dois faire attention, je dois étudier » ? Si vous pouvez le découvrir, et vous libérer des idéaux, peut-être agirez-vous tout à fait autrement – c'est ce que je vais examiner.

Pourquoi au juste avez-vous des idéaux ? C'est d'abord parce qu'on vous a toujours dit que, si vous n'avez pas d'idéaux, vous êtes un garçon sans valeur. La société, qu'elle fonctionne selon le modèle communiste ou capitaliste, dit : « Voilà l'idéal à suivre », et vous l'acceptez, vous vous efforcez de vivre en étant à la hauteur de cet idéal, n'est-ce pas ? Mais avant d'essayer de vous conformer à un idéal quelconque, ne vaudrait-il pas mieux savoir si les idéaux sont vraiment nécessaires ? Ce serait évidemment beaucoup plus sensé. Vous portez en vous l'idéal de Rama et Sita, et tant d'autres idéaux légués par la société, ou inventés par vous. Savez-vous pourquoi vous les cultivez ? Parce que vous avez peur d'être ce que vous êtes.

Restons simples, ne compliquons pas les choses. Vous avez peur d'être tel que vous êtes – ce qui veut dire que vous n'avez pas confiance en vous. Voilà pourquoi vous vous efforcez d'être tel que la société, vos parents et votre religion vous disent qu'il faudrait être.

Mais pourquoi avez-vous peur d'être ce que vous êtes? Pourquoi ne pas partir de là – de ce que vous êtes, et non de ce que vous devriez être? Si vous ne comprenez pas ce que vous êtes, cela n'a aucun sens d'essayer simplement de vous transformer en ce que vous croyez devoir être. Donc, laissez tomber tous les idéaux! Je sais que les gens plus âgés n'aimeront pas cela, mais c'est sans importance. Bazardez tous les idéaux, noyez-les dans le fleuve, jetez-les à la poubelle, et commencez par ce que vous êtes – c'est-à-dire... quoi au juste?

Vous êtes paresseux, vous n'avez pas envie d'étudier, mais de jouer, de vous amuser, comme tous les jeunes. Commencez par là. Servez-vous de votre esprit pour examiner ce que vous entendez par « vous amuser » – trouvez ce que cela implique dans les faits, sans faire référence à ce que disent vos parents ou vos idéaux. Servez-vous de votre esprit pour découvrir pourquoi vous n'avez pas envie d'étudier, servez-vous-en pour découvrir ce que vous voulez faire dans la vie – ce que *vous* voulez faire, pas ce que vous dictent la société ou certains idéaux. Si vous vous impliquez de tout votre être dans cette enquête, alors vous êtes un révolutionnaire; alors vous avez la confiance qui permet de créer, d'être ce que vous êtes, et cette démarche est une source inépuisable de vitalité. Dans l'autre cas de figure, vous gaspillez votre énergie à vouloir être à l'image d'un autre.

Rendez-vous compte de ce que peut avoir d'insolite le fait d'avoir peur de ce que l'on est : car la beauté réside dans le fait d'être soi-même. Si vous voyez que vous êtes paresseux, que vous êtes stupide, et si vous comprenez la paresse, et savez faire face à la stupidité sans vouloir la changer en autre chose, vous découvrirez qu'il y a dans cet état une formidable délivrance, une grande beauté, une grande intelligence.

Q : Même si nous créons effectivement une nouvelle société en nous révoltant contre celle d'aujourd'hui, cette création d'une nouvelle société n'est-elle pas une autre forme d'ambition ?

K : Je crains que vous n'ayez pas écouté ce que j'ai dit. Quand l'esprit se révolte sans sortir des schémas de la société, cette révolte est comme une mutinerie en prison, et ce n'est qu'une autre forme d'ambition. Mais quand l'esprit comprend tout ce processus destructeur lié à la société actuelle et qu'il s'en écarte, son action n'est pas ambitieuse. Cette action peut éventuellement créer une nouvelle culture, un ordre social meilleur, un monde différent, mais cette création n'est pas l'affaire de l'esprit. La seule et unique responsabilité de l'esprit consiste à découvrir ce qui est vrai ; et ce n'est pas l'esprit en révolte contre la société qui crée un monde nouveau – mais ce mouvement de vérité.

19

Savoir et tradition

Combien d'entre vous ont remarqué l'arc-en-ciel hier soir ? je me le demande. Il était là juste au-dessus de l'eau, soudain offert à nos yeux. C'était un spectacle magnifique, apportant un grand sentiment de joie, et donnant conscience de l'immensité et de la beauté de la terre. Pour faire partager une telle joie, il faut avoir une certaine connaissance des mots, du rythme et de la beauté du langage juste, n'est-ce pas? Mais ce qui est beaucoup plus important, c'est le sentiment lui-même, l'extase qui accompagne l'intense appréciation de quelque chose de beau; et il est impossible d'éveiller en soi ce sentiment en cultivant simplement le savoir ou la mémoire.

Nous avons pourtant besoin de connaissances pour communiquer, pour échanger des propos sur un sujet; et pour cultiver le savoir, la mémoire est nécessaire. Sans le savoir requis, vous ne pouvez pas piloter un avion, construire de grandes routes, prendre soin des arbres, vous occuper d'animaux, et effectuer les nombreuses autres tâches qui incombent à l'homme civilisé. Produire de l'électricité, travailler dans les diverses branches de la science, venir en aide à l'humanité grâce à la médecine, etc. – dans tous ces domaines, le savoir, l'information, la mémoire sont indispensables, et leur maîtrise implique de recevoir la meilleure éducation possible. Voilà pourquoi il importe d'avoir des enseignants de premier ordre, techniquement parlant, pour vous donner l'information adéquate et vous aider à cultiver des connaissances approfondies sur divers sujets.

Mais en fait, si le savoir est bien nécessaire à un certain niveau, il devient un obstacle à un autre niveau. Pour ce qui est de l'existence physique, il y a énormément de connaissances disponibles, et elles ne cessent de s'accroître. Il est essentiel d'avoir de telles connaissances et de les utiliser au bénéfice de l'homme. Mais n'y a-t-il pas une autre espèce de savoir qui, au niveau psychologique, devient un obstacle à la découverte de ce qui est vrai ? Le savoir est après tout une forme de tradition, n'est-ce pas ? Et la tradition consiste à cultiver la mémoire. La tradition est essentielle dans les choses d'ordre mécanique, mais quand on l'utilise comme moyen de guider l'homme sur le plan intérieur, elle devient un obstacle à la découverte de choses bien plus grandes.

Nous comptons sur le savoir, sur la mémoire, dans tout ce qui est d'ordre mécanique et dans notre vie quotidienne. Sans ce savoir, nous ne pourrions pas conduire une voiture, nous serions incapables de faire quantité de choses. Mais le savoir est un obstacle quand il devient une tradition, une croyance qui guide l'esprit, la psyché, l'être intérieur ; et il est également facteur de division : avez-vous remarqué que dans le monde entier les gens sont divisés en groupes, qui se désignent eux-mêmes comme hindous, musulmans, bouddhistes, chrétiens et ainsi de suite ? Qu'est-ce qui les divise ? Pas les investigations scientifiques, ni les connaissances en agriculture, ni les techniques de construction ou de pilotage des avions. Non, ce qui divise les gens, c'est la tradition, ce sont les croyances qui conditionnent l'esprit d'une certaine manière.

Le savoir est donc une entrave lorsqu'il devient une tradition qui façonne ou conditionne l'esprit pour le plier à un schéma particulier, car alors non seulement le savoir divise les gens et fait naître entre eux une hostilité, mais il empêche aussi la découverte fondamentale de ce qu'est la vérité, ce qu'est la vie, ce qu'est Dieu. Pour découvrir Dieu, l'esprit doit être libéré de toute tradition, de toute accumulation, de tout savoir susceptibles de lui servir de bouclier psychologique.

L'éducation a pour rôle de donner à l'étudiant des connaissances à profusion dans les divers domaines où l'humanité déploie ses efforts mais elle doit en même temps libérer son esprit de toute tradition, afin qu'il soit en mesure d'enquêter, de s'enquérir, de découvrir. Faute de quoi l'esprit devient mécanique, accablé par l'engrenage du savoir. S'il ne se libère pas en permanence des accumulations liées à la tradition, l'esprit est incapable de découvrir le suprême, cette chose éternelle. Mais il doit évidemment acquérir des connaissances et une information toujours plus larges afin d'être à même de prendre en charge tout ce dont l'homme a besoin et qu'il doit produire.

Le savoir, qui consiste à cultiver la mémoire, est utile et nécessaire à un certain niveau, mais il devient un obstacle à un autre niveau. Bien faire la distinction – en voyant où le savoir est destructeur et doit être écarté, et où il est essentiel et doit pouvoir fonctionner avec le minimum d'entraves – est le commencement de l'intelligence.

Mais à l'époque actuelle qu'arrive-t-il à l'éducation ? On vous dispense diverses formes de savoir, n'est-ce pas ? Lorsque vous irez à l'université, vous deviendrez peut-être ingénieur, médecin, avocat, vous pourrez avoir une licence en mathématiques ou dans une autre branche du savoir, ou suivre des cours d'économie familiale et apprendre à tenir une maison, à cuisiner, etc. Mais personne ne vous aide à vous libérer de toutes les traditions afin que dès le départ votre cerveau soit frais, enthousiaste et donc capable de faire en permanence des découvertes inédites. Les philosophies, les théories et les croyances acquises par vous dans des livres, et qui deviennent votre tradition, sont vraiment pour l'esprit des entraves, car il les utilise comme moyen d'assurer sa propre sécurité psychologique, et il est par conséquent conditionné par elles. Il est donc indispensable à la fois de libérer l'esprit de toute tradition et de cultiver les connaissances, la technique : telle est la fonction de l'éducation.

La difficulté est de libérer l'esprit du connu afin qu'il puisse découvrir en permanence ce qui est inédit. Un grand mathématicien a raconté avoir travaillé des jours durant sur un problème sans trouver la solution. Un matin, en faisant sa promenade habituelle, il vit soudain la réponse. Que s'était-il passé ? Son esprit, étant au repos, était libre d'envisager le problème, et le problème lui-même révéla la réponse. Certes, il faut être bien informé du problème, mais l'esprit doit être libéré de cette information pour trouver la réponse.

En général, nous apprenons des faits, nous rassemblons des informations ou des connaissances, mais l'esprit n'apprend jamais à être calme, silencieux, à se libérer de toute l'agitation de la vie, à s'arracher au terrain où les problèmes prennent racine. Nous devenons membres de certaines sociétés, nous adhérons à une philosophie, nous nous consacrons à une croyance, ce qui est parfaitement inutile, car tout cela ne résout pas nos problèmes humains, c'est au contraire la source d'encore plus de souffrance et de plus grands malheurs. Ce qu'il faut, ce n'est pas une philosophie ou une croyance, mais que l'esprit ait la liberté d'enquêter, de découvrir et d'être créatif.

Vous bachotez pour réussir aux examens, vous amassez beaucoup d'informations que vous mettez par écrit pour avoir un diplôme, dans l'espoir de trouver un emploi et de vous marier : cela suffit-il ? Vous avez acquis un savoir, une technique, mais votre esprit n'est pas libre, vous devenez donc esclave du système en vigueur – ce qui signifie que vous n'êtes pas un être humain créatif. Certes, vous pouvez avoir des enfants, peindre quelques tableaux, ou écrire de temps à autre un poème, mais ce n'est assurément pas cela la créativité. Le premier impératif, c'est la liberté d'esprit, et ensuite la technique peut être mise à contribution pour permettre à cette créativité de s'exprimer. Mais la maîtrise technique n'a aucun sens sans cette liberté d'esprit, sans cette extraordinaire créativité qui va de pair avec la découverte de ce qui est vrai. Malheureusement, pour la plupart d'entre nous, cette créativité reste lettre morte, car nous avons encombré notre esprit de connaissances, de traditions, de souvenirs, et des discours tenus par Shankara, Bouddha, Marx ou d'autres encore. Si par contre votre esprit est libre de découvrir ce qui est vrai, vous verrez surgir une abondante et incorruptible richesse, source d'une immense joie. Alors toutes nos relations – avec les êtres, les idées et les choses – prennent une tout autre signification.

Q : Un enfant qui se conduit mal va-t-il changer grâce au châtiment ou grâce à l'amour ?

K : Et *vous*, qu'en pensez-vous ? Écoutez très attentivement la question, réfléchissez-y, faites-en le tour. Est-ce grâce au châtiment ou grâce à l'amour que le vilain garçon va changer ? S'il change grâce aux punitions, qui sont une forme de coercition, est-ce un vrai changement ? Vous êtes plus grand que lui, vous avez autorité sur lui, en qualité de professeur ou de parent, et si vous le menacez, si vous lui faites peur, le pauvre bougre va sans doute vous obéir : mais où est le changement ? Le changement s'obtient-il par la force ? Peut-on l'obtenir par l'intermédiaire de la loi ou d'une quelconque forme de peur ?

Et quand vous demandez si l'amour peut amener le vilain garçon à changer, qu'entendez-vous par ce terme d'« amour » ? Si aimer c'est comprendre l'enfant – non pas vouloir le changer, mais comprendre les causes de sa mauvaise conduite –, alors cette compréhension même fera cesser en lui toute méchanceté. Si je veux changer l'enfant pour qu'il cesse d'être méchant, mon désir de le changer est une forme de contrainte, n'est-ce pas ? Mais si je commence à comprendre pourquoi il se conduit mal, si je peux découvrir et éradiquer les causes de sa méchanceté – qui peuvent être une alimentation inadéquate, un manque de sommeil, un manque d'affection, les taquineries d'un camarade, et ainsi de suite –, alors l'enfant cessera d'être méchant. Mais si j'ai pour unique désir de le changer, c'est-à-dire de vouloir qu'il s'ajuste à un modèle spécifique, je ne peux pas le comprendre.

En somme, tout cela revient à se demander ce qu'on entend par changement. Même si l'enfant s'amende grâce à votre amour envers lui – ce qui revient à une forme d'influence –, le changement est-il réel? Même s'il s'agit d'amour, une forme de pression s'exerce sur lui pour l'inciter à faire ou à être ceci ou cela. Et lorsque vous dites d'un enfant qu'il doit changer, qu'entendez-vous par là? Changer à partir de quoi et pour aller vers quoi? Changer ce qu'il est au profit de ce qu'il *devrait* être? S'il change en fonction de ce qu'il devrait être, n'a-t-il pas simplement modifié ce qu'il était, ce qui ne serait pas du tout un changement?

En d'autres termes, si je suis cupide et que je deviens «non cupide» parce que vous, la société, et les livres sacrés, tout le monde me dit que c'est mon devoir – est-ce que j'ai changé, ou est-ce que j'appelle simplement la cupidité par un autre nom? En revanche, si je suis capable d'examiner en profondeur et de comprendre l'ensemble du problème de ma cupidité, je m'en libérerai – ce qui est tout autre chose que de devenir «non cupide».

Q : Comment devenir intelligent?

K : Dès l'instant où l'on essaie d'être intelligent, on cesse de l'être. C'est un point très important, réfléchissez-y un peu. Si je suis stupide et que tout le monde me dit que je dois devenir intelligent, que se passe-t-il en général? Je fais des efforts pour le devenir, j'étudie plus, j'essaie d'avoir de meilleures notes. Les gens disent alors : «Il travaille plus dur», en me donnant des tapes d'encouragement dans le dos. Mais je continue à être stupide, car je n'ai acquis qu'un vernis d'intelligence. Le problème n'est donc pas de savoir comment devenir intelligent, mais comment se libérer de sa stupidité. Si, tout en étant stupide, je veux devenir intelligent, je fonctionne toujours de manière stupide.

Le problème essentiel, en réalité, est celui du changement. Quand vous demandez : « Qu'est-ce que l'intelligence, et comment devenir intelligent ? », cela sous-entend un concept définissant ce qu'est l'intelligence, et vous cherchez à vous identifier à ce concept. Mais avoir une formule toute faite, une théorie ou un concept quant à ce qu'est l'intelligence, et vouloir se couler dans ce moule, c'est stupide, n'est-ce pas ? Alors que si l'on est bête et que l'on commence à découvrir ce qu'est la bêtise, sans avoir le désir de la changer en autre chose, et sans se dire : « Je suis bête, stupide, quelle horreur ! », on va s'apercevoir qu'en démêlant l'écheveau du problème il vient une intelligence libérée de toute stupidité, et sans effort.

Q : Je suis musulman. Si je n'obéis pas aux traditions de ma religion, mes parents menacent de me mettre à la porte. Que dois-je faire ?

K : Ceux qui ne sont pas musulmans vont probablement conseiller à notre interlocuteur de partir de chez lui, n'est-ce pas ? Mais quelle que soit votre étiquette – hindou, parsi, communiste, chrétien, ou que sais-je encore –, la même chose est valable pour vous, n'ayez donc aucun sentiment de supériorité et ne prenez pas les choses de haut. Si vous dites à vos parents que leurs traditions ne sont en fait que de vieilles superstitions, *eux aussi* sont capables de vous mettre à la porte.

Si vous avez été élevé dans une religion particulière, et que votre père vous menace de vous jeter dehors si vous refusez d'observer certaines pratiques que vous considérez à présent comme de vieilles superstitions, qu'allez-vous faire ? Cela dépend à quel point ce refus de vous plier à ces vieilles superstitions est d'une importance vitale à vos yeux, n'est-ce pas ? Allez-vous dire : « J'ai réfléchi à la question, et je crois que se définir en tant que musulman, hindou, bouddhiste, chrétien, ou autre, n'a pas de sens. Si pour cette raison je dois quitter la maison, je le ferai. Je suis prêt à affronter tout ce que la vie me réserve, y compris la misère et la mort, parce ce je crois mon attitude juste, et je vais m'y tenir » – allez-vous dire cela ? Si vous ne le faites pas, vous serez tout simplement avalé par la tradition, par le collectif.

Qu'allez-vous donc faire ? Si l'éducation ne vous donne pas ce genre de confiance, alors à quoi sert-elle ? Simplement à vous préparer à trouver un emploi et à vous couler dans une société qui est de toute évidence destructrice ? Ne dites pas : « Seuls quelques-uns peuvent rompre les amarres, moi, je ne suis pas assez fort. » N'importe qui peut le faire, s'il le veut vraiment. Pour comprendre les pressions de la tradition et leur résister, ce qu'il vous faut, ce n'est pas de la force, mais de la confiance – cette immense confiance qui vous vient lorsque vous savez réfléchir aux choses par vous-même. Or votre éducation ne vous enseigne pas *comment*, mais *quoi* penser. On vous dit que vous êtes musulman, hindou, chrétien, ceci ou cela. Mais une éducation digne de ce nom a pour rôle de vous aider à penser par vous-même, de sorte que votre propre réflexion soit pour vous la source d'une immense confiance. Vous êtes alors un être humain créatif, et pas une machine servile.

Q : Vous nous dites qu'il ne devrait pas y avoir de résistance lorsqu'on est attentif. Comment est-ce possible ?

K : J'ai dit que toute forme de résistance était de l'inattention, de la distraction. N'acquiescez pas à mes propos, réfléchissez-y. Quel que soit celui qui parle, il ne faut rien accepter d'emblée, mais examiner la question par vous-même. Si vous vous contentez d'accepter, vous devenez bête et semblable à une machine, vous êtes déjà mort ; mais si vous menez votre propre enquête, si vous réfléchissez par vous-même, alors vous êtes vivant, plein d'énergie et de vitalité, vous êtes un être humain créatif.

Pouvez-vous en même temps être attentif à ce qui se dit à l'instant et à l'arrivée de quelqu'un dans la salle, sans tourner la tête pour voir qui entre, et sans résister à l'envie de tourner la tête ? Si vous résistez à cette envie, votre attention a déjà disparu et vous gaspillez votre énergie mentale dans cette résistance. Peut-il y avoir un état d'attention totale, dans lequel n'intervienne aucune distraction, et donc aucune résistance ? En d'autres termes, pouvez-vous être attentif à une chose en y impliquant tout votre être, tout en permettant à votre conscience extérieure de rester sensible à tout ce qui se passe autour de vous et en vous-même ?

L'esprit est un instrument extraordinaire, qui absorbe en permanence – qui voit diverses formes et couleurs, qui reçoit d'innombrables impressions, qui saisit la signification des mots, le sens d'un regard, etc. Et notre problème est d'être attentif à une chose tout en conservant la sensibilité de l'esprit à tout ce qui se passe, y compris les impressions et les réactions inconscientes.

Ce que je suis en train de dire implique toute la question de la méditation. Nous ne pouvons pas l'aborder maintenant ; mais pourtant, si l'on ne sait pas méditer, on n'a pas atteint sa maturité d'être humain. La méditation est l'une des choses les plus importantes de la vie – beaucoup plus importante que le succès aux examens et l'obtention d'un diplôme universitaire. Comprendre ce qu'est la vraie méditation, ce n'est pas pratiquer la méditation. Toute « pratique » dans le domaine spirituel est mortifère. Pour comprendre ce qu'est la vraie méditation, il faut prendre acte des opérations qui se déroulent dans sa propre conscience, alors l'attention est totale. Mais cette attention totale n'est possible qu'en l'absence de toute forme de résistance. On nous a généralement formés à être attentifs à force de résistance, notre attention n'est donc toujours que partielle, jamais totale – voilà pourquoi apprendre devient une chose ennuyeuse, assommante, épouvantable. Il est par conséquent essentiel d'être attentif au sens profond du terme, c'est-à-dire conscient des agissements de son propre esprit. Voilà pourquoi, dans une véritable école, on doit non seulement enseigner diverses matières à l'élève, mais aussi l'aider à prendre conscience de son propre processus de pensée. En se comprenant lui-même, il saura ce qu'est l'attention sans résistance, car la connaissance de soi est la voie de la méditation.

Q : Pourquoi trouve-t-on intérêt à poser des questions ?

K : Tout simplement parce qu'on est curieux. N'avez-vous pas envie de savoir comment jouer au cricket ou au football, ou comment manœuvrer un cerf-volant ? Dès que vous ne posez plus de questions, vous êtes mort – c'est le cas d'une majorité d'adultes. Ils ont cessé de s'interroger car leur esprit regorge d'informations, de discours d'emprunt ; ils ont accepté, et ils sont figés dans la tradition. Tant que vous posez des questions, vous forcez les obstacles, mais dès que vous vous mettez à accepter, vous êtes psychologiquement mort. Donc, tout au long de votre vie, n'acceptez jamais rien, mais faites des investigations, menez votre enquête. Vous découvrirez alors que votre esprit est vraiment une chose extraordinaire : il n'a pas de fin, et pour un tel esprit la mort n'existe pas.

20

Être religieux, c'est être sensible au réel

Cette verte prairie parsemée de fleurs jaune moutarde et traversée par un ruisseau offre un bien joli spectacle. Je la contemplais pas plus tard qu'hier soir : face à la beauté et à la paix extraordinaires de la campagne, on se demande invariablement ce qu'est la beauté. Il existe une réaction instinctive à ce qui est beau comme à ce qui est laid, c'est la réponse du plaisir ou de la douleur, et nous exprimons ce sentiment sous forme de mots, en disant : « C'est beau », ou : « C'est laid. » Or ce qui compte n'est pas le plaisir ou la douleur, mais plutôt le fait d'être en communion avec toute chose, d'être sensible à la fois au beau et au laid.

Qu'est-ce que la beauté? C'est une question tout à fait fondamentale, ne l'écartez pas, car elle est loin d'être superficielle. Comprendre ce qu'est la beauté, avoir ce sentiment de bonté qui vient quand l'esprit et le cœur sont en communion avec quelque chose de beau, sans aucun blocage, parce qu'on se sent parfaitement à l'aise – cela a sans aucun doute une immense portée dans la vie; et si nous ne connaissons rien de cette réaction face à la beauté, nos vies seront bien creuses. On peut être entouré d'une immense beauté, environné de montagnes, de champs et de rivières, si l'on n'est pas conscient de tout cela, autant être mort.

Vous tous, garçons et filles, mais vous aussi les adultes, posez-vous simplement cette question : qu'est-ce que la beauté? La propreté, la netteté de la tenue vestimentaire, un sourire, un geste gracieux, le rythme d'une démarche, une fleur dans vos cheveux, de bonnes manières, une élocution claire, la prévenance, la considération envers les autres, qui inclut la ponctualité – tout cela fait partie de la beauté, mais à un niveau superficiel, n'est-ce pas? La beauté se limite-t-elle à cela, ou y a-t-il en elle quelque chose de beaucoup plus profond?

Il y a la beauté de la forme, la beauté des lignes, la beauté de la vie. Avez-vous observé la forme harmonieuse d'un arbre quand il est tout en feuilles, ou l'extraordinaire délicatesse de sa silhouette nue sur fond de ciel? De tels spectacles sont magnifiques à contempler, mais ils ne sont que l'expression superficielle de quelque chose de beaucoup plus profond. Qu'est-ce donc que nous appelons la beauté?

Vous pouvez avoir un beau visage, des traits bien dessinés, vous pouvez vous habiller avec goût et avoir des manières policées, vous pouvez être un bon peintre ou écrire de bons textes sur la beauté du paysage, mais sans ce sentiment intérieur de bonté, toutes ces manifestations extérieures de la beauté mènent à une vie très superficielle, très sophistiquée, et qui n'a guère de sens.

Nous devons donc découvrir ce qu'est véritablement la beauté, ne croyez-vous pas? Attention : je ne dis pas qu'il faille éviter les expressions extérieures de la beauté. Nous devons tous avoir de bonnes manières, être propres et nous habiller avec goût, sans ostentation, nous devons être ponctuels, nous exprimer clairement, et ainsi de suite. Ces choses-là sont indispensables et elles créent une atmosphère agréable ; mais elles n'ont que peu de signification en elles-mêmes.

C'est la beauté intérieure qui donne une grâce, une douceur exquises à la forme et au mouvement extérieurs. Et qu'est-ce donc que cette beauté intérieure sans laquelle notre existence est très creuse ? Y avez-vous déjà réfléchi ? Sans doute pas. Vous débordez d'activité, votre esprit est trop occupé à étudier, à jouer, à parler, à rire et à taquiner. Mais vous aider à découvrir ce qu'est la beauté intérieure, sans laquelle forme et mouvement n'ont guère de sens – voilà qui fait partie des fonctions d'une éducation authentique. Et une aptitude profonde à apprécier la beauté est un élément essentiel de votre existence.

Un esprit superficiel peut-il apprécier la beauté ? Certes il peut en parler, mais peut-il faire l'expérience de cet immense jaillissement de joie que déclenche la vue de quelque chose de réellement beau ? Quand l'esprit ne s'intéresse qu'à lui-même et à ses propres activités, il n'est pas beau, et quoi qu'il fasse, il reste laid, limité, et par conséquent incapable de savoir ce qu'est la beauté. Alors qu'un esprit qui ne se soucie pas de lui-même, qui est dépourvu de toute ambition, qui n'est pas esclave de ses propres désirs, ou mû par la soif de réussite – cet esprit-là n'est pas superficiel, et il resplendit de bonté. Comprenez-vous ? C'est cette bonté intérieure qui donne la beauté – même à ceux que l'on dit laids. Quand cette bonté intérieure est là, le visage ingrat se transforme, car la bonté intérieure est en réalité un profond sentiment religieux.

Savez-vous ce que veut dire être religieux ? Cela n'a rien à voir avec les cloches des temples, bien que leur tintement dans le lointain soit plaisant à l'oreille, rien à voir avec les *pujas*, ni avec les cérémonies des prêtres et tous ces rituels absurdes. Être religieux, c'est être sensible à la réalité : votre être tout entier, corps, cœur et esprit, est sensible à la beauté et à la laideur – à l'âne attaché à un poteau, à la pauvreté et à la saleté de cette ville, au rire et aux larmes, à tout ce qui vous entoure. De cette sensibilité à tous les aspects de l'existence jaillissent la bonté, l'amour ; et sans cette sensibilité il n'y a pas de beauté, même si vous avez du talent, si vous savez vous habiller, si vous roulez dans une voiture luxueuse et si vous êtes d'une propreté irréprochable.

L'amour est une chose extraordinaire. Mais on est incapable d'aimer si l'on pense à soi-même – ce qui ne veut pas dire qu'on doive absolument penser à quelqu'un d'autre. L'amour n'a pas d'objet : il *est*. L'esprit qui aime est en réalité un esprit religieux car il est dans le mouvement de la réalité, de la vérité, de Dieu, et seul un tel esprit peut savoir ce qu'est la beauté. L'esprit qui n'est pas enfermé dans une philosophie, prisonnier d'un système ou d'une croyance, qui n'est pas mû par sa propre ambition et qui est donc sensible, vif, attentif – cet esprit-là possède la beauté.

Il est très important que vous appreniez, tandis que vous êtes jeunes, à être ordonnés et propres, à vous asseoir correctement sans vous agiter sans cesse, à bien vous tenir à table, à être prévenants et ponctuels ; mais tout cela, bien que nécessaire, reste superficiel, et si vous ne faites que cultiver le superficiel sans comprendre ce qu'il y a de plus profond, jamais vous ne connaîtrez le sens véritable de la beauté. Un esprit qui n'appartient à aucune nation, à aucun groupe, à aucune société, qui n'exerce aucune autorité, qui n'est ni motivé par l'ambition ni freiné par la peur – cet esprit-là est toujours resplendissant d'amour et de bonté. Parce qu'il est dans le mouvement de la réalité, il sait ce qu'est la beauté; étant à la fois sensible au beau et au laid, cet esprit est créatif, et sa faculté de compréhension est sans limites.

Q : Si j'ai des ambitions étant enfant, serai-je capable de les réaliser en grandissant?

K : En général, les ambitions enfantines sont de courte durée, n'est-il pas vrai? Un petit garçon veut être conducteur de locomotive; ou il voit un avion traverser le ciel comme une flèche et il veut devenir pilote; ou il entend un orateur politique et il veut lui ressembler; ou bien il voit un *sannyasi* et décide qu'il veut en être un, lui aussi. Une fille peut souhaiter avoir de nombreux enfants, ou devenir l'épouse d'un homme riche et vivre dans une grande maison, à moins qu'elle n'aspire à peindre ou à écrire des poèmes.

Les rêves d'enfant se réaliseront-ils? Et les rêves valent-ils la peine de devenir réalité? Chercher à réaliser un désir, quel qu'il soit, est toujours source de souffrance. Vous ne l'avez peut-être pas encore remarqué, mais vous le ferez en grandissant. La souffrance est l'ombre portée du désir. Si je veux devenir riche ou célèbre, je me bats pour atteindre mon but, en écartant les autres au passage et en suscitant de l'hostilité; mais même si j'obtiens satisfaction, tôt ou tard il m'arrive forcément quelque chose : je tombe malade, ou au moment même où mon désir se réalise, un autre désir s'empare de moi; et puis il y a toujours la mort qui rôde au coin de la rue. L'ambition, le désir et son accomplissement mènent inévitablement à la frustration et à la souffrance. C'est un processus que vous pouvez constater par vous-même. Étudiez tout autour de vous les gens plus âgés, les hommes célèbres, ceux qui ont du poids dans le pays, ceux qui se sont fait un nom et qui ont du pouvoir. Regardez leurs visages : voyez comme ils sont tristes, ou bien gras et pompeux. Leurs visages ont des traits disgracieux. Ils ne rayonnent pas de bonté parce que la souffrance est là dans leur cœur.

Ne peut-on vivre dans ce monde sans avoir d'ambitions, juste en étant ce que l'on est? Si vous commencez à comprendre ce que vous êtes, sans chercher à le modifier, ce que vous êtes subit alors une transformation. Je pense qu'il est possible de vivre dans ce monde de manière anonyme, en parfait inconnu, sans être célèbre, ambitieux ni cruel. On peut vivre heureux en n'accordant aucune importance à l'ego; et cela fait aussi partie d'une éducation digne de ce nom.

Le monde entier vénère le succès. On entend raconter l'histoire de ce petit garçon pauvre qui passait ses nuits à étudier et qui est finalement devenu juge, ou de celui qui a débuté comme vendeur de journaux pour se retrouver multimillionnaire. Cette glorification du succès est votre pain quotidien. Or l'accession à une immense réussite s'accompagne d'une grande souffrance. Mais nous nous laissons généralement piéger par le désir de réussir, et le succès compte beaucoup plus à nos yeux que la compréhension et l'éradication de la souffrance.

Q : N'est-il pas très difficile, dans le système social actuel, de mettre en pratique ce dont vous parlez?

K : Quand vous avez des convictions, estimez-vous difficile de les mettre en pratique? Si vous êtes passionné de cricket, vous vous impliquez de tout votre être dans le jeu, n'est-ce pas? Et vous dites que c'est difficile? Ce n'est que lorsque la vérité d'une chose n'est pas d'une importance vitale à vos yeux que vous la considérez difficile à mettre en pratique. En fait vous ne l'aimez pas. Ce que vous aimez, vous le faites avec ardeur, avec joie, et ce que la société ou vos parents peuvent dire est alors sans importance. Mais si vous n'êtes pas foncièrement convaincu, si vous ne vous sentez pas libre et heureux de faire ce que vous croyez être bien, votre intérêt pour cette chose est évidemment faux, dénué de réalité; tout devient donc insurmontable et vous dites que les choses sont difficiles à mettre en pratique.

En faisant ce que vous aimez, vous rencontrerez, bien sûr, des difficultés, mais ce sera sans importance pour vous, cela fait partie de la vie. En somme, pour nous la difficulté est devenue une philosophie, et nous considérons comme des vertus l'effort, la lutte, la résistance.

Ce dont je parle, ce n'est pas des hautes compétences acquises de haute lutte, grâce à l'effort, mais de l'amour avec lequel on fait les choses. Mais ne vous battez pas contre la société, ne vous attaquez pas aux traditions mortes si vous n'avez pas en vous cet amour, car sans lui votre lutte n'aura pas de sens, et vous ne ferez que susciter des maux plus grands encore. Alors que si vous avez un sentiment profond du vrai et du juste, et que vous êtes donc capable d'affronter seul les événements, votre action, née de l'amour, sera d'une portée extraordinaire, elle aura vitalité et beauté.

Les grandes choses naissent toujours d'un esprit très silencieux; et un esprit silencieux n'est pas le fruit de l'effort, du contrôle et de la discipline.

Q : Qu'entendez-vous par ce changement total, et comment peut-il se réaliser au sein même de notre être ?

K : Pensez-vous qu'un changement total puisse se produire si vous vous efforcez de le faire advenir ? Mais savez-vous ce qu'est le changement ? Supposons que vous soyez ambitieux et que vous ayez commencé à saisir tout ce qu'implique l'ambition : l'espoir, la satisfaction, la frustration, la cruauté, la souffrance, l'absence de considération, l'avidité, l'envie et un total manque d'amour. Qu'allez-vous faire, face à ce constat ? Allez-vous faire des efforts afin de changer ou de transformer l'ambition en quelque chose d'autre – ce qui est une nouvelle forme d'ambition, impliquant le désir d'être autre que ce que l'on est, n'est-ce pas ? Vous pouvez, certes, rejeter un désir, mais par ce processus même, vous en cultivez un autre qui est lui aussi source de souffrance.

Si vous voyez que l'ambition est source de souffrance, et que le désir de mettre fin à l'ambition est lui aussi source de souffrance, si vous voyez très clairement et par vous-même la véracité de ces faits, et que, vous abstenant d'agir, vous laissez agir la vérité, cette vérité suscite alors dans l'esprit un changement fondamental, une révolution totale. Mais cela exige énormément d'attention, de pénétration, de lucidité.

Lorsqu'on vous dit, comme il est de règle, que vous devez être bon, que vous devez aimer, que se passe-t-il en général ? Vous dites : « Je dois m'entraîner à être bon, manifester de l'amour envers mes parents, envers le domestique, envers l'âne, envers toute chose. » Cela veut dire que vous faites des efforts pour manifester de l'amour – et cet « amour » devient très mesquin et trop beau pour être vrai, à l'image de l'« amour » de ces nationalistes qui s'entraînent éternellement à la mise en pratique de la fraternité, ce qui n'est que pure stupidité. C'est l'avidité qui pousse à ces pratiques. Mais si vous voyez le nationalisme ou l'avidité dans toute leur vérité, et que vous laissez cette vérité opérer sur vous, que vous la laissez agir d'elle-même, vous serez fraternel sans faire aucun effort. Un esprit qui veut pratiquer l'amour est incapable d'aimer. Mais si vous aimez sans vouloir intervenir, alors l'amour agira.

Q : Qu'est-ce que l'enflure de l'ego ?

K : Si vous voulez devenir gouverneur, ou un célèbre professeur, si vous imitez quelqu'un d'important ou un grand héros, si vous essayez de suivre l'exemple de votre gourou ou d'un saint, alors ce processus d'imitation, de soumission est une forme d'enflure de l'ego, n'est-ce pas ? L'ambitieux, celui qui veut devenir un grand homme, qui veut se réaliser, aura beau dire : « J'agis au nom de la paix et pour l'amour de mon pays », son action n'est qu'une forme d'enflure de l'ego.

Q : Pourquoi l'homme riche est-il orgueilleux ?

K : Un jeune garçon demande pourquoi l'homme riche est orgueilleux. L'avez-vous vraiment constaté ? Les pauvres n'ont-ils pas eux aussi de l'orgueil ? Nous avons tous nos propres formes d'arrogance que nous manifestons de diverses manières. Le riche, le pauvre, l'érudit, l'expert, le saint, le leader, chacun à sa manière a le sentiment d'être arrivé, d'avoir réussi, d'être quelqu'un, ou d'avoir des capacités. Mais celui qui n'est rien, qui n'a pas envie de devenir quelqu'un, qui est simplement lui-même et qui se connaît – cet homme-là est dénué d'arrogance et d'orgueil.

Q : Pourquoi sommes-nous toujours pris au piège du « moi » et du « mien », et pourquoi, au cours de chacune de nos réunions avec vous, évoquons-nous sans cesse les problèmes causés par cet état d'esprit ?

K : Voulez-vous vraiment le savoir, ou vous a-t-on soufflé la question ? Le problème du « moi » et du « mien » nous concerne tous. C'est en fait notre seul et unique problème, et nous n'en finissons pas de l'aborder sous différents angles, parfois en termes de réalisation de soi, parfois en termes de frustration, de souffrance. Le désir d'un bonheur durable, la peur de mourir ou de perdre ses biens, le plaisir d'être flatté, la rancœur après les insultes, les querelles concernant votre dieu et le mien, vos points de vue et les miens – c'est à cela et à rien d'autre que l'esprit s'intéresse en permanence. Il peut toujours faire semblant de rechercher la paix, d'être fraternel, d'être bon, d'aimer, mais derrière le paravent des mots il continue à être en proie aux conflits du « moi » et du « mien », et c'est pourquoi il crée les problèmes que vous évoquez tous les matins sous des formulations différentes.

Q : Pourquoi les femmes aiment-elles tant s'habiller ?

K : Vous ne le leur avez pas demandé ? Et vous n'avez jamais observé les oiseaux non plus ? Chez eux c'est souvent le mâle qui est le plus coloré, le plus fringant. Être physiquement attrayant fait partie de la parade sexuelle visant à faire des petits. C'est la vie. Les garçons ne font pas autrement. En grandissant, ils aiment se coiffer d'une certaine façon, porter une jolie casquette, mettre de beaux habits – la démarche est la même. Nous voulons tous nous faire valoir. Le riche qui parade dans sa voiture de luxe, la jeune fille qui veut se faire toujours plus belle, le garçon qui s'efforce d'être très élégant – tous veulent montrer ce qu'ils ont. Le monde est étrange, ne trouvez-vous pas ? Le lis ou la rose, eux, ne font jamais semblant : la beauté de la fleur tient dans ce qu'elle *est.*

21

Apprendre, mais dans quel but?

Cela vous intéresse-t-il de savoir ce qu'est apprendre? Vous allez à l'école pour apprendre, n'est-ce pas? En quoi cela consiste-t-il? Y avez-vous déjà réfléchi? Comment apprenez-vous, pourquoi apprenez-vous, et qu'apprenez-vous? Quel est le sens, la signification profonde de cette démarche d'apprendre? Vous êtes obligés d'apprendre à lire et à écrire, d'étudier diverses matières, et aussi d'acquérir une technique, de vous préparer à une profession vous permettant de gagner votre vie. C'est tout cela que sous-entend pour nous ce terme – et en général nous ne cherchons pas plus loin. Dès que nous réussissons certains examens et que nous avons un travail, une profession, nous oublions apparemment tout ce qui concerne l'idée d'apprendre.

Mais en finit-on jamais d'apprendre? Nous disons qu'apprendre dans les livres et apprendre par l'expérience vécue sont deux choses différentes : mais est-ce bien exact? Grâce aux livres nous apprenons ce que d'autres ont écrit dans le domaine des sciences, par exemple. Après quoi nous faisons nos propres expérimentations et nous continuons d'apprendre grâce à elles. Nous apprenons aussi grâce à l'expérience vécue – en tout cas c'est ce que nous disons. Mais en définitive, pour sonder les profondeurs extraordinaires de la vie, pour découvrir ce qu'est Dieu ou la vérité, il faut que la liberté soit là ; mais lorsqu'on passe par l'expérience, y a-t-il cette liberté de découvrir, d'apprendre ?

Avez-vous réfléchi à ce qu'est l'expérience ? C'est le sentiment qui naît en réponse à un défi, n'est-ce pas ? Relever un défi est une expérience. Mais apprend-on vraiment à travers l'expérience ? Quand vous répondez à un défi, à un stimulus, votre réponse a pour base votre conditionnement, l'éducation que vous avez reçue, votre environnement culturel, religieux, social et économique. Vous répondez à un défi en étant conditionné par votre histoire personnelle en tant qu'hindou, chrétien, communiste – bref, en fonction de ce que vous êtes. Si vous ne prenez pas vos distances avec votre environnement, votre réponse à un défi, quel qu'il soit, ne fait alors que renforcer ou modifier cet environnement. Par conséquent, vous n'êtes jamais vraiment libres d'explorer, de découvrir, de comprendre ce qu'est la vérité, ce qu'est Dieu.

L'expérience ne libère donc pas l'esprit, et le fait d'apprendre à travers elle n'est qu'une manière progressive de former de nouveaux schémas fondés sur notre ancien conditionnement. Je pense qu'il est très important de bien saisir ce fait car, en vieillissant, nous nous retranchons de plus en plus derrière notre expérience, dans l'espoir d'apprendre ; mais ce que nous apprenons est dicté par l'environnement qui nous est propre, ce qui signifie que l'expérience à travers laquelle on apprend n'est jamais la liberté, mais une simple modification du conditionnement.

Apprendre, qu'est-ce au juste? Vous commencez par apprendre à lire et à écrire, à rester assis tranquillement, à obéir ou à ne pas obéir; vous apprenez l'histoire de tel ou tel pays, vous apprenez les langues indispensables à la communication; vous apprenez comment gagner votre vie, comment fertiliser les champs, et ainsi de suite. Mais y a-t-il un état d'apprentissage où l'esprit soit libéré du conditionnement, un état d'où toute quête soit absente? Comprenez-vous la question?

Ce qu'on appelle apprendre est un processus continu d'ajustement, de résistance, de subjugation : nous apprenons soit pour éviter, soit pour gagner quelque chose. Mais existe-t-il un état dans lequel l'esprit ne soit pas l'instrument de l'apprendre, mais de l'être? Voyez-vous la différence? Tant que nous sommes dans l'acquisition, dans le gain, dans l'évitement, l'esprit est obligé d'apprendre, et cet apprentissage forcé implique toujours énormément de tension, de résistance. Pour apprendre, il faut se concentrer, n'est-ce pas? Et qu'est-ce que la concentration?

Avez-vous jamais remarqué ce qui se passe quand vous vous concentrez sur quelque chose? Lorsqu'on vous demande d'étudier un livre alors que vous n'en avez pas envie – et même si vous en avez envie, d'ailleurs –, vous devez résister et renoncer à d'autres choses. Pour vous concentrer, vous résistez à votre tendance à regarder par la fenêtre, ou à bavarder avec le voisin. La concentration suppose toujours un effort, n'est-ce pas? Dans la concentration il y a un mobile, une stimulation, un effort pour apprendre en vue d'acquérir quelque chose; et notre existence est une succession d'efforts de ce genre, un état de tension dans lequel nous essayons d'apprendre. Mais s'il n'y a aucune tension, aucun effort pour acquérir, pour amasser des connaissances, l'esprit n'est-il pas alors en mesure d'apprendre beaucoup plus à fond et beaucoup plus vite ? Il devient un instrument d'investigation permettant de savoir ce qu'est la vérité, ce qu'est la beauté, ce qu'est Dieu – autrement dit, il n'est plus soumis à une quelconque autorité, que ce soit celle du savoir ou de la société, celle de la religion, de la culture ou du conditionnement.

Ce n'est qu'une fois délivré du fardeau du savoir que l'esprit est en mesure de découvrir ce qui est vrai ; et dans le processus de découverte il n'y a pas d'accumulation, n'est-ce pas ? Dès que vous commencez à accumuler les fruits de l'expérience ou de l'étude, c'est comme une ancre qui vous retient et vous empêche d'avancer. Dans le processus d'investigation, l'esprit se déleste au fur et à mesure, d'un jour sur l'autre, de ce qu'il a appris, il est donc toujours frais, il n'est pas contaminé par l'expérience de la veille. La vérité est vivante, elle n'est pas statique, et l'esprit qui souhaite la découvrir doit lui aussi être vivant, et non encombré de savoir et d'expérience. Alors seulement il existe un état au sein duquel peut naître la vérité.

Tout cela peut être difficile à saisir au niveau des mots, mais pas au niveau du sens, pour peu que vous y appliquiez bien votre esprit. Pour explorer les questions les plus profondes de la vie, l'esprit doit être libre ; mais dès lors que vous apprenez et faites de cet acquis la base des investigations à venir, votre esprit n'est pas libre et votre enquête s'arrête là.

Q : Pourquoi oublions-nous si facilement ce qui nous semble difficile à apprendre ?

K : Apprenez-vous uniquement parce que les circonstances vous y obligent ? Si vous étudiez la physique et les mathématiques mais qu'en fait vous voulez devenir avocat, on comprend que vous ayez tôt fait d'oublier la physique et les mathématiques. Mais apprend-on vraiment si l'on y est poussé? Si vous voulez réussir certains examens simplement dans le but de trouver un emploi et de vous marier, vous pouvez faire des efforts pour vous concentrer, pour apprendre; mais sitôt les examens passés, vous oubliez très vite ce que vous avez appris, n'est-ce pas? Quand apprendre n'est qu'un simple moyen d'arriver quelque part, dès qu'on a atteint sa destination, on oublie le moyen – or apprendre, ce n'est certainement pas cela. L'état d'apprentissage authentique ne peut advenir qu'en l'absence de motif, d'incitation, quand on fait les choses par amour pour elles.

Q : Quel est le sens du mot «progrès»?

K : Comme la plupart des gens, vous avez des idéaux, n'est-ce pas? Or l'idéal n'est ni un fait ni une réalité : c'est ce qui *devrait* être – une chose située dans le futur. Écoutez-moi bien : oubliez l'idéal, et prenez conscience de ce que vous êtes. Ne courez pas après ce qui *devrait* être, mais comprenez ce qui *est*. La compréhension de ce que vous êtes vraiment est beaucoup plus importante que la quête de ce que vous *devriez* être. Pourquoi? Parce que en comprenant ce que vous êtes s'amorce en vous un processus spontané de transformation, alors qu'en devenant ce que vous croyez *devoir* être, il n'y a pas trace de changement, c'est simplement la même chose qui continue sous une autre forme. Si l'esprit, réalisant sa stupidité, veut la muer en intelligence – c'est-à-dire en *ce qui devrait être* –, c'est une attitude stupide, dénuée de sens, de toute réalité : ce n'est qu'une démarche de projection de l'ego, et l'on remet à plus tard la compréhension de *ce qui est*. Tant que l'esprit cherche à transformer sa stupidité en quelque chose d'autre, il demeure stupide. Mais s'il dit au contraire : «Je suis conscient de ma stupidité et je veux la comprendre, je vais donc l'examiner à fond, observer comment elle naît», alors ce processus d'investigation provoque une transformation fondamentale.

«Quel est le sens du mot "progrès"?» demandez-vous. Mais le progrès existe-t-il vraiment? Vous voyez d'un côté le char à bœufs qui roule à trois kilomètres à l'heure, et de l'autre cette merveille qu'est l'avion à réaction qui vole à neuf cents kilomètres à l'heure, voire plus. C'est cela, le progrès, n'est-ce pas? Le progrès technologique est bel et bien là : meilleurs moyens de communication, meilleur état de santé, etc. Mais existe-t-il une autre forme de progrès? Un progrès psychologique, au sens d'une avancée spirituelle grâce à l'aide du temps? L'idée de progrès dans le domaine de la spiritualité est-elle une notion réellement spirituelle ou n'est-elle qu'une invention de l'esprit?

Il est très important, en effet, de poser les questions essentielles, malheureusement nous leur trouvons des réponses trop faciles. Nous pensons que la réponse facile est une solution, mais il n'en est rien. Ce qu'il faut faire, c'est poser une question fondamentale, et la laisser agir, la laisser opérer en nous afin de trouver la vérité à son sujet.

Le progrès implique le temps, n'est-ce pas? C'est vrai qu'il nous a fallu des siècles pour passer du char à bœufs à l'avion à réaction. Nous croyons pouvoir atteindre la réalité, trouver Dieu, de la même façon – grâce au temps. Nous sommes ici, et nous pensons à Dieu comme étant là-bas, quelque part au loin, et pour couvrir cette distance, pour franchir l'espace intermédiaire, nous disons qu'il nous faut du temps. Mais Dieu, ou la réalité, n'est pas quelque chose de fixe, et nous non plus : il n'y a aucun point fixe d'où partir et aucun point fixe vers où aller. Pour des raisons de sécurité psychologique, nous nous accrochons à l'idée qu'il y a en nous un point fixe, et que la réalité est également fixée une fois pour toutes : mais c'est aussi une illusion, ce n'est pas vrai. Dès lors que nous avons besoin de temps pour évoluer ou progresser intérieurement, spirituellement, ce que nous faisons cesse d'être spirituel, car la vérité n'est pas de l'ordre du temps. Un esprit qui est prisonnier du temps exige d'avoir du temps pour atteindre la réalité. Mais la réalité est au-delà du temps, elle n'a pas de point fixe. L'esprit doit être libéré de tout ce qu'il a accumulé, consciemment et inconsciemment, ce n'est qu'alors qu'il est capable de découvrir ce qu'est la vérité, ce qu'est Dieu.

Q : Pourquoi les oiseaux s'enfuient-ils à mon approche?

K : Comme ce serait bien si les oiseaux ne s'enfuyaient pas quand vous vous approchez d'eux! Si vous pouviez les toucher, entrer en contact amical avec eux, ce serait si merveilleux! Mais les humains que nous sommes sont cruels, vous le savez bien. Nous tuons les oiseaux, nous les torturons, nous les capturons dans des filets et les mettons en cage. Imaginez un joli perroquet en cage! Tous les soirs il appelle sa compagne et regarde les autres oiseaux voler librement dans le ciel. Après tout ce que nous faisons subir aux oiseaux, ne trouvez-vous pas normal qu'ils aient peur à notre approche? Mais si vous restez tranquillement assis dans un endroit isolé, en étant parfaitement immobile et paisible, vous verrez que très vite les oiseaux viennent à vous, ils voltigent tout près, et vous pouvez observer leurs mouvements vifs, leurs serres délicates, la vigueur et la beauté extraordinaires de leur plumage. Mais pour cela, il faut beaucoup de patience, c'est-à-dire beaucoup d'amour, et il ne faut pas avoir peur. Il semble que les animaux sentent notre peur, et ils ont peur à leur tour et s'enfuient. Voilà pourquoi il est si important de se comprendre soi-même.

Essayez de rester assis sans bouger sous un arbre, mais pas rien que deux ou trois minutes, car les oiseaux ne s'habitueront pas à vous en si peu de temps. Allez vous asseoir tranquillement sous le même arbre chaque jour, et très vite, vous commencerez à vous rendre compte que tout vit autour de vous. Vous verrez les brins d'herbe étinceler sous le soleil et les petits oiseaux s'agiter sans cesse, vous verrez luire la peau merveilleusement satinée du serpent, ou voler très haut dans le ciel un cerf-volant jouissant de la brise. Mais pour voir tout cela et pour ressentir cette joie, vous devez avoir une vraie tranquillité.

Q : Quelle est la différence entre vous et moi ?

K : Y a-t-il une différence fondamentale entre nous ? Vous pouvez avoir la peau claire, et moi le teint très basané ; vous pouvez être intelligent et beaucoup plus savant que moi ; ou bien je peux vivre dans un village alors que vous voyagez dans le monde entier, et ainsi de suite. Bien sûr qu'il y a entre nous des différences de forme, de langage, de connaissances, de manières, de tradition et de culture ; mais que nous soyons brahmanes ou non, que nous soyons américains, russes, japonais, chinois, ou que sais-je encore, n'y a-t-il pas entre nous de grandes similitudes ? Nous avons tous peur, nous voulons tous la sécurité, nous voulons tous être aimés, nous voulons tous manger à notre faim et être heureux. Mais, voyez-vous, les différences superficielles anéantissent la conscience que nous avons des ressemblances fondamentales existant entre nous en tant qu'êtres humains. Comprendre cette ressemblance puis s'en libérer font naître un immense amour, une immense prévenance. Malheureusement, nous sommes presque tous prisonniers de ces différences superficielles de race, de culture et de croyance qui nous divisent. Les croyances sont une calamité, elles divisent les gens et sont source d'antagonismes. Ce n'est qu'en dépassant toutes les croyances, toutes les différences et les similitudes que l'esprit peut être libre et trouver la vérité.

Q : Pourquoi le professeur est-il fâché contre moi quand je fume ?

K : Il vous a sans doute dit à maintes reprises de ne pas fumer parce que ce n'est pas bon pour les garçons ; mais vous continuez à fumer parce que vous aimez le goût du tabac, le professeur est donc fâché contre vous. Mais *vous*, qu'en dites-vous ? Pensez-vous qu'on doive s'habituer à fumer, ou à contracter n'importe quelle autre habitude, alors qu'on est encore si jeune ? Si, à votre âge, votre corps s'habitue à fumer, cela veut dire que vous êtes déjà esclave de quelque chose, et c'est terrible, ne croyez-vous pas ? Fumer est peut-être inoffensif pour des gens plus âgés, bien que ce soit extrêmement douteux. Malheureusement, ils trouvent des excuses à leur esclavage par rapport à diverses habitudes. Mais vous qui êtes très jeune, encore immature, encore adolescent, vous qui n'avez pas fini de grandir – pourquoi vous habituer à quoi que ce soit, pourquoi tomber dans une habitude qui ne fait que vous rendre insensible ? Dès l'instant où l'esprit s'habitue à quelque chose, il commence à fonctionner de façon routinière, il s'abêtit, il cesse d'être vulnérable : il perd cette sensibilité qui est nécessaire pour découvrir ce qu'est Dieu, ce qu'est la beauté, ce qu'est l'amour.

Q : Pourquoi les hommes chassent-ils les tigres ?

K : Ils ont envie de tuer parce que cela les excite. Nous faisons des tas de choses irresponsables – comme arracher les ailes à une mouche pour voir ce qui se passe. Nous cancanons, et nous disons des méchancetés sur les autres, nous tuons pour nous nourrir, nous tuons soi-disant pour la paix ; nous tuons pour la patrie ou pour nos idées. Nous avons donc une propension à la cruauté. Mais si l'on peut comprendre tout cela et s'en défaire, alors c'est très amusant de se contenter de regarder passer le tigre – comme plusieurs d'entre nous l'ont fait un soir près de Bombay. Un ami nous avait emmenés dans la forêt en voiture, à la recherche d'un tigre que quelqu'un avait aperçu dans le voisinage. En rentrant, au détour d'un virage, soudain le tigre était là au beau milieu de la route. Jaune et noir, maigre, pelage lisse et longue queue, il était splendide à voir, plein de grâce et de puissance. Nous avons éteint les phares et il s'est avancé en rugissant, passant tout près de nous, frôlant presque la voiture. C'était une vision magnifique. Si l'on peut assister à une telle scène en simple spectateur, sans fusil, c'est beaucoup plus amusant, et il y a en cela tant de beauté.

Q : Pourquoi sommes-nous accablés de souffrance ?

K : Nous acceptons la souffrance comme faisant inévita blement partie de l'existence, et nous échafaudons toute une philosophie autour de cela. Nous justifions la souffrance et la disons nécessaire pour pouvoir trouver Dieu.

Je dis au contraire que la souffrance existe parce que l'homme est cruel envers l'homme. Par ailleurs, il y a un grand nombre de choses dans la vie que nous ne comprenons pas, et qui sont donc source de souffrance, telles que la mort, l'expérience du chômage, le spectacle de la misère. Tout cela, nous ne le comprenons pas, c'est pourquoi nous sommes torturés; et plus on est sensible, plus on souffre. Plutôt que de comprendre ces choses, nous préférons justifier la souffrance; plutôt que de nous révolter contre tout ce système pourri, et de rompre avec lui, nous nous contentons de nous y adapter. Pour être libéré de la souffrance, il faut être libéré du désir de faire du mal – et aussi du désir de faire du «bien», ce prétendu bien qui est lui aussi le résultat de notre conditionnement.

22

La simplicité de l'amour

Un homme en robe de *sannyasi* venait tous les matins cueillir des fleurs sur les branches des arbres d'un jardin tout proche. Les mains et les yeux remplis de convoitise, il cueillait toutes les fleurs à sa portée. Il s'apprêtait visiblement à les offrir à quelque image morte, sculptée dans la pierre. Les fleurs étaient tendres et belles, à peine écloses sous le soleil du matin, et au lieu de les cueillir avec délicatesse, il les arrachait d'un geste brutal, dépouillant le jardin de tous ses trésors. Son dieu réclamait des fleurs à profusion – une profusion de vie à l'intention d'une image morte figée dans la pierre...

Un autre jour, je remarquai de jeunes garçons en train de cueillir des fleurs. Elles n'étaient pas destinées à un quelconque dieu : ils bavardaient entre eux et arrachaient les fleurs sans même y songer, pour les jeter ensuite. Vous êtes-vous déjà surpris à faire les mêmes gestes ? Pourquoi faites-vous cela ? Tout en marchant, vous arrachez une brindille, vous l'effeuillez, puis vous la jetez. N'avez-vous jamais repéré ce genre d'action inconsidérée de votre part ? Les adultes font de même, ils ont leur propre façon d'exprimer leur brutalité intérieure et cet effroyable manque de respect envers tout ce qui vit. Inoffensifs en paroles, mais destructeurs en actes, voilà ce qu'ils sont.

On peut comprendre que vous cueilliez une fleur ou deux pour les mettre dans vos cheveux, ou pour les donner à quelqu'un avec amour ; mais pourquoi les mettre en pièces ? Les adultes sont laids, avec leur ambition, ils se massacrent et se corrompent les uns les autres dans la guerre et par l'argent. Ils commettent des actes hideux, chacun à sa façon, et apparemment les jeunes, ici comme ailleurs, leur emboîtent le pas.

L'autre jour, je me promenais avec l'un des garçons de l'école, et notre regard est tombé sur une pierre au milieu de la route. Quand j'ai ôté la pierre, il m'a demandé : « Pourquoi avez-vous fait cela ? » Que conclure, sinon à un manque de considération et de respect de sa part ? Vous manifestez du respect sous le coup de la peur, n'est-ce pas ? Vous vous levez promptement quand un adulte entre dans la classe, mais ce n'est pas du respect, c'est de la crainte ; si vous éprouviez un vrai respect, vous ne détruiriez pas les fleurs, vous ôteriez la pierre de la route, vous prendriez soin des arbres et vous participeriez à l'entretien du jardin. Mais, jeunes ou vieux, nous n'avons aucun sentiment de considération. Pourquoi ? Est-ce parce que nous ignorons ce qu'est l'amour ?

Comprenez-vous ce qu'est l'amour tout simple ? Je ne parle pas de la complexité de l'amour sexuel, ni de l'amour de Dieu, mais juste de l'amour, du fait d'être tendre et réellement doux dans notre attitude envers toute chose. Chez vous, vous ne recevez pas toujours ce simple amour, vos parents sont trop occupés ; il se peut que chez vous il n'y ait pas d'affection réelle, pas de tendresse, et donc vous arrivez ici avec ce capital d'insensibilité derrière vous, et vous vous comportez comme tous les autres. Comment faire éclore la sensibilité ? Pas question d'instaurer des règles interdisant de cueillir des fleurs, car lorsqu'il n'y a que des règlements pour vous freiner, la peur est là. Mais comment faire pour que naisse cette sensibilité qui vous rend attentifs à ne faire de mal ni aux gens, ni aux animaux, ni aux fleurs ?

Est-ce que tout ceci vous intéresse ? Ce serait souhaitable. Car si vous ne trouvez aucun intérêt à être sensible, autant être mort – et la plupart des gens le sont déjà. Ils ont beau prendre trois repas par jour, avoir un travail, procréer, conduire une voiture, porter de beaux vêtements, la plupart d'entre eux sont morts – ou c'est tout comme.

Être sensible – savez-vous ce que cela signifie ? Bien sûr, cela veut dire éprouver de la tendresse envers les choses : intervenir quand on voit un animal souffrir, ôter une pierre du chemin parce qu'il est foulé par tant de pieds nus, ramasser un clou sur la route pour éviter une crevaison à un automobiliste. Être sensible, c'est être ému par les gens, les oiseaux, les fleurs, les arbres – pas parce qu'ils vous appartiennent, mais juste parce que vous êtes conscients de l'extraordinaire beauté des choses. Comment susciter cette sensibilité ?

Dès l'instant où l'on est profondément sensible, on cesse tout naturellement de cueillir les fleurs, on a un désir spontané de ne rien détruire, de ne faire de mal à personne, autrement dit, d'éprouver réellement du respect, de l'amour. Aimer est la chose qui compte le plus au monde. Mais qu'entendons-nous par « amour » ? Quand vous aimez quelqu'un parce que cette personne vous aime en retour, ce n'est assurément pas de l'amour. Aimer, c'est avoir cet extraordinaire sentiment d'affection sans rien demander en retour. Vous avez beau être très doués, réussir tous vos examens, avoir un doctorat et décrocher une belle situation, si vous n'avez pas cette sensibilité, ce sentiment de simple amour, votre cœur restera vide et vous serez malheureux pour le restant de votre vie.

Il est donc essentiel d'avoir le cœur empli de ce sentiment d'affection, car alors vous ne détruirez pas, vous ne serez pas sans pitié, et il n'y aura plus de guerres. Alors vous serez des êtres humains heureux ; et parce que vous serez heureux, vous ne prierez pas, vous ne *chercherez* pas Dieu, car ce bonheur même *est* Dieu.

Mais comment cet amour va-t-il naître ? L'amour doit, bien sûr, venir d'abord de l'éducateur, de l'enseignant. Si, en plus des informations qu'il vous dispense sur les mathématiques, la géographie ou l'histoire, le professeur a en lui ce sentiment d'amour et qu'il en parle, s'il retire spontanément le caillou du chemin et ne laisse pas le domestique faire toutes les sales corvées, si dans sa conversation, dans son travail, dans ses jeux, ou quand il mange, quand il est avec vous ou quand il est seul, il ressent cette chose étrange, et vous la fait remarquer à de multiples reprises, alors vous aussi saurez ce qu'aimer veut dire.

On a beau avoir la peau claire, un beau visage, porter un joli sari ou être un grand athlète – sans amour dans le cœur on est un être humain abominable, dont la laideur dépasse toute mesure. Mais quand on aime, que le visage soit beau ou ordinaire, il rayonne de splendeur. Aimer est ce qu'il y a de plus grand dans la vie ; et il est très impor tant de parler de l'amour, de l'éprouver, de le nourrir, de le chérir, sinon il a tôt fait de se dissiper, car le monde est tellement cruel. Si vous n'éprouvez pas d'amour tandis que vous êtes jeunes, si vous ne regardez pas avec amour les gens, les animaux, les fleurs, en grandissant vous constaterez que votre vie est vide ; vous serez très seuls, et l'ombre noire de la peur vous suivra toujours. Mais dès que vous aurez dans votre cœur cette chose extraordinaire qu'on appelle l'amour, et que vous en goûterez la profondeur, les délices, l'extase, vous découvrirez que pour vous le monde est transformé.

Q : Comment se fait-il que tant de personnes riches et importantes soient invitées aux réunions de l'école ?

K : Et *vous*, qu'en pensez-vous ? Vous n'avez pas envie que votre père soit quelqu'un d'important ? Vous n'êtes pas fier, s'il devient député et qu'on parle de lui dans les journaux ? S'il vous emmène vivre dans une grande maison, ou s'il part en Europe et revient le cigare aux lèvres, vous n'êtes pas content ?

Les gens riches et ceux qui sont au pouvoir sont très utiles aux institutions. L'institution les flatte, et ils agissent en sa faveur, cela marche dans les deux sens. Mais la question ne se limite pas à savoir pourquoi l'école invite les gens importants à ses réunions, elle est de savoir pourquoi vous aussi, vous voulez devenir un personnage important, ou pourquoi vous voulez épouser l'homme le plus riche, le plus connu, le plus beau. N'avez-vous pas tous envie d'être grands dans un sens ou un autre ? Or quand vous avez ces désirs, les graines de la corruption sont déjà plantées en vous. Comprenez-vous ce que je dis ?

Laissons de côté pour l'instant la question de savoir pourquoi l'école invite les riches, car il y a aussi des gens pauvres à ces réunions. Mais lequel d'entre vous s'assied à côté des pauvres, des villageois ? Vous ? Avez-vous remarqué cet autre fait extraordinaire : les *sannyasi* veulent être bien en évidence, et ils jouent des coudes pour être assis au premier rang. Nous avons tous envie de prééminence, de reconnaissance. Le vrai brahmane est celui qui ne demande rien à personne, pas parce qu'il est fier, mais parce qu'il est à lui-même sa propre lumière; mais tout cela, nous l'avons perdu.

On raconte cette merveilleuse histoire à propos d'Alexandre le Grand lorsqu'il vint en Inde. Ayant conquis le pays, il voulut rencontrer le Premier ministre qui avait instauré un ordre si parfait sur le territoire et avait suscité une telle honnêteté, une telle incorruptibilité parmi le peuple. Quand le roi expliqua que le Premier ministre était un brahmane qui avait regagné son village, Alexandre demanda à le voir. Le roi envoya chercher le Premier ministre, mais il refusa de venir, car cela ne l'intéressait pas de se faire valoir auprès de quiconque. Malheureusement, nous avons perdu cet état d'esprit. Nous sommes intérieurement vides, ternes, tristes, ce qui fait de nous, psychologiquement parlant, des mendiants à la recherche de quelqu'un ou de quelque chose qui nous nourrisse, qui nous donne de l'espoir, qui nous soutienne, voilà pourquoi nous rendons laides les choses normales.

Il n'y a rien à redire si un fonctionnaire de haut rang vient poser la première pierre d'un bâtiment : quel mal y a-t-il à cela? Mais ce qui est corrupteur, c'est toute une mentalité derrière ces pratiques. Vous n'allez jamais rendre visite aux villageois, n'est-ce pas? Vous ne leur parlez jamais, vous ne compatissez pas à leur sort, vous ne constatez pas de vos propres yeux le peu qu'ils ont à manger, leurs interminables journées de travail, jour après jour, sans repos; mais parce qu'il se trouve que j'ai montré du doigt certaines choses, vous êtes prêts à critiquer les autres. Ne restez pas assis là à critiquer, c'est une attitude vaine, mais allez constater vous-même les conditions de vie dans les villages, et faites quelque chose là-bas : plantez un arbre, parlez aux villageois, invitez-les ici, jouez avec leurs enfants. Alors vous découvrirez qu'un nouveau type de société verra le jour, parce que l'amour sera présent dans le pays. Une société sans amour est comme une terre sans rivières, c'est un désert; mais là où il y a des rivières, la terre est fertile, elle est terre d'abondance et de beauté. Nous grandissons presque tous sans amour, c'est pourquoi nous avons créé une société aussi hideuse que ceux qui y vivent.

Q : Vous dites que Dieu est absent de sa représentation sculptée, d'autres disent qu'il est effectivement là, et que si nous avons la foi dans nos cœurs son pouvoir se manifestera. Où est la vérité concernant le culte?

K : Il y a dans le monde autant d'opinions que de personnes. Et vous savez ce qu'est une opinion. Vous dites ceci et quelqu'un d'autre dit cela. Chacun a une opinion, mais l'opinion n'est pas la vérité, donc n'écoutez pas de simples opinions, peu importe *qui* les émet, mais découvrez par vous-même ce qui est vrai. L'opinion peut changer d'un jour à l'autre, mais on ne peut pas changer la vérité.

Vous voulez donc savoir par vos propres moyens si Dieu (ou la vérité) est présent dans l'objet qui le représente. Qu'est-ce que cette image symbolique? Une chose conçue par l'esprit et façonnée par la main dans le bois ou la pierre. L'esprit projette cette image : croyez-vous qu'une image projetée par l'esprit soit Dieu – même s'ils sont des millions à l'affirmer?

Vous dites que, si l'esprit a foi en cette image, l'image donnera du pouvoir à l'esprit. Évidemment; l'esprit crée l'image et tire ensuite un pouvoir de sa propre création.

C'est ce que l'esprit fait sans cesse : il produit des images, et puise en elles une force, un bonheur, un bénéfice, et il se retrouve intérieurement vide et appauvri. L'important, ce n'est donc pas l'image, ou ce qu'en disent des millions d'hommes, l'important est de comprendre le fonctionnement de votre propre esprit.

L'esprit fait et défait les dieux, il peut être cruel ou bon. L'esprit a le pouvoir de faire les choses les plus extraordinaires. Il peut soutenir des opinions, il peut créer des illusions, il peut inventer des avions qui volent à des vitesses fantastiques, il peut bâtir des ponts magnifiques, construire d'immenses lignes de chemin de fer, concevoir des machines dont les capacités de calcul dépassent celles de l'homme. Mais ce qu'il crée n'est pas la vérité, ce n'est qu'une opinion, un jugement. Il est donc essentiel pour vous de découvrir ce qui est vrai par vos propres moyens.

Pour découvrir ce qui est vrai, l'esprit doit s'abstenir de tout mouvement, être parfaitement silencieux. C'est cette tranquillité qui est l'authentique acte de vénération – pas vos visites au temple pour offrir des fleurs, tout en écartant le mendiant en chemin. Vous voulez vous concilier les dieux parce que vous les craignez, mais la vénération, ce n'est pas cela. Quand vous comprenez l'esprit et que l'esprit est totalement silencieux – sans y être contraint –, cette tranquillité silencieuse est la vénération véritable, et c'est au cœur de ce silence que se manifeste ce qui est vrai, ce qui est beau, ce qui est Dieu.

Q : Vous avez dit un jour que nous devions rester tranquillement assis à observer l'activité de notre propre esprit; mais nos pensées s'évanouissent dès que nous nous mettons à les observer consciemment. Comment pouvons-nous percevoir notre propre esprit alors que l'esprit est à la fois l'observateur et l'objet qu'il perçoit?

K : C'est une question très complexe, qui sous-entend un grand nombre de choses.

Cet observateur existe-t-il vraiment, ou n'y a-t-il que la seule perception? Suivez bien tout ceci. Y a-t-il un penseur, ou seulement la pensée? Assurément, le penseur ne préexiste pas à la pensée. Il y a d'abord la pensée, et c'est elle qui crée le penseur – ce qui signifie qu'un clivage s'est produit au sein de la pensée. C'est quand ce clivage a lieu qu'apparaissent l'observateur et l'observé, l'agent et l'objet de la perception. Comme le dit cet interlocuteur, si vous observez votre esprit, si vous observez une pensée, elle disparaît, elle se dissipe, mais il n'y a en réalité que la perception, et pas d'observateur. Quand vous regardez une fleur, que vous ne faites que la regarder, y a-t-il à cet instant-là une entité qui voit? Ou n'y a-t-il que l'acte de voir? Le fait de voir la fleur vous fait dire : «Comme elle est belle! Je la veux.» Le «je» éclôt donc par l'intermédiaire du désir, de l'avidité, de l'ambition qui naissent dans le sillage de la perception. Ce sont tous ces facteurs qui créent le «je» et sans eux le «je» est inexistant.

Si vous approfondissez l'ensemble de cette question, vous découvrirez que, lorsque l'esprit est très calme, complètement silencieux, quand il n'y a pas le moindre mouvement de la pensée, et donc pas d'auteur d'expériences, pas d'observateur, alors cette immobilité a sa propre faculté de compréhension créatrice. Dans cette immobilité silencieuse, l'esprit se transforme en quelque chose d'autre. Mais l'esprit ne peut trouver cette tranquillité grâce à aucun moyen, aucune discipline, aucune pratique : ce calme silencieux n'advient pas en s'asseyant en tailleur dans un coin pour essayer de se concentrer. Il advient lorsqu'on comprend le mode de fonctionnement de l'esprit. C'est l'esprit qui a créé la figure de pierre que les gens vénèrent, c'est l'esprit qui a créé le *Gîta*, les religions organisées, les innombrables croyances, et, pour découvrir le réel, il faut aller au-delà des élaborations de l'esprit.

Q : L'homme n'est-il qu'esprit et cerveau, ou est-il plus que cela ?

K : Comment allez-vous faire pour le savoir ? Si vous vous contentez de croire, de spéculer, ou d'accepter ce qu'ont dit Shankara, Bouddha ou un autre, dans ce cas vous n'enquêtez pas, vous n'essayez pas de trouver la vérité.

Vous ne disposez que d'un seul instrument, qui est l'esprit ; et l'esprit, c'est aussi le cerveau. Par conséquent, pour savoir où est la vérité dans cette affaire, vous devez comprendre les modalités de fonctionnement de l'esprit, n'est-ce pas ? Si l'esprit est faussé, jamais vous n'y verrez clair, si l'esprit est très limité, vous ne pourrez pas percevoir ce qui est sans limites. L'esprit est l'instrument de perception, et pour percevoir vraiment, il faut le remettre droit, le laver de tout conditionnement. Il doit aussi être libéré du savoir, car le savoir distrait l'esprit et distord les choses. Cette immense aptitude de l'esprit à inventer, à imaginer, à spéculer, à penser – cette aptitude ne doit-elle pas être laissée de côté, afin que l'esprit soit très clair et très simple ? Car seul l'esprit innocent, l'esprit qui est passé par beaucoup d'expériences et qui est pourtant libéré du savoir et de l'expérience – seul cet esprit-là est capable de découvrir ce « plus », au-delà du cerveau et de l'esprit. Sinon, ce que vous découvrirez gardera la trace de votre vécu antérieur, et votre expérience ne sera que le résultat de votre conditionnement.

Q : Quelle différence y a-t-il entre le besoin et l'avidité?

K : Ne le savez-vous pas? Quand vos besoins sont satisfaits, ne le savez-vous pas? Et quand vous êtes avide, n'y a-t-il pas en vous quelque chose qui le sait? Commençons au niveau le plus bas, et vous verrez qu'il en est ainsi. Quand vous avez suffisamment de vêtements, de bijoux, ou autre, vous n'avez nul besoin de philosopher à ce propos. Mais dès que le besoin se mue en avidité, vous commencez à philosopher, à vous justifier, à trouver des excuses à votre avidité. Un bon hôpital, par exemple, a besoin d'un certain nombre de lits, d'un certain niveau d'hygiène, de certains antiseptiques, de ceci et de cela. Un représentant de commerce a sans doute besoin d'une voiture, d'un pardessus, etc. Cela, c'est le besoin. Vous avez besoin de certaines connaissances et d'un certain savoir-faire pour effectuer votre travail. Si vous êtes ingénieur, vous devez savoir certaines choses – mais ce savoir peut devenir un instrument d'avidité. Par le biais de l'avidité, l'esprit utilise ce qui fait l'objet d'un besoin comme un moyen d'autopromotion. C'est un processus très simple à observer. Si, étant conscient de vos besoins réels, vous repérez aussi comment l'avidité entre en scène, vous verrez que l'esprit utilise l'objet du besoin comme un moyen de se rendre important.

Il n'est donc pas très difficile de faire la distinction entre besoin et avidité.

Q : Si l'esprit et le cerveau ne font qu'un, pourquoi, lorsque naît une pensée ou une pulsion jugées laides par notre cerveau, l'esprit persiste-t-il très souvent dans la même voie ?

K : Que se passe-t-il dans les faits ? Si une épingle pique votre bras, les nerfs transmettent la sensation à votre cerveau, celui-ci la traduit sous forme de douleur, puis l'esprit se révolte contre la douleur, et vous ôtez l'épingle, ou vous agissez en conséquence. Mais dans certains cas, l'esprit persiste dans la même voie, tout en sachant qu'il s'agit de choses laides ou stupides. Il sait à quel point il est stupide de fumer, et pourtant on continue à fumer. Pourquoi ? Parce qu'il aime les sensations que procure le tabac, c'est tout. Si l'esprit était aussi intensément conscient de la stupidité du tabagisme qu'il l'est d'une piqûre d'épingle, on cesserait de fumer immédiatement. Mais il refuse de voir les choses en toute lucidité parce que fumer est devenu une habitude plaisante. Il en va de même pour l'avidité ou la violence. Si l'avidité était aussi douloureuse pour vous que la piqûre d'épingle dans votre bras, vous cesseriez instantanément d'être avide, sans philosopher outre mesure ; et si vous étiez conscient de la signification de la violence, vous n'écririez pas des volumes entiers sur la non-violence – qui ne sont que fadaises, car vous ne ressentez pas les choses, vous vous contentez d'en parler. Si vous mangez quelque chose qui vous donne de violents maux de ventre, vous ne continuez pas à en manger, n'est-ce pas ? Vous arrêtez immédiatement. De la même façon, si, ne serait-ce qu'une fois, vous vous rendiez compte que l'envie et l'ambition sont nocives, perverses, aussi mortelles que la morsure d'un cobra, vous y seriez attentif. Mais voyez-vous, l'esprit ne tient pas à y regarder de trop près, car ce sont des domaines dans lesquels il est directement intéressé, et il refuse d'admettre que l'ambition, l'envie, l'avidité, la convoitise sont des poisons. Il dit donc : « Discutons de la non-avidité, de la non-violence, ayons des idéaux », et entre-temps il persiste avec ses poisons. Découvrez donc par vous-même à quel point ces choses-là sont corruptrices, destructrices, nocives, et vous les abandonnerez très vite. Mais si vous vous contentez de dire : « Je ne dois pas », et que vous continuez comme par le passé, vous jouez un jeu hypocrite. De deux choses l'une : optez pour le chaud ou le froid.

23

La nécessité d'être seul

N'est-il pas très étrange de constater que, dans ce monde, où il y a tant de distractions, tant d'amusements, nous soyons presque tous spectateurs, et si rarement acteurs ? Chaque fois que nous avons quelque temps libre, nous sommes pour la plupart en quête d'une forme de divertissement. Nous choisissons un livre sérieux, un roman ou un magazine. En Amérique nous allumons la radio ou la télévision, ou nous nous livrons à d'incessants bavardages. Nous exigeons sans cesse d'être divertis, amusés, arrachés à nous-mêmes. Nous avons peur d'être seuls, peur d'être privés de compagnie, privés de distractions d'une espèce ou d'une autre. Nous ne sommes que très peu à aller nous promener dans les champs, sans parler ni chanter des chansons, sans rien faire d'autre que marcher tranquillement et observer les choses autour de nous et en nous. C'est une chose que nous ne faisons pratiquement jamais, car en général nous nous ennuyons énormément ; nous sommes pris dans le train-train de l'enseignement ou de l'étude, des tâches ménagères ou du travail, et dans nos moments de liberté nous cherchons à nous distraire, de manière sérieuse ou légère. Nous lisons ou nous allons au cinéma – ou nous nous tournons vers la religion, ce qui revient au même. La religion est devenue, elle aussi, une forme de distraction, une façon d'échapper à l'ennui, à la routine.

J'ignore si vous avez remarqué tout cela. La plupart des gens sont constamment occupés – à effectuer leur *puja* rituelle, à répéter certains mots, à s'inquiéter de ceci ou cela – parce qu'ils ont peur de se retrouver seuls face à eux-mêmes. Essayez donc de rester seuls, sans aucune forme de distraction, et vous verrez que, très vite, vous avez envie de vous éloigner de vous-mêmes et d'oublier ce que vous êtes. Cela explique l'importance majeure qu'ont prise, dans ce que nous appelons la civilisation, ces énormes structures spécialisées dans le divertissement professionnel, la distraction standardisée. Si vous êtes observateurs, vous remarquerez que de plus en plus de gens dans le monde deviennent de plus en plus distraits, de plus en plus sophistiqués et matérialistes. La multiplication des plaisirs, la publication d'innombrables ouvrages, les journaux et leurs pleines pages d'événements sportifs – tout cela est la preuve évidente que nous voulons être constamment divertis. Parce que, intérieurement, nous sommes vides, ternes, médiocres, nous utilisons nos relations et nos réformes sociales comme moyen d'échapper à nous-mêmes. Avez-vous jamais remarqué à quel point la plupart des gens sont seuls? Et pour échapper à la solitude nous courons au temple, à l'église, à la mosquée, nous nous habillons, nous prenons part à des mondanités, nous regardons la télévision, nous écoutons la radio, nous lisons et ainsi de suite.

La solitude, savez-vous ce que c'est? Pour certains d'entre vous, le terme n'est peut-être pas très familier, mais le sentiment, lui, vous le connaissez très bien. Essayez d'aller vous promener tout seuls, ou de rester sans rien à lire, sans personne à qui parler, et vous verrez comme l'ennui vient vite. C'est un sentiment qui vous est familier, mais vous ne savez pas *pourquoi* vous vous ennuyez, vous n'avez jamais cherché à le savoir. Si vous explorez un peu la question, vous verrez que la cause de l'ennui n'est autre que la solitude. C'est pour échapper à la solitude que nous voulons être ensemble, être divertis, avoir des distractions en tout genre : gourous, cérémonies religieuses, prières, ou le dernier roman paru. Étant intérieurement seuls, nous devenons de simples spectateurs de la vie; et nous ne pouvons devenir acteurs que si nous comprenons la solitude, et la dépassons.

En définitive, la plupart des gens se marient et sont en quête d'autres relations sociales parce qu'ils ne savent pas vivre seuls. Non qu'il faille obligatoirement vivre seul; mais si vous vous mariez parce que vous voulez être aimés, ou si vous vous ennuyez, et que votre travail est pour vous un moyen de vous oublier, vous vous apercevrez alors que toute votre vie n'est qu'une quête de distractions sans fin. Très peu réussissent à transcender cette formidable peur de la solitude; pourtant il le *faut* car le véritable trésor se trouve au-delà.

Il y a une immense différence entre le sentiment de solitude et la solitude en tant que fait. Certains des plus jeunes élèves ignorent peut-être encore le sentiment de solitude, mais les personnes plus âgées le connaissent, ce sentiment d'être complètement coupé de tout, ou d'avoir peur, soudain, sans cause apparente. L'esprit connaît cette peur lorsque, l'espace d'un instant, il se rend compte qu'il ne peut compter sur rien, qu'aucune distraction ne peut lui ôter cette sensation de vide qui vous enferme en vous-mêmes. C'est cela, le sentiment de solitude. Mais la solitude assumée est tout autre chose : c'est un état de liberté qui naît lorsqu'on a traversé le sentiment de solitude et qu'on le comprend. Dans cet état de solitude assumée, vous ne comptez plus sur personne au plan psychologique, vous n'êtes plus en quête de plaisir, de réconfort, de gratification. C'est seulement alors que l'esprit est complètement seul, et nul autre que cet esprit-là n'est créatif.

Faire face aux affres de la solitude, à cet extraordinaire sentiment de vacuité que nous connaissons tous, et, quand il survient, ne pas avoir peur, ne pas allumer la radio ni se noyer dans le travail ou courir au cinéma, mais regarder la solitude en face, l'explorer, la comprendre : tout cela fait partie de l'éducation. Aucun être humain n'a jamais échappé ni n'échappera jamais à cette angoisse qui fait frémir. C'est parce que nous essayons de la fuir au travers des distractions et des gratifications de tous ordres – le sexe, Dieu, le travail, l'alcool, l'écriture poétique ou la répétition de certains mots appris par cœur – que nous ne comprenons jamais cette angoisse lorsqu'elle s'abat sur nous.

Alors, quand la douleur de la solitude vous assaille, affrontez-la, sans songer le moins du monde à la fuir. Si vous fuyez, jamais vous ne la comprendrez, et elle sera toujours là à vous attendre au tournant. Alors que si vous comprenez la solitude et allez au-delà, vous vous apercevrez que vous n'avez plus besoin de fuir, plus besoin d'être gratifiés ni divertis, car votre esprit connaîtra une richesse que rien ne saurait corrompre ni détruire.

Tout ceci fait partie de l'éducation. Si à l'école vous ne faites qu'étudier dans le but de réussir aux examens, l'étude elle-même devient un moyen de fuir la solitude. Réfléchissez-y un peu et vous verrez. Parlez-en avec vos éducateurs et vous découvrirez très vite à quel point ils sont seuls, et à quel point vous l'êtes. Mais ceux qui savent être intérieurement seuls, ceux dont l'esprit et le cœur sont libérés de la douleur de la solitude – ceux-là sont de véritables personnes, car ils sont capables de découvrir par eux-mêmes ce qu'est la réalité, ils sont en mesure de recevoir cette chose qui est éternelle.

Q : Quelle différence y a-t-il entre conscience et sensibilité?

K : Je me demande s'il y en a une. Quand vous posez une question, ce qui compte c'est de trouver vous-même la vérité sur la question, et pas simplement d'admettre ce qu'en dit un autre. Cherchons donc ensemble à savoir ce qu'est être pleinement conscient.

Vous voyez un bel arbre au feuillage luisant après la pluie, vous voyez le soleil luire sur l'eau et sur le plumage teinté de gris des oiseaux; vous voyez les villageois en route vers la ville, portant de lourdes charges, et vous entendez leurs rires, et les aboiements des chiens, ou le meuglement d'un veau qui appelle sa mère. Tout cela fait partie de la conscience, la conscience que vous avez de tout ce qui vous entoure – nous sommes bien d'accord? En regardant de plus près, vous remarquez votre relation aux gens, aux idées et aux choses; vous êtes conscient de la manière dont vous considérez la maison, la route; vous observez vos réactions face à ce que vous disent les autres, et la façon dont votre esprit ne cesse d'évaluer, de juger, de comparer ou de condamner. Tout cela fait partie de la conscience, qui commence dès la surface pour descendre de plus en plus profond; mais pour la plupart d'entre nous, elle s'arrête à un certain point. Nous captons les bruits, les chansons, les spectacles, beaux ou laids, mais nous ne sommes pas conscients de notre réaction face à eux. Nous disons : « C'est beau » ou : « C'est laid » et nous passons à autre chose, sans chercher à savoir ce qu'est la beauté, ce qu'est la laideur. Or, de toute évidence, le fait de voir quelles sont vos réactions, afin d'être de plus en plus attentif à chacun des mouvements de votre pensée, et de constater que votre esprit est conditionné par l'influence de vos parents, de vos professeurs, de votre race et de votre culture – tout cela fait partie de la pleine conscience.

Plus l'esprit explore en profondeur ses propres processus mentaux, plus il voit nettement que toute forme de pensée est conditionnée, le résultat étant que l'esprit devient spontanément immobile et silencieux – ce qui ne veut pas dire endormi. Au contraire, l'esprit est alors extraordinairement vif, n'étant plus drogué par des *mantras*, par la répétition de mots, ou moulé par la discipline. Cet état de vigilance silencieuse fait aussi partie de la pleine conscience ; et en approfondissant encore, vous découvrirez qu'il n'y a pas de division entre celui qui est conscient et l'objet dont il prend conscience.

Et que signifie être sensible ? Savoir discerner la couleur et la forme, ce que disent les gens et votre réaction à leurs propos, être attentionné, avoir bon goût, de bonnes manières, ne pas être brutal, ne pas faire de mal aux autres physiquement ou moralement sans même s'en rendre compte ; écouter si possible sans ennui tout ce qui est dit, afin d'avoir l'esprit pénétrant et perspicace – c'est tout cela, la sensibilité, n'est-ce pas ? Y a-t-il donc une telle différence entre la sensibilité et la conscience ? Je ne le pense pas.

Tant que votre esprit ne cesse de condamner, de juger, de se forger des opinions, de tirer des conclusions, il n'est ni conscient ni sensible. Quand vous êtes grossier envers les autres, quand vous cueillez des fleurs pour les jeter ensuite, quand vous maltraitez les animaux, quand vous gravez votre nom au canif sur les meubles ou que vous cassez le pied d'une chaise, quand vous n'êtes pas ponctuel aux repas, et que vous avez de mauvaises manières en général, tout cela indique un manque de sensibilité, ne croyez-vous pas ? C'est le signe d'un esprit incapable d'adaptation vigilante. Et c'est sans nul doute un des rôles de l'éducation que d'aider l'élève à être sensible, de sorte qu'il ne se contente pas de se conformer ou de résister, mais qu'il soit attentif au mouvement global de la vie. Les gens sensibles souffrent peut-être plus que ceux qui sont insensibles, mais s'ils comprennent, et vont au-delà de leur souffrance, ils découvriront des choses extraordinaires.

Q : Pourquoi rions-nous quand quelqu'un trébuche et tombe ?

K : C'est une forme d'insensibilité, n'est-ce pas ? Et le sadisme, cela existe aussi. Savez-vous ce que signifie ce mot ? Le marquis de Sade, qui était écrivain, a un jour parlé dans un de ses livres d'un homme qui prenait plaisir à faire du mal aux autres, et à les voir souffrir. C'est de là que vient le terme de « sadisme », qui désigne la jouissance que l'on ressent à voir souffrir autrui. Certains éprouvent une satisfaction particulière à voir souffrir les autres. Observez-vous et voyez si vous partagez ce sentiment. Il n'est pas forcément évident, mais s'il est présent en vous, vous vous apercevrez qu'il s'exprime par une irrépressible envie de rire en voyant tomber quelqu'un. Vous avez envie de voir chuter ceux qui ont une position élevée, vous critiquez, vous cancanez sans discernement sur le dos des autres, et tout cela est l'expression d'un manque de sensibilité, d'une espèce de désir de faire mal à autrui. On peut blesser autrui de propos délibéré, par vengeance, ou bien le faire inconsciemment, d'un mot, d'un geste; mais dans un cas comme dans l'autre, la pulsion profonde est de faire mal à l'autre, et rares sont ceux qui échappent tout à fait à cette forme pervertie de plaisir.

Q : L'un de nos professeurs affirme que ce que vous nous dites est très difficile à mettre en pratique. Il vous met au défi d'élever six garçons et six filles avec un salaire de cent vingt roupies. Que répondez-vous à cette critique?

K : Tout d'abord, si je ne disposais que d'un salaire de cent vingt roupies, je ne me risquerais certainement pas à avoir six garçons et six filles à élever. Ensuite, si j'étais professeur, ce serait pour moi une vocation et pas un simple travail. Voyez-vous la différence? Enseigner, à quelque niveau que ce soit, n'est pas un simple métier, un simple travail : c'est une vocation. Comprenez-vous le sens du terme «vocation»? C'est le fait de se vouer, de se consacrer entièrement à une chose donnée, sans rien exiger en retour; c'est être comme un moine, un ermite, comme les grands Maîtres et les grands savants – pas comme ceux qui passent quelques examens puis se targuent d'être professeurs. Je parle de ceux qui se sont consacrés à l'enseignement pas pour de l'argent, mais parce que c'est leur vocation, c'est ce qu'ils aiment par-dessus tout. À supposer que de tels enseignants existent, ils s'apercevront qu'on peut enseigner aux garçons et aux filles tout ce dont je parle, et que ces choses sont tout à fait possibles à mettre en pratique. Mais le professeur, l'éducateur pour qui enseigner n'est qu'un gagne-pain – c'est lui qui vous dira que tout cela est malaisé à mettre en pratique.

Qu'est-ce qui l'est, en définitive? Réfléchissez-y. Notre mode de vie actuel, notre mode d'enseignement, le mode de fonctionnement de nos gouvernements, avec leur corruption et leurs guerres incessantes – selon vous, c'est *cela* qui est facile à mettre en pratique? Faut-il pratiquer l'ambition, l'avidité? Une société fondée sur l'avidité et l'ambition porte toujours en elle le spectre de la guerre, du conflit, de la souffrance : faut-il les mettre en pratique? Bien sûr que non. Et c'est ce que j'essaie de vous dire au cours de ces causeries.

L'amour est la chose au monde la plus aisée à mettre en pratique. Aimer, être bon, ne pas être avide ni ambitieux, ne pas se laisser influencer mais penser par soi-même – toutes ces choses relèvent du sens pratique, et susciteront une société heureuse, pleine de bon sens. Mais le professeur qui n'est pas dévoué, qui n'aime pas, qui fait étalage de ses diplômes mais n'est qu'un simple pourvoyeur d'informations glanées dans des livres – lui vous dira que tout cela n'est pas aisé à mettre en pratique, parce qu'il n'y a pas vraiment réfléchi. Aimer, c'est avoir beaucoup plus de sens pratique que ce système éducatif stupide qui fabrique des citoyens totalement inaptes à se débrouiller seuls et à réfléchir seuls au moindre problème.

Tenez, à propos, cela fait partie de la pleine conscience que de garder son sérieux tout en notant que certains pouffent là-bas dans le coin.

L'ennui, avec la plupart des adultes, c'est qu'ils n'ont pas résolu la problématique de leur propre existence, ce qui ne les empêche pas de vous déclarer : « Je vais vous dire ce qui est faisable et ce qui ne l'est pas. » L'enseignement est la plus haute vocation qui soit, bien qu'actuellement elle soit la plus méprisée : c'est la plus élevée, la plus noble de toutes. Mais le professeur doit être dévoué corps et âme, il doit mettre tout son esprit, tout son cœur, tout son être au service de sa mission, et ce dévouement rend les choses possibles.

Q : À quoi sert l'éducation si, en même temps qu'on nous éduque, on est parallèlement détruit par la profusion de luxe du monde moderne ?

K : Je crains que vous n'utilisiez des termes erronés. Un certain confort nous est nécessaire, ne croyez-vous pas ? Quand on est tranquillement assis dans une pièce, autant qu'elle soit propre et bien rangée, même si elle n'a pour tout mobilier qu'une simple natte, autant qu'elle ait aussi de bonnes proportions et des fenêtres de bonne taille. S'il y a un tableau dans la pièce, qu'il représente quelque chose de beau, et s'il y a une fleur dans un vase, qu'elle reflète l'esprit de la personne qui l'a placée là. On a aussi besoin d'une bonne nourriture et d'un endroit tranquille pour dormir. Tout cela fait partie du confort qu'offre le monde moderne : ce confort détruit-il l'homme soi-disant éduqué ? N'est-ce pas plutôt cet homme soi-disant éduqué qui, par son ambition et son avidité, est en train de réduire à néant le confort de base dû à chaque être humain ? Dans les pays prospères, l'éducation moderne rend les gens de plus en plus matérialistes, et le luxe sous toutes ses formes pervertit l'esprit et le détruit. Et dans les pays pauvres, comme l'Inde, l'éducation ne vous incite pas à créer un type de culture radicalement nouveau, elle ne vous encourage pas à être un révolutionnaire – bien sûr, pas un de ceux qui assassinent et qui lancent des bombes, car ceux-là ne sont pas de vrais révolutionnaires. Un vrai révolutionnaire est celui qui est libéré des influences, des idéologies, et des implications sociales qui sont l'expression de la volonté collective du plus grand nombre. Et votre éducation ne vous aide pas à devenir un révolutionnaire de cette espèce. Au contraire, elle vous apprend à vous conformer, ou simplement à réformer ce qui est déjà en place.

C'est donc votre prétendue éducation qui vous détruit, pas le luxe prodigué par le monde moderne. Pourquoi n'auriez-vous pas des voitures et de bonnes routes ? Mais en fait, toutes les techniques et les inventions modernes sont utilisées à des fins guerrières ou à des fins de simple amusement, comme un moyen d'échapper à soi-même, c'est ainsi que l'esprit perd le nord au milieu des gadgets. L'éducation moderne, c'est la culture des gadgets, des appareils ou des machines, qui vous aident à cuisiner, à nettoyer, à repasser, à calculer et à effectuer diverses autres tâches essentielles, afin de vous en libérer l'esprit. Et vous y avez droit – il ne s'agit pas de vous perdre dans cet univers de gadgets, mais de vous libérer l'esprit pour pouvoir faire des choses tout à fait différentes.

Q : J'ai la peau très noire, et la plupart des gens admirent les peaux claires. Comment faire pour gagner leur admiration ?

K : Je crois qu'il existe des cosmétiques censés éclaircir le teint, mais cela résoudra-t-il votre problème ? Vous aurez toujours envie d'être admiré, d'être en vue sur le plan social, vous serez toujours en quête de prestige, de réussite ; et cette soif d'admiration, cette lutte pour la première place portent en elles l'aiguillon de la souffrance. Tant que vous aurez envie d'être admiré, d'être important, votre éducation va vous détruire, parce qu'elle vous aidera à devenir quelqu'un dans cette société, et cette société est assez pourrie. C'est sur la base de notre avidité, de notre envie, de notre peur que nous avons bâti cette société destructrice, et ce n'est pas en ignorant les faits ou en les qualifiant d'illusoires que nous allons la transformer. Seule une éducation authentique éradiquera l'avidité, la peur, l'instinct de possession, de sorte que l'on puisse bâtir une culture radicalement nouvelle, un monde tout à fait différent. Et cette éducation n'est possible que lorsque l'esprit est réellement désireux de se comprendre et de se libérer de la souffrance.

24

L'énergie de la vie

L'un de nos problèmes les plus difficiles concerne ce qu'on appelle la discipline, et c'est une question vraiment très complexe. En fait, la société s'estime en droit de contrôler ou de discipliner le citoyen, de façonner son esprit en fonction de certains critères religieux, sociaux, moraux et économiques.

Mais la discipline est-elle vraiment nécessaire ? Soyez très attentifs, ne dites pas tout de suite « oui » ou « non ». Nous avons généralement le sentiment, surtout quand nous sommes jeunes, qu'il ne devrait pas y avoir de discipline, que l'on devrait pouvoir agir à sa guise, et nous croyons que c'est cela, la liberté. Mais se contenter de dire que la discipline est indispensable, ou superflue, que nous devrions être libres, et ainsi de suite, n'a guère de sens si l'on ne comprend pas tous les aspects du problème de la discipline.

L'athlète motivé se soumet constamment à une discipline, n'est-ce pas ? Sa joie de participer aux compétitions et la nécessité même d'être en forme font qu'il se couche tôt, qu'il s'abstient de fumer, qu'il se nourrit correctement, et qu'en général il observe les règles indispensables à une bonne santé. Sa discipline n'est ni imposée ni conflictuelle, elle est le résultat naturel du plaisir qu'il prend à faire de l'athlétisme.

La discipline augmente-t-elle ou diminue-t-elle l'énergie humaine? Les êtres humains, dans le monde entier, au sein de chaque religion, de chaque école philosophique, imposent une discipline à l'esprit, ce qui sous-entend un contrôle, une résistance, une adaptation et un refoulement – mais tout cela est-il vraiment nécessaire? Si la discipline fait croître l'énergie humaine, alors elle est valable, elle a un sens; mais si elle ne fait que brider cette énergie, elle est très nocive, très destructrice. Nous avons tous de l'énergie, la question est de savoir si cette énergie peut, grâce à la discipline, devenir source de vie, de richesse et d'abondance, ou si la discipline détruit l'énergie que nous sommes susceptibles d'avoir. Je crois que là est le cœur du problème.

Nombre d'êtres humains n'ont pas énormément d'énergie, et le peu qu'ils en ont ne tarde pas à être étouffé et détruit par les pressions, les menaces et les tabous de la société qui est la leur, et de sa prétendue éducation. Les citoyens de cette société tels qu'ils le deviennent sont donc voués à l'inertie et à l'imitation. La discipline donne-t-elle une énergie accrue à celui qui dès l'origine en a déjà un peu plus que la moyenne? Cela donne-t-il à sa vie richesse et vitalité?

Quand on est très jeune – comme vous l'êtes tous –, on déborde d'énergie, n'est-ce pas? On a envie de jouer, de bouger, de parler, on ne peut pas rester en place : on est plein de vie. Que se passe-t-il par la suite? Au fur et à mesure que vous grandissez, vos professeurs commencent à restreindre cette énergie en la canalisant, en la coulant dans certains moules ; et quand enfin vous devenez des hommes et des femmes, le peu d'énergie qui vous reste est très vite étouffé par la société, qui dit que vous devez être des citoyens comme il faut, et vous conduire d'une certaine façon. Sous l'effet de la prétendue éducation et des pressions sociales, cette énergie que vous aviez en abondance dans votre jeunesse se dissipe petit à petit.

L'énergie dont vous disposez actuellement peut-elle être dynamisée par la discipline ? Et quand votre capital d'énergie est modeste, la discipline peut-elle l'augmenter ? Si c'est le cas, alors elle a un sens ; mais si la discipline anéantit effectivement notre énergie, il faut évidemment y renoncer.

Mais quelle est cette énergie dont nous disposons tous ? C'est la pensée, le sentiment, c'est l'intérêt, l'enthousiasme, l'avidité, la passion, le désir sexuel, l'ambition, la haine. Peindre des tableaux, inventer des machines, bâtir des ponts, construire des routes, cultiver des champs, faire du sport, écrire des poèmes, chanter, danser, aller au temple, pratiquer un culte – telles sont les diverses formes d'expression de l'énergie, qui est aussi la source de l'illusion, du mal, de la souffrance. Les qualités les plus nobles comme les plus destructrices expriment de manière égale cette énergie humaine. Mais le processus visant à contrôler ou à discipliner cette énergie, à lui laisser libre cours dans une direction et à la restreindre dans une autre, devient une simple solution de facilité pour la société ; l'esprit est façonné en fonction des codes d'une culture particulière, et c'est ainsi que peu à peu son énergie se dissipe.

Notre problème est donc de savoir si cette énergie, dont nous disposons tous à un certain degré, est susceptible d'être gonflée, dynamisée, et, si elle l'est, pour quoi faire ? À quoi sert l'énergie ? A-t-elle pour but de faire la guerre, d'inventer des avions à réaction et d'innombrables autres machines, de suivre les pas d'un gourou, de passer des examens, d'avoir des enfants, de se tracasser sans cesse à propos de tel ou tel problème ? Ou l'énergie peut-elle être utilisée autrement, de sorte que toutes nos activités aient un sens en rapport avec quelque chose qui les transcende toutes ? Il semble évident que si l'esprit humain, qui est capable d'une énergie aussi stupéfiante, n'est pas à la recherche de la réalité, ou de Dieu, alors toute forme d'expression de son énergie devient un moyen de destruction et une source de souffrance. Chercher la réalité requiert une immense énergie, et s'il n'entame pas cette quête, l'homme dilapide son énergie dans des voies qui sont source de malheur, c'est pourquoi la société doit soumettre celui-ci à son contrôle. Est-il donc possible de libérer l'énergie en allant à la recherche de Dieu ou de la vérité, et, dans ce processus de découverte du vrai, d'être un citoyen qui comprend les problèmes fondamentaux de l'existence, mais que la société ne peut pas détruire ? Vous suivez, ou est-ce trop compliqué ?

L'homme est énergie, voyez-vous, et s'il n'est pas en quête de vérité, cette énergie devient destructrice, c'est pourquoi la société contrôle et façonne l'individu, ce qui a pour effet d'étouffer cette énergie. C'est ce qui est arrivé à la majorité des adultes dans le monde entier. Et vous avez peut-être remarqué un autre fait intéressant et très simple · dès lors que vous avez vraiment envie de faire quelque chose, vous en avez l'énergie. Que se passe-t-il quand vous avez très envie de participer à un match ? Vous êtes tout de suite remplis d'énergie, n'est-ce pas ? Et cette énergie même vous permet de vous contrôler tout seuls, sans avoir besoin d'une discipline extérieure. Dans la quête de la réalité, l'énergie crée sa propre discipline.

Celui qui cherche spontanément la réalité devient un citoyen à part entière – ce qui ne signifie pas un citoyen conforme aux modèles d'une société ou d'un gouvernement particuliers.

Les élèves comme les professeurs doivent œuvrer ensemble à susciter la libération de cette formidable énergie en vue de découvrir la réalité, Dieu ou la vérité. Cette quête même de vérité sera source de discipline, et vous serez alors un être humain véritable, un individu complet, et pas seulement un hindou ou un parsi limités par la société et la culture qui leur sont propres. Si, au lieu de freiner l'énergie de l'élève, comme elle le fait actuellement, l'école peut l'aider à éveiller cette énergie dans la poursuite de la vérité, vous vous apercevrez que la discipline prend alors un tout autre sens.

Comment se fait-il qu'à la maison, en classe et au foyer on ne cesse de vous dire ce qu'il faut faire et ne pas faire ? C'est évidemment parce que vos parents et vos professeurs, comme le reste de la société, n'ont pas compris que l'homme n'existe que dans un seul et unique but : trouver la réalité, trouver Dieu. Si des éducateurs – même en groupe restreint – le comprenaient et apportaient toute leur attention à cette quête, ils créeraient une nouvelle forme d'éducation et une société radicalement différente.

N'êtes-vous pas frappés par le fait que la plupart des gens de votre entourage, y compris vos parents et vos professeurs, aient si peu d'énergie ? Ils sont en train de mourir à petit feu, même si leur corps n'est pas encore vieux. Pourquoi ? Parce qu'ils ont été brutalement contraints à la soumission par la société. Si l'on ne comprend pas le but fondamental, qui est la libération de cette chose extraordinaire qu'on appelle l'esprit, qui est capable de créer des sous-marins atomiques et des avions à réaction, capable d'écrire la poésie et la prose les plus stupéfiantes, capable de rendre le monde si beau mais aussi de le détruire – si l'on ne comprend pas ce but essentiel, qui est de trouver la vérité, ou Dieu –, cette énergie devient destructrice, et la société dit alors : «Nous devons façonner et contrôler l'énergie de l'individu.»

Il me semble que la fonction de l'éducation est de faire en sorte que cette énergie se libère dans une démarche de recherche du bien, de la vérité, ou de Dieu, démarche qui à son tour fait de l'individu un être humain véritable et donc un citoyen authentique. Mais si tout ceci n'est pas pleinement compris, la simple discipline n'a pas de sens, elle est éminemment destructrice. Il faut que chacun de vous soit éduqué de telle manière qu'en quittant l'école pour entrer dans le monde vous soyez pleins de vitalité et d'intelligence, pleins d'énergie à profusion pour découvrir le vrai – sinon vous serez absorbés par la société, vous serez étouffés, détruits, et horriblement malheureux pour le reste de votre vie. Comme une rivière crée les berges qui la contiennent, l'énergie en quête de vérité crée sa propre discipline sans aucune forme de contrainte; et comme la rivière trouve la mer. l'énergie trouve sa propre liberté.

Q : Qu'est-ce qui a amené les Britanniques à gouverner l'Inde?

Il faut savoir que ceux qui ont plus d'énergie, plus de vitalité, plus de capacités, plus de caractère, apportent à leurs voisins moins énergiques soit le malheur, soit le bien-être. À une certaine époque, l'influence de l'Inde s'est répandue dans toute l'Asie comme une traînée de poudre : les Indiens étaient pleins de zèle créatif, et ils ont apporté la religion en Chine, au Japon, en Indonésie, en Birmanie.

D'autres nations étaient plus tournées vers le commerce, ce qui était peut-être aussi une nécessité, mais avec son lot de souffrances – la vie est ainsi faite. Le plus étrange, c'est que ceux qui sont à la recherche de la vérité ou de Dieu sont beaucoup plus explosifs, et ils libèrent non seulement en eux-mêmes mais chez les autres une prodigieuse énergie : ce sont eux les vrais révolutionnaires, et pas les communistes, les socialistes, ou les simples réformateurs. Les conquérants et les chefs ne font jamais que passer, mais le problème de l'homme reste toujours le même. Nous voulons tous dominer, soumettre ou résister; mais l'homme qui cherche la vérité est libéré de toutes les sociétés et de toutes les cultures.

Q : Même dans les moments de méditation, il semble qu'on ne soit pas capable de percevoir ce qui est vrai; pouvez-vous donc nous dire ce qu'est la vérité?

K : Laissons pour l'instant de côté la question de ce qui est vrai, et considérons d'abord la méditation. Pour moi, la méditation est quelque chose de tout à fait différent de ce que vous ont enseigné vos livres et vos gourous. La méditation est le processus de compréhension de votre propre esprit. Si vous ne comprenez pas votre propre pensée, autrement dit, sans la connaissance de soi, ce que vous pensez n'a que peu de portée. Sans cette base fondamentale de la connaissance de soi, la pensée aboutit au mal. Chaque pensée a une signification, et si l'esprit est capable de saisir le sens non d'une ou deux pensées, mais de chacune d'entre elles à mesure qu'elles émergent, le simple fait de se concentrer sur une idée, une image ou une succession de mots spécifiques – ce qui correspond à la notion habituelle de méditation – n'est qu'une forme d'autohypnose.

Donc, que vous soyez tranquillement assis, ou en train de parler ou de jouer, êtes-vous conscient de la signification de chacune de vos pensées, de chacune de vos réactions éventuelles ? Essayez et vous verrez à quel point il est difficile d'avoir conscience de tous les mouvements de sa pensée, car les pensées s'entassent si vite les unes sur les autres. Mais si vous voulez examiner chaque pensée, si vous voulez vraiment en voir le contenu, vous vous apercevrez que vos pensées ralentissent et que vous pouvez les observer. Ce ralentissement du déroulement de la pensée et cet examen de chaque pensée constituent le processus de la méditation, et en approfondissant vous découvrirez que, grâce à cette attention portée à chaque pensée, votre esprit – qui est pour l'instant un vaste entrepôt de pensées agitées qui se battent entre elles – devient très calme, complètement silencieux. Il n'y a plus alors aucune espèce de pulsion, de contrainte ou de peur ; et au cœur de ce silence immobile éclôt ce qui est vrai. Le « vous » qui fait l'expérience de la vérité s'étant effacé, et l'esprit s'étant tu, la vérité pénètre en lui. Dès lors qu'il y a un « vous », il y a un « faiseur d'expérience », or celui-ci n'est rien d'autre que le fruit de la pensée, et sans elle, il n'a plus de base réelle.

Q : Si nous faisons une erreur et qu'on nous la signale, pourquoi commettons-nous de nouveau la même erreur ?

K : Qu'en pensez-vous ? Pourquoi est-ce que *vous* saccagez les fleurs, arrachez des plantes, démolissez les meubles ou jetez des papiers partout, alors que, j'en suis sûr, on vous a dit des dizaines de fois de ne pas le faire ? Écoutez attentivement et vous verrez. Quand vous agissez ainsi, vous êtes dans un état d'irréflexion, n'est-ce pas ? Vous n'êtes pas conscient, vous ne réfléchissez pas, votre esprit somnole, et vous faites donc des choses de toute évidence stupides. Tant que vous n'êtes pas pleinement conscient, pas tout à fait *présent*, il ne sert à rien qu'on se contente de vous dire de ne pas faire certaines choses. Mais si l'éducateur peut vous aider à être attentif, réellement conscient, à observer avec délice les arbres, les oiseaux, la rivière, l'extraordinaire richesse de la terre, un simple rappel discret suffira alors, parce que vous serez alors conscient, et sensible à tout ce qui vous entoure et vous habite.

Malheureusement votre sensibilité est détruite parce que, de l'heure de votre naissance à celle de votre mort, on ne cesse de vous dire ce qu'il faut faire et ne pas faire. Les parents, les professeurs, la société, la religion, le prêtre – mais aussi vos propres ambitions, vos convoitises et vos envies – ont tous le même message : « Fais » et : « Ne fais pas. » Pour être libéré de toutes ces injonctions et de tous ces interdits, tout en restant sensible, de façon à être spontanément bon et à ne pas faire de mal aux autres, à ne pas jeter des papiers partout ni passer près d'une pierre sans l'ôter du chemin, il faut faire preuve d'une grande prévenance. Et le but de l'éducation, de toute évidence, n'est pas de vous permettre d'aligner derrière votre nom les sigles de vos diplômes, mais d'éveiller en vous cet esprit d'attention prévenante, afin que vous soyez sensible, vigilant, plein d'égards et de bonté.

Q : Qu'est-ce que la vie, et comment pouvons-nous être heureux ?

K : Voilà une très bonne question, émanant d'un jeune garçon. Qu'est-ce que la vie ? Si vous posez la question à l'homme d'affaires, il vous dira que la vie consiste à vendre des choses, a gagner de l'argent, parce que, du matin au soir, toute sa vie est là. L'ambitieux vous dira que la vie est un combat pour la réussite, l'accomplissement. Pour celui qui a atteint une position d'influence et de pouvoir, qui est à la tête d'une organisation ou d'un pays, la vie est pleine d'activités dont il décide lui-même. Et pour le travailleur manuel, surtout dans ce pays, la vie consiste à trimer sans relâche, sans un jour de repos, et à être sale, misérable et affamé.

L'homme peut-il être heureux s'il faut passer par toutes ces luttes, toutes ces batailles, toute cette famine, toute cette misère ? Bien sûr que non. Alors que fait-il ? Il ne remet rien en cause, il ne cherche pas à savoir ce qu'est la vie : il philosophe sur le bonheur. Il parle de fraternité, tout en en exploitant les autres. Il s'invente un moi supérieur, une super-âme, quelque chose qui va au bout du compte le rendre heureux de manière permanente. Mais ce n'est pas en le cherchant que vient le bonheur : il naît, de manière inopinée, lorsque la bonté et l'amour sont là, que l'ambition est absente, que l'esprit cherche silencieusement où est le vrai.

Q : Pourquoi nous battons-nous ?

K : Je crois que les grandes personnes se posent aussi la question, n'est-ce pas ? Pourquoi nous battons-nous ? L'Amérique s'oppose à la Russie, la Chine à l'Occident. Pourquoi ? Nous parlons de paix et préparons la guerre. Pourquoi ? Parce que je pense que la majorité des êtres humains aiment rivaliser, se battre, c'est un fait – sinon nous arrêterions. Lorsqu'on se bat, le sentiment d'être vivant est plus intense, c'est également un fait. Nous pensons que la lutte sous toutes les formes possibles est nécessaire pour se maintenir en vie; or ce genre d'existence est très destructeur. Il existe pourtant une façon de vivre excluant toute lutte. Prenez le lys, la fleur qui pousse : elle ne lutte pas pour vivre, elle *est*. L'existence – quelle qu'elle soit – est un bien qui se suffit à lui-même. Mais notre éducation ne nous enseigne pas cela. On nous apprend à rivaliser, à nous battre, à devenir soldats, avocats, policiers, professeurs, directeurs d'école, hommes d'affaires, tous voulant être au sommet. Nous voulons tous la réussite. Nombreux sont ceux qui affichent une humilité de façade, mais les seuls à être heureux sont ceux qui ont en eux une vraie humilité, et ceux-là ne se battent pas.

Q : Pourquoi l'esprit abuse-t-il des autres êtres humains et de lui-même?

K : Qu'entendons-nous par abuser? Un esprit ambitieux, avide, envieux, un esprit encombré de croyances et de traditions, un esprit sans scrupule, qui exploite les autres – un tel esprit, lorsqu'il est en action, est évidemment source de malheur, et il engendre une société conflictuelle. Tant que l'esprit ne se comprend pas lui-même, son action ne peut être que destructrice; tant qu'il n'a pas la connaissance de soi, il ne peut qu'engendrer l'inimitié. Voilà pourquoi il faut vous connaître vous-même, et ne pas vous contenter d'apprendre dans les livres : c'est essentiel. Aucun livre ne peut vous apprendre la connaissance de soi. Un livre peut vous renseigner à ce sujet, mais cela n'a rien à voir avec le fait de connaître votre moi en action. Quand l'esprit se voit dans le miroir de la relation, de cette perception naît la connaissance de soi, sans laquelle nous ne pouvons pas remédier à ce terrible chaos, à cette terrible misère que nous avons suscités dans le monde.

Q : L'esprit en quête de succès est-il différent de l'esprit en quête de vérité ?

K : Qu'il cherche le succès ou la vérité, c'est le même esprit ; mais tant qu'il est en quête de succès, l'esprit ne peut pas découvrir ce qui est vrai. Comprendre la vérité, c'est voir le faux dans toute l'étendue de sa vérité et voir le vrai comme étant vrai.

25

Vivre sans effort

Pourquoi les gens, à mesure qu'ils vieillissent, semblent-ils perdre toute joie de vivre ? Vous êtes-vous déjà posé la question ? Pour l'instant, vous êtes pour la plupart jeunes et relativement heureux ; certes, vous avez vos petits problèmes, les examens sont source de tracas, mais malgré ces ennuis il règne dans votre vie une certaine joie, une acceptation aisée et spontanée de l'existence, une légèreté, un bonheur dans le regard que vous portez sur les choses. Comment se fait-il qu'avec l'âge nous perdions, semble-t-il, cette anticipation joyeuse de quelque chose qui dépasse nos horizons, qui ait un sens plus large ? Pourquoi sommes-nous si nombreux, une fois entrés dans la soi-disant maturité, à devenir ternes, insensibles à la joie, à la beauté, à l'immensité des cieux et aux merveilles de la terre ?

Lorsqu'on se pose la question, de nombreuses explications viennent à l'esprit. Nous sommes tellement préoccupés de nous-mêmes – c'est une explication. Nous luttons pour devenir quelqu'un, pour réussir et pour maintenir une certaine situation ; nous avons des enfants, ainsi que d'autres responsabilités, et nous devons gagner de l'argent.

Tous ces paramètres extérieurs deviennent très vite pesants, ce qui nous amène à perdre notre joie de vivre. Observez le visage des adultes autour de vous, voyez comme ils sont, pour la plupart, tristes, rongés par les soucis et plutôt mal en point, repliés sur eux-mêmes, distants et parfois névrosés, sans un sourire. Vous ne vous demandez pas pourquoi ? Et même si nous nous posons effectivement la question, nous nous contentons généralement de simples explications.

J'ai vu, hier soir, un bateau remonter le fleuve toutes voiles dehors, poussé par le vent d'ouest. C'était un grand bateau, lourdement chargé de bois à brûler pour la ville. Le soleil se couchait, et ce bateau se profilant contre le ciel était d'une beauté saisissante. Le batelier se contentait de le guider sans effort car le vent faisait tout le travail. De même, si chacun de nous pouvait comprendre le problème de la lutte et du conflit, je crois que nous pourrions alors vivre heureux, sans effort, le sourire aux lèvres.

Je pense que ce qui nous détruit, ce sont ces efforts, ces luttes qui occupent quasiment chaque instant de notre vie. Si vous observez les adultes autour de vous, vous verrez que, pour la plupart, l'existence est une succession de batailles contre eux-mêmes, contre leur mari ou leur femme, contre leurs voisins, contre la société ; et ils dissipent leur énergie dans ces affrontements perpétuels. Un homme qui est joyeux, vraiment heureux, n'est pas esclave de l'effort. L'absence d'efforts n'est pas synonyme de stagnation, de bêtise, de stupidité ; au contraire, seuls les sages, ceux qui sont doués d'une intelligence exceptionnelle, sont réellement libres de tout effort, de toute lutte.

Mais quand nous entendons parler d'absence d'effort, nous envions cette situation, nous voulons parvenir à un état sans conflit ni lutte, nous en faisons donc un but, un idéal, que nous nous efforçons d'atteindre – et ce faisant, nous perdons notre joie de vivre. Nous sommes pris de nouveau dans l'étau de l'effort, de la lutte. L'objet de cette lutte varie, mais toutes les luttes se ressemblent. On peut lutter pour mettre en place des réformes sociales, pour trouver Dieu, pour instaurer de meilleures relations entre soi-même et son mari, sa femme ou son voisin ; on peut s'asseoir au bord du Gange, faire ses dévotions aux pieds d'un gourou, et j'en passe. Tout cela n'est que lutte et effort. Ce qui compte, ce n'est donc pas l'objet de la lutte, c'est de comprendre la lutte elle-même.

Est-il donc possible que l'esprit, au lieu d'en être réduit au constat fortuit de trêves momentanées dans ses luttes, soit définitivement et totalement libéré de toute lutte, et puisse découvrir un état de joie dans lequel n'existe nulle notion d'inférieur et de supérieur ?

Notre problème, c'est que l'esprit se sent inférieur, c'est pourquoi il lutte pour être ou devenir quelque chose, ou pour surmonter les contradictions opposant ses divers désirs. Mais ne donnons pas d'explications quant aux raisons pour lesquelles l'esprit est en proie à ces luttes. Tout homme capable de réflexion connaît la raison de ces luttes intérieures et extérieures. Notre envie, notre avidité, notre ambition, notre soif de compétition conduisant à une efficacité sans merci – tels sont les facteurs qui nous poussent à la lutte, que ce soit dans ce monde-ci ou dans le monde à venir. Nous n'avons donc pas besoin d'étudier des ouvrages de psychologie pour savoir pourquoi nous nous battons ; l'important, c'est bien sûr de découvrir si l'esprit peut être totalement libéré de toute forme de lutte.

En définitive, quand nous luttons, le conflit se situe entre ce que nous sommes et ce que nous *devrions* ou *voudrions* être. Sans avancer d'explications, demandons-nous s'il est possible de comprendre l'ensemble de ce processus de lutte, de sorte qu'il prenne fin. L'esprit peut-il s'abstenir de lutter, comme ce bateau qui se laissait porter sans effort par le vent ? La question, c'est celle-ci, bien sûr, ce n'est pas de savoir comment atteindre un état exempt de toute lutte. L'effort même pour parvenir à un tel état est en soi un processus de lutte, cet état n'est par conséquent jamais atteint. Mais si vous observez d'instant en instant comment l'esprit se laisse piéger dans des luttes sans fin, si vous vous contentez d'observer le fait sans vouloir le modifier – sans imposer à l'esprit un certain état que vous appelez la paix –, vous constaterez alors que l'esprit cesse spontanément de lutter ; et dans cet état il peut apprendre énormément. Apprendre ne se limite plus alors à une collecte d'informations : c'est la découverte de l'extraordinaire gisement de richesses qui s'étend au-delà du champ de vision de l'esprit ; et pour l'esprit qui fait cette découverte, la joie est là.

Observez-vous, et vous verrez à quel point vous luttez du matin au soir, et comment votre énergie se perd dans cette lutte. Si vous ne faites qu'expliquer pourquoi vous luttez, vous vous noyez dans les explications, et la lutte continue, alors que si vous observez calmement votre esprit, sans donner d'explications, si vous laissez simplement l'esprit prendre conscience de ses propres luttes, vous vous apercevrez très vite qu'il advient un état dans lequel la lutte cède la place à une attention stupéfiante. Dans cet état de vigilance, toute notion de supérieur et d'inférieur s'efface, il n'y a plus de grand homme ni de petit homme, il n'y a plus de gourou. Toutes ces absurdités cessent parce que l'esprit est pleinement éveillé ; et un esprit pleinement éveillé est joyeux.

Q : J'ai envie de faire une certaine chose, et malgré de nombreuses tentatives, je n'y arrive pas. Dois-je abandonner, ou persister dans mes efforts ?

K : Réussir, c'est arriver, parvenir quelque part, et nous vénérons le succès, n'est-il pas vrai ? Lorsqu'un pauvre garçon devient multimillionnaire en grandissant ou qu'un élève ordinaire devient Premier ministre, on l'applaudit, on fait grand cas de sa personne ; donc, tous les garçons et les filles ont envie de réussir d'une manière ou d'une autre.

Le succès est-il une réalité, ou n'est-ce rien qu'une idée après laquelle courent les hommes ? Car dès qu'on est arrivé, il y a toujours un autre point, plus éloigné, qui reste à atteindre. Tant que vous êtes à la poursuite du succès, dans quelque domaine que ce soit, vous êtes voué à la lutte et au conflit, n'est-ce pas ? Même une fois arrivé, pour vous le repos n'existe pas, car vous voulez aller plus haut, avoir plus. Comprenez-vous ? La quête du succès est le désir d'un « plus », et un esprit qui exige sans cesse ce « plus » n'est pas intelligent ; au contraire, c'est un esprit médiocre et stupide, car exiger ce « plus » implique une lutte constante sous forme du modèle à suivre imposé à l'esprit par la société.

Qu'est-ce, en définitive, que le contentement, et qu'en est-il du mécontentement ? Le mécontentement, c'est la lutte pour l'obtention d'un « plus » et le contentement, c'est la cessation de cette lutte ; mais on ne peut avoir accès au contentement sans comprendre tout ce processus du « plus », et les raisons qui poussent l'esprit à vouloir l'obtenir.

Si vous échouez à un examen, par exemple, vous devez le repasser, n'est-ce pas ? De toute façon, les examens sont des événements très fâcheux, car ils ne sont pas significatifs, ils ne révèlent pas la vraie valeur de votre intelligence. Réussir un examen est avant tout affaire de mémoire, ce peut être aussi une question de chance ; mais vous faites des efforts pour réussir vos examens, et en cas d'échec vous insistez. La même chose se passe pour la plupart d'entre nous dans la vie quotidienne. Nous luttons pour obtenir quelque chose, sans jamais nous arrêter un instant pour nous demander si la chose recherchée mérite nos efforts. N'ayant jamais soulevé la question, nous n'avons donc pas encore découvert qu'elle n'en vaut pas la peine, pas encore résisté à l'opinion de nos parents, de la société, de tous les Maîtres et de tous les gourous. Ce n'est qu'après avoir compris la pleine signification de ce « plus » que nous cessons de penser en termes de succès et d'échec.

Nous avons tellement peur de l'erreur, de l'échec, et pas seulement aux examens, mais aussi dans la vie. Faire une erreur est considéré comme une chose abominable, car à cause d'elle on va nous critiquer, nous réprimander. Mais en définitive, pourquoi devrions-nous être infaillibles ? Tout le monde ne commet-il pas des erreurs ? Et le monde cesserait-il d'être en proie à l'horrible pagaille dans laquelle il est si nous ne faisions jamais d'erreurs ? Si vous avez peur de faire des erreurs, vous n'apprendrez jamais. Les adultes commettent sans cesse des erreurs, mais ils ne veulent pas que *vous* en commettiez, et ils étouffent donc vos initiatives. Pourquoi ? Parce qu'ils craignent qu'en observant tout, en remettant tout en question, en faisant des expériences et des erreurs, vous ne fassiez vos propres découvertes, et que vous rompiez avec l'autorité de vos parents, de la société, de la tradition. Voilà pourquoi on vous incite à poursuivre cet idéal de succès ; et le succès – vous l'aurez remarqué – s'exprime toujours en termes de respectabilité. Même le saint dans sa soi-disant réalisation spirituelle doit devenir respectable, sinon il n'est ni reconnu ni suivi par quiconque.

Nous pensons donc toujours en termes de succès, en termes de « plus » ; et ce « plus » correspond aux critères d'évaluation de la société respectable. Autrement dit, la société a très soigneusement instauré certains critères selon lesquels vous êtes reconnu comme ayant réussi ou échoué. Mais si vous aimez une activité de tout votre être, vous ne vous préoccupez pas alors de succès ou d'échec. Nul être intelligent ne s'en soucie. Mais malheureusement les gens intelligents sont rares, et personne ne vous parle jamais de tout cela. Le seul souci d'une personne vraiment intelligente est de voir les faits et de comprendre le problème – ce qui ne signifie pas penser en termes de succès et d'échec. C'est seulement lorsque nous n'aimons pas vraiment ce que nous faisons que nous pensons en ces termes-là.

Q : Pourquoi sommes-nous fondamentalement égoïstes ? Nous avons beau faire de notre mieux pour ne pas nous comporter en égoïstes, quand notre propre intérêt est en jeu, nous devenons égocentriques et indifférents aux intérêts des autres.

K : Je crois qu'il est très important de ne surtout pas se définir comme étant égoïste ou dénué d'égoïsme, car les mots ont une énorme influence sur l'esprit. Qualifiez un homme d'égoïste, et il est condamné d'avance ; appelez-le professeur, et cela vous influence dans votre approche ; appelez-le mahatma, et le voilà immédiatement nimbé d'une auréole ! Observez vos propres réactions et vous verrez que des mots tels qu'« avocat », « homme d'affaires », « gouverneur », « serviteur », « amour », « Dieu » ont un étrange effet sur vos nerfs comme sur votre esprit. Le terme désignant une fonction particulière suscite en nous un réflexe d'association à un statut social ; la première chose à faire est donc de se libérer de cette habitude inconsciente d'associer certains sentiments à certains mots, ne croyez-vous pas ? Votre esprit a été conditionné à penser que le terme « égoïste » représente quelque chose de très répréhensible, contraire à la spiritualité, et dès que vous appliquez ce terme à quoi que ce soit, votre esprit le condamne. Donc, lorsque vous posez la question : « Pourquoi sommes-nous fondamentalement égoïstes ? », elle implique déjà une condamnation.

Il faut impérativement que vous soyez conscient que certains mots suscitent en vous une réaction nerveuse, émotionnelle ou intellectuelle d'approbation ou de condamnation. Si vous vous définissez, par exemple, comme étant jaloux, vous bloquez immédiatement toute enquête plus approfondie, vous cessez d'emblée d'explorer l'ensemble du phénomène de la jalousie. De même, de nombreuses personnes disent œuvrer dans le sens de la fraternité, et pourtant tous leurs actes vont à l'encontre de celle-ci ; mais ils ne voient pas les faits, parce que le mot « fraternité » a une haute signification à leurs yeux, et étant déjà sous l'emprise du terme, ils ne cherchent pas à en savoir plus sur la réalité des faits – hors de toute considération liée à la réaction neurologique ou émotionnelle que déclenche ce mot.

La première chose à faire est donc d'expérimenter, et de chercher à savoir si vous pouvez regarder les faits en faisant abstraction de toutes les connotations critiques ou élogieuses associées à certains mots. Si vous êtes capable de voir les faits sans aucun sentiment de condamnation ou d'approbation, vous découvrirez que ce processus d'examen fait voler en éclats toutes les barrières que l'esprit a érigées entre lui-même et les faits.

Observez simplement comment vous abordez une personne unanimement qualifiée de grand homme. Le terme de «grand homme» vous influence : tous – ses partisans, mais aussi les journaux et les livres – disent de lui que c'est un grand homme, et votre esprit l'admet. À moins que vous ne preniez le contre-pied en disant : «Quelle stupidité! Ce n'est *pas* un grand homme.» Si, en revanche, vous pouvez dégager votre esprit de toute influence et vous en tenir aux faits, vous vous apercevrez que votre approche est tout à fait différente. De la même façon, le mot «villageois», associé à la pauvreté, à la saleté, à la misère noire, ou que sais-je encore, influence votre manière de penser. Mais lorsque l'esprit est libre de toute influence, quand il ne condamne ni n'approuve, mais qu'il se contente de regarder, il cesse alors d'être égocentrique, et ce problème de l'égoïsme qui veut se transformer en son contraire n'existe plus.

Q : Comment se fait-il que, de la naissance à la mort, l'individu ait toujours envie d'être aimé, et que, s'il n'obtient pas cet amour, il ne soit pas aussi équilibré et confiant que ses semblables?

K : Croyez-vous que ses semblables soient pleins de confiance? Ils peuvent se pavaner, prendre des airs, mais derrière cette façade de confiance la plupart des gens sont creux, ternes, médiocres, et dépourvus de confiance réelle. Et pourquoi tenons-nous tant à être aimés? Vous voulez être aimé de vos parents, de vos professeurs, de vos amis, n'est-ce pas? Et si vous êtes adulte, vous voulez être aimé de votre femme, de votre mari, de vos enfants – ou de votre gourou. Pourquoi cette éternelle soif d'amour? Écoutez attentivement. Vous voulez être aimé parce que vous n'aimez pas; mais dès que vous aimez vraiment, c'est terminé, vous ne cherchez plus à savoir si l'on vous aime ou non. Tant que vous êtes en demande d'amour, il n'y a pas en vous d'amour vrai; or sans cet amour, vous êtes brutal et laid – dans ce cas pourquoi vous aimerait-on? Sans l'amour, vous n'êtes qu'une chose morte; et une chose morte qui réclame l'amour n'en demeure pas moins une chose morte. Alors que si votre cœur est plein d'amour, vous ne réclamez jamais d'être aimé, vous ne demandez l'aumône à personne. Seuls ceux qui sont vides d'amour demandent à être comblés, et un cœur vide ne peut jamais être comblé en courant après des gourous ou en cherchant l'amour de mille autres façons.

Q : Pourquoi les adultes commettent-ils des vols?

K : Et vous, ne vous arrive-t-il pas parfois de voler? Vous n'avez jamais entendu parler d'un jeune garçon ayant volé à un autre ce qu'il convoitait? C'est la même chose tout au long de la vie, que l'on soit jeune ou vieux, simplement les grandes personnes le font de manière plus rusée, avec de beaux discours; ils veulent la richesse, le pouvoir, le prestige, et ils tissent des complicités, font des arrangements, échafaudent des théories pour parvenir à leurs fins. Ils volent, mais cela ne s'appelle pas voler, cela porte un nom respectable. Mais pourquoi volons-nous? Tout d'abord parce que, la société actuelle étant ce qu'elle est, de nombreuses personnes sont privées des choses essentielles à la vie : certaines fractions de la population ne sont pas correctement nourries, vêtues, logées; cela les amène à réagir en conséquence. Il y a aussi ceux qui volent non par manque de nourriture, mais parce qu'ils sont antisociaux – selon le terme consacré. Pour eux, le vol est devenu un jeu, une forme d'excitation – ce qui signifie qu'ils n'ont pas reçu de véritable éducation. La véritable éducation consiste à comprendre le sens de la vie, et pas seulement à bachoter pour le succès aux examens. Le vol existe aussi à un niveau plus élevé : on vole alors les idées des autres, on vole le savoir. Quand nous sommes à la recherche d'un «plus», sous quelque forme que ce soit, nous sommes évidemment en train de voler.

Pourquoi ne cessons-nous jamais de demander, de mendier, de désirer, de voler? Parce que en nous-mêmes il n'y a rien : sur le plan intérieur, psychologique, nous sommes comme un tambour vide. Étant vides, nous essayons de nous remplir, non seulement en volant certaines choses, mais aussi en imitant les autres. L'imitation est une forme de vol : vous n'êtes rien, mais lui est quelqu'un, vous allez donc essayer d'avoir une part de sa gloire en le copiant. Cette forme de corruption est très répandue parmi les humains, et ils sont peu nombreux à y échapper. L'essentiel est donc de découvrir si cette vacuité intérieure peut jamais être comblée. Tant que l'esprit cherche à se combler lui-même, il sera toujours vide. Quand l'esprit ne se préoccupe plus de combler sa propre vacuité, c'est alors – et alors seulement – que cesse cette vacuité.

26

L'esprit n'est pas tout

C'est si agréable de rester simplement assis en silence, le dos droit, dans une posture pleine de grâce et dignité – et c'est aussi important que de regarder ces arbres dénudés. Avez-vous remarqué comme ils sont beaux, ces arbres, contre le ciel pâle du matin ? Les branches nues d'un arbre révèlent sa beauté ; mais ils sont aussi merveilleusement beaux au printemps, en été et en automne. Leur beauté change avec les saisons, et il est aussi important de remarquer tout cela que de réfléchir aux voies que suit notre propre existence.

Que nous vivions en Russie, en Amérique ou en Inde, nous sommes tous des êtres humains ; en tant qu'êtres humains, nous avons des problèmes communs, et il est absurde de se concevoir d'abord en tant qu'hindous, américains, russes, chinois, etc. Certes, il existe des divisions politiques, géographiques, raciales et économiques, mais les mettre en avant ne fait que susciter antagonisme et haine. Les Américains sont sans doute pour l'instant beaucoup plus prospères, ce qui signifie qu'ils ont plus de gadgets, plus de postes de radio et de télévision, plus de tout, y compris un surplus de nourriture, alors que dans ce pays règnent la famine, la misère, la surpopulation et le chômage. Mais où que nous vivions, nous sommes tous des êtres humains, et en tant que tels nous sommes à l'origine de nos propres problèmes humains. Et il est capital de comprendre que si c'est en tant qu'hindous, américains ou anglais, ou bien noirs, basanés ou jaunes que nous nous définissons, nous créons entre nous des barrières qui n'ont pas lieu d'être.

L'un de nos principaux problèmes est que l'éducation moderne, dans le monde entier, se préoccupe surtout de faire de nous de simples techniciens. Nous apprenons comment concevoir des avions à réaction, comment construire des routes pavées, comment fabriquer des voitures ou manœuvrer des sous-marins nucléaires dernier cri, et au milieu de toute cette technologie nous oublions que nous sommes des êtres humains – ce qui veut dire que nous ne cessons de remplir nos cœurs de choses d'ordre purement mental. En Amérique, l'automatisation délivre un nombre toujours croissant de personnes de longues heures de travail pénible, comme ce sera bientôt le cas ici, et nous aurons alors à résoudre l'immense question de savoir quoi faire de notre temps. D'énormes usines employant aujourd'hui des milliers d'ouvriers fonctionneront grâce à une poignée de techniciens : que vont donc devenir tous ces autres hommes qui travaillaient là, et qui vont se retrouver avec tout ce temps libre sur les bras? Si l'éducation ne commence pas à prendre en compte ce problème-là – et bien d'autres problèmes humains –, nos vies seront bien vides.

Mais nos vies sont d'ores et déjà très vides, n'est-ce pas? Vous pouvez avoir un diplôme universitaire, être mariés et vivre à l'aise, être très astucieux, très bien informés, au courant des derniers livres parus – tant que vous remplissez votre cœur de préoccupations d'ordre purement mental, votre vie est vouée à la vacuité et à la laideur, et elle n'aura que peu de sens. La vie n'a de beauté et de sens que lorsque le cœur est lavé de tout ce qui relève uniquement de l'esprit.

Ce problème nous regarde à titre individuel, ce n'est pas un problème d'ordre spéculatif ne nous concernant pas. Si en tant qu'êtres humains nous ne savons pas prendre soin de la terre et de tout ce qui s'y trouve, si nous ne savons pas aimer nos enfants et si nous nous intéressons exclusivement à nous-mêmes, à notre progression et à notre succès personnel ou national, nous rendrons notre monde hideux – ce qu'il est déjà. Un pays peut devenir très riche, mais ses richesses sont un poison tant qu'un autre pays meurt de faim. Nous sommes une seule et même humanité, la terre est le bien commun que nous avons à partager, et avec ce qu'il faut d'amour et de soin, elle produira de quoi nous nourrir, nous vêtir et nous loger tous.

Le rôle de l'éducation ne se limite donc pas à vous préparer à décrocher quelques examens, mais à vous aider à comprendre toute cette problématique de l'amour – qui concerne à la fois la vie sexuelle, la nécessité de gagner sa vie, la capacité d'initiative, l'enthousiasme, la faculté de réflexion profonde. Découvrir ce qu'est Dieu est aussi un problème qui nous concerne, car là est le fondement même de notre existence. Une maison ne résiste pas sans fondations solides, et toutes les inventions astucieuses de l'homme ne voudront rien dire si nous ne cherchons pas à découvrir Dieu, ou la vérité.

L'éducateur doit être capable de vous aider à comprendre cela, car c'est dès l'enfance qu'il faut commencer, pas à soixante ans! Vous ne découvrirez jamais Dieu à soixante ans, car à cet âge-là, la plupart des gens sont usés, finis. Il faut commencer très jeune, alors vous pouvez poser les fondations permettant à votre maison de résister à tous les orages que les hommes s'infligent. Alors vous pouvez vivre heureux car votre bonheur ne dépend de rien, ni des saris et des bijoux, ni des voitures et des radios, ni du fait d'être aimé ou rejeté. Vous êtes heureux non parce que vous possédez quelque chose, mais parce que votre vie a un sens en elle-même. Mais ce sens ne se découvre que lorsqu'on est à la recherche de la réalité, d'instant en instant – et la réalité est en toute chose, on ne la trouve ni à l'église, au temple ou à la mosquée, ni dans un quelconque rituel.

Pour débusquer la réalité, nous devons savoir balayer la poussière des siècles passés sous laquelle elle est enfouie ; et je vous prie de me croire quand je dis que cette quête de la réalité constitue la véritable éducation. Tout homme intelligent est capable de lire des livres et d'accumuler des informations, de parvenir à une situation et d'exploiter les autres, mais ce n'est pas cela, l'éducation. L'étude de certains sujets ne constitue qu'une part infime de l'éducation ; il existe une vaste zone de notre existence à laquelle notre éducation ne s'adresse pas, et envers laquelle nous n'avons pas la bonne approche.

Trouver comment aborder l'existence de sorte que notre vie quotidienne, nos radios, nos voitures et nos avions aient un sens par rapport à ce quelque chose, qui les inclut et les transcende tous – c'est *cela* l'éducation. En d'autres termes, l'éducation doit commencer par la religion. Mais la religion n'a rien à voir avec le prêtre, avec l'église, avec aucun dogme ni aucune croyance. La religion, c'est aimer sans motif, c'est être généreux, être bon, car c'est seulement alors que nous sommes des êtres authentiquement humains. Mais la bonté, la générosité ou l'amour ne naissent qu'à travers la quête du réel.

Malheureusement, la prétendue éducation d'aujourd'hui ignore à dessein tout ce vaste territoire de notre existence. Vous êtes sans relâche occupés à faire des lectures qui n'ont guère de sens, et à passer des examens qui en ont encore moins. Certes ils peuvent vous permettre d'obtenir un emploi, et cela a un certain sens. Mais à l'heure actuelle, nombre d'usines fonctionnent presque uniquement grâce à des machines, c'est pourquoi il faut dès à présent qu'on nous enseigne à gérer notre temps libre – qui ne consiste pas à courir après des idéaux, mais à découvrir et à comprendre ces vastes pans de notre existence dont nous ne sommes actuellement pas conscients, dont nous ignorons tout. L'esprit, avec tous ses arguments malins, n'est pas tout. Il y a, au-delà de l'esprit, quelque chose d'immense et d'incommensurable, une beauté que l'esprit ne peut appréhender. Dans cette immensité est une extase, est une gloire; et s'immerger en cela, le vivre, en faire l'expérience – telle est la voie de l'éducation. Faute de recevoir ce genre d'éducation, à votre entrée dans le monde vous perpétuerez ce hideux chaos que les générations passées ont engendré.

Donc, vous tous, professeurs et élèves, songez à tout cela. Ne vous plaignez pas, mais retroussez-vous les manches et contribuez à créer une institution où la religion, au vrai sens du terme, soit explorée, aimée, mise en actes et vécue. Vous vous apercevrez alors que la vie devient fabuleusement riche – bien plus riche que tous les comptes en banque du monde!

Q : Comment l'homme en est-il arrivé à avoir tant de connaissances ? Comment a-t-il évolué matériellement ? D'où tire-t-il toute cette immense énergie ?

K : « Comment l'homme en est-il arrivé à avoir tant de connaissances ? » C'est relativement simple. Vous savez quelque chose et vous le transmettez à vos enfants ; ils arrondissent un petit peu ce capital de savoir et le transmettent à *leurs* enfants, et ainsi de suite à travers les âges. Nous engrangeons le savoir petit à petit. Nos arrière-grands-pères ne connaissaient rien aux avions à réaction et aux merveilles électroniques d'aujourd'hui ; la curiosité, la nécessité, la guerre, la peur et l'avidité ont progressivement suscité tout ce savoir.

Mais le savoir est étrange. On a beau connaître beaucoup de choses, entasser d'énormes stocks de données, si l'esprit est embrumé par trop de connaissances, gavé d'informations, il est incapable de découvrir. Il peut éventuellement mettre à profit une découverte grâce au savoir et à la technique, mais la découverte elle-même est quelque chose d'original, une explosion soudaine qui frappe l'esprit sans tenir compte du savoir. Et c'est cette explosion de découverte qui est essentielle. La plupart des gens, surtout dans ce pays, sont tellement étouffés par le savoir, la tradition, l'opinion, la peur, par les commentaires des parents ou des voisins, qu'ils n'ont pas confiance en eux-mêmes. Ils sont comme morts – tel est l'effet sur l'esprit d'un trop-plein de connaissances. Certes le savoir est utile, mais s'il ne s'accompagne pas d'autre chose, il est aussi très destructeur, comme en témoignent les événements actuels à l'échelle mondiale.

Regardez ce qui se passe aujourd'hui dans le monde. Il y a d'un côté toutes ces merveilleuses inventions : le radar qui détecte l'approche d'un avion à des kilomètres de distance; les sous-marins qui peuvent faire le tour du monde en plongée continue, sans refaire une seule fois surface; le miracle de pouvoir se parler de Bombay à Bénarès ou à New York, et ainsi de suite. Tout cela est le fruit du savoir. Mais il manque un certain «quelque chose», qui est d'une autre nature : voilà pourquoi on fait mauvais usage du savoir, et c'est la guerre, la destruction, la misère, et d'innombrables multitudes de gens souffrent de la faim, ne font qu'un repas par jour, ou même moins – et vous ne savez rien de tout cela. Vous ne connaissez rien d'autre que vos livres et vos petits problèmes et vos plaisirs mesquins dans un coin particulier de Bénarès, de Delhi ou de Bombay. En vérité, nous avons beau avoir énormément de connaissances, sans ce «quelque chose» par quoi l'homme vit et en quoi il y a la joie, la gloire, l'extase, nous courons à notre propre perte.

Il en va de même sur le plan matériel : l'homme a évolué matériellement grâce à un processus graduel. Et d'où tire-t-il tous ces trésors d'énergie? Les grands inventeurs, les explorateurs et les découvreurs dans tous les domaines ont sans doute dû avoir une énergie énorme; mais la plupart d'entre nous n'en ont que très peu, n'est-il pas vrai? Quand on est jeune, on joue, on s'amuse, on chante et on danse; mais en grandissant, cette énergie est très vite réduite à néant. Vous ne l'avez pas remarqué? Nous devenons des ménagères fatiguées, ou nous partons au bureau pour d'interminables heures, jour après jour, mois après mois, juste pour gagner notre vie : il est donc normal que nous ayons peu, ou pas d'énergie. Si nous en avions, nous risquerions de détruire cette société pourrie, de faire des choses extrêmement dérangeantes; la société veille donc à ce que nous n'ayons pas d'énergie, elle l'étouffe peu à peu par le biais de l'«éducation», de la tradition, de la prétendue religion et de la prétendue culture. Or l'éducation véritable consiste à éveiller notre énergie et à la faire exploser, à faire en sorte qu'elle soit continue, forte, passionnée, tout en étant spontanément maîtrisée et vouée à la découverte de la réalité. Alors cette énergie devient immense, elle est sans limites, elle n'est plus source d'aucun malheur, mais créatrice en elle-même d'une nouvelle société.

Écoutez bien ce que je vous dis, ne l'écartez pas d'un revers de main, car c'est vraiment important. Ne vous contentez pas d'approuver ou de désapprouver mes propos, mais cherchez vous-même à savoir s'il y a en eux une vérité. Ne soyez pas indifférent : optez pour le chaud ou le froid. Si vous voyez ce qu'il y a de vrai dans ces paroles, et que cela vous enflamme, cette flamme, cette énergie grandira et fera naître une nouvelle société. Elle ne se dissipera pas en simples révoltes restant dans le cadre de la société actuelle – ce qui équivaut à décorer les murs d'une prison.

Notre problème, tout particulièrement dans l'éducation, est de savoir comment maintenir l'énergie dont nous disposons, quel qu'en soit le niveau, et comment lui insuffler une vitalité, une force explosive accrues. Cela va exiger beaucoup de compréhension, car les professeurs eux-mêmes ont en général peu d'énergie; ils croulent sous l'information, et sont noyés dans leurs propres problèmes, ils ne sont donc pas en mesure d'aider l'étudiant à éveiller son énergie créative. C'est la raison pour laquelle comprendre ces choses est aussi bien l'affaire du professeur que de l'élève.

Q : Pourquoi mes parents sont-ils en colère quand je leur dis que je veux suivre une autre religion ?

K : Tout d'abord, ils sont attachés à leur propre religion, ils croient que c'est la meilleure – sinon la seule – au monde, il est donc naturel qu'ils veuillent que vous aussi suiviez cette voie. En outre, ils veulent vous voir adhérer à leur propre mode de pensée, à leur groupe, à leur race, à leur classe sociale. Voilà quelques-unes des raisons ; mais il y a aussi le fait qu'en adoptant une autre religion vous deviendriez une source d'ennuis et de problèmes pour la famille.

Mais même lorsque vous quittez effectivement une religion organisée pour entrer dans une autre, que se passe-t-il ? N'êtes-vous pas simplement entré dans une autre prison ? Car, en fait, tant que l'esprit s'accroche à une croyance, il reste prisonnier. Si vous êtes né hindou et que vous devenez chrétien, vos parents risquent d'être en colère, mais ce n'est qu'un détail mineur. L'important est de voir qu'en rejoignant les rangs d'une autre religion vous n'avez fait qu'adopter une série de nouveaux dogmes en lieu et place des anciens. Vous pouvez être plus actif, un peu plus ceci ou cela, mais vous êtes toujours enfermé dans la prison de la croyance et du dogme.

N'échangez donc pas une religion contre une autre, ce qui équivaut à une simple révolte interne à la prison, mais abattez les murs, quittez la prison et découvrez vous-même ce qu'est Dieu, ce qu'est la vérité. *Cela* a vraiment un sens, et cela vous donnera une vitalité, une énergie immenses. Mais passer simplement d'une prison à l'autre et se disputer pour savoir laquelle est la meilleure n'est qu'un jeu puéril.

Pour s'échapper de cette prison des croyances, il faut avoir un esprit à la fois mûr, attentif et capable d'appréhender la nature de la prison elle-même, au lieu de comparer une prison à l'autre. Pour comprendre une chose, il ne faut pas la comparer à une autre. La compréhension ne passe pas par la comparaison, mais par l'examen de la chose elle-même. Si vous examinez la nature de la religion organisée, vous constaterez que toutes les religions sont fondamentalement semblables, qu'il s'agisse de l'hindouisme, du bouddhisme, de la religion musulmane ou du christianisme – ou du communisme, qui est une autre forme de religion, la dernière en date. Dès que vous aurez compris la prison, ce qui suppose de percevoir toutes les implications de la croyance, des rituels et des prêtres, jamais plus vous n'appartiendrez à une religion. Car seul celui qui est libéré des croyances peut découvrir ce qui est au-delà de toute croyance – l'incommensurable.

Q : Quel est le vrai moyen de se forger un caractère ?

K : Avoir du caractère, cela signifie, évidemment, être capable de résister au faux et de tenir au vrai ; mais se forger un caractère est chose difficile car, pour la plupart d'entre nous, ce que disent les livres, les professeurs, le père ou la mère, le gouvernement, compte plus que de découvrir ce que nous pensons nous-mêmes. Penser par soi-même, découvrir ce qui est vrai et s'y tenir, sans se laisser influencer, quoi que la vie nous apporte d'heureux ou de malheureux, voilà ce qui forge un caractère.

Par exemple, si vous ne croyez pas à la guerre, il ne faut pas que ce soit en raison des arguments d'un réformateur ou d'un Maître spirituel, mais parce que vous y avez réfléchi par vous-même : vous avez mené votre enquête, approfondi et médité la question – et pour vous, tuer, c'est mal, que l'on tue pour manger, par haine, ou pour le prétendu amour de la patrie. Si vous êtes intimement convaincu et que vous gardez vos positions, sans tenir compte du risque d'aller en prison ou d'être fusillé pour cela, comme c'est le cas dans certains pays, alors oui, vous aurez du caractère. Le caractère prend ici un tout autre sens ; ce n'est pas ce genre de caractère que cultive la société.

Mais on ne nous encourage pas à aller dans ce sens ; et ni l'éducateur ni l'élève n'ont la vitalité, l'énergie suffisantes pour pousser la réflexion jusqu'au bout et voir ce qui est vrai, puis s'y accrocher, en abandonnant le faux. Mais si vous en êtes capable, alors vous ne suivrez plus aucun parti politique ni aucun leader religieux, parce que vous serez à vous-même votre propre lumière. Découvrir et cultiver cette lumière, non seulement dans la jeunesse mais tout au long de la vie, voilà ce qu'est l'éducation.

Q : En quoi l'âge est-il un obstacle à la découverte de Dieu ?

K : Qu'est-ce que l'âge ? Le nombre des années que vous avez vécues ? C'est un des aspects de l'âge : vous êtes né en telle année, et vous avez à présent quinze, quarante ou soixante ans. Votre corps vieillit, et votre esprit aussi, lorsqu'il porte le poids de toutes les expériences, de tous les malheurs, de toute la lassitude de l'existence ; or jamais un tel esprit ne pourra découvrir ce qu'est la vérité. L'esprit n'est capable de découverte que lorsqu'il est jeune, frais et innocent ; mais l'innocence n'est pas une question d'âge. L'enfant n'est pas le seul à être innocent – il peut d'ailleurs ne pas l'être –, l'esprit l'est aussi, pourvu qu'il soit capable de vivre l'expérience sans en accumuler les scories. L'esprit passe forcément par des expériences, c'est inévitable. Il doit réagir à tout – la rivière, l'animal malade, le cadavre que l'on emmène à la crémation, les pauvres villageois portant leur fardeau tout au long de la route, les tortures et les misères de la vie –, faute de quoi il est déjà mort. Mais il doit pouvoir répondre sans être freiné par l'expérience. C'est la tradition, c'est l'accumulation d'expériences, ce sont les cendres du souvenir qui font vieillir l'esprit. Mais l'esprit qui meurt chaque jour aux souvenirs d'hier, à toutes les joies et à toutes les tristesses du passé – celui-là est frais et innocent et il n'a pas d'âge ; et que vous ayez dix ou soixante ans, sans cette innocence, vous ne trouverez pas Dieu.

27

En quête de Dieu

L'un des nombreux problèmes auxquels nous sommes tous confrontés, et qui touchent tout particulièrement ceux dont l'éducation est en cours et qui devront bientôt se lancer dans le monde, est la question des réformes. Divers groupes – socialistes, communistes et réformateurs de tout poil – s'efforcent consciencieusement de faire aboutir certains changements dans le monde, de toute évidence nécessaires. Bien que certains pays jouissent d'une relative prospérité, dans le reste du monde la faim, voire la famine, subsiste, et des millions d'êtres humains sont mal vêtus et n'ont pas d'abri décent pour dormir. Mais comment une réforme fondamentale peut-elle se mettre en place sans susciter encore plus de chaos, de misère et de conflits ? Là est le véritable problème. Si l'on se plonge un peu dans l'histoire, et que l'on observe les tendances politiques actuelles, il apparaît évident que ce que nous qualifions de réforme – si désirable et nécessaire soit-elle – apporte toujours dans son sillage de nouvelles formes de confusion et de conflits ; et pour contrecarrer ce surcroît de malheurs, il faut nécessairement encore plus de lois, plus de contrôles et de vérifications des contrôles. La réforme suscite de nouveaux désordres, et en y remédiant, on en crée de nouveaux, et le cercle vicieux continue de la sorte. Voilà ce à quoi nous sommes confrontés, et c'est un processus apparemment sans fin.

Comment sortir de ce cercle vicieux? Que les réformes soient nécessaires, c'est une évidence; mais est-il possible de réformer sans créer de confusion plus grande? Voilà, me semble-t-il, l'un des problèmes fondamentaux dont toute personne réfléchie doit se préoccuper. La question n'est pas de se demander quel genre de réforme est nécessaire, mais si une quelconque réforme est possible sans entraîner d'autres problèmes qui suscitent à leur tour la nécessité d'une réforme. Et que faire pour casser ce processus sans fin? Assurément, la fonction de l'éducation, de l'école primaire à l'université, est de s'attaquer à ce problème, pas de manière abstraite et théorique, pas en philosophant et en écrivant des livres à ce sujet, mais en l'affrontant pour de bon, afin de trouver les moyens de le résoudre. L'homme est prisonnier de ce cercle vicieux d'un système de réformes qui exige sans cesse de nouvelles réformes, et s'il n'y est pas mis fin, nos problèmes sont sans solution.

Quel type d'éducation, quel type de pensée faut-il donc pour briser ce cercle vicieux? Quelle action saura mettre fin à cette recrudescence de problèmes dans toutes nos activités? Y a-t-il un mouvement de la pensée, quelle qu'en soit la direction, qui soit capable de libérer l'homme de ce mode de vie, qui, pour être réformé, exige toujours plus de réformes? Autrement dit, y a-t-il une action qui ne naisse pas d'une réaction?

Je pense qu'il existe un choix de vie étranger à ce processus de réforme qui a pour fruit une misère accrue, et cette voie-là peut être qualifiée de religieuse. L'homme authentiquement religieux ne se soucie pas de réformes, il ne se préoccupe pas d'introduire de simples changements dans l'ordre social : au contraire, il est à la recherche du vrai, et cette quête même a sur la société un impact transformateur. Voilà pourquoi l'éducation doit avant tout se préoccuper d'aider l'étudiant à chercher la vérité – ou Dieu – et ne pas se contenter de le préparer à se plier aux modèles d'une société donnée.

Je crois qu'il est très important de comprendre cela lorsqu'on est jeune car, l'âge venant, nous commençons à laisser de côté nos petits amusements et nos petites distractions, nos appétits sexuels et nos ambitions mesquines, nous avons une conscience plus aiguë des immenses problèmes auquel le monde est confronté, nous voulons alors agir pour y remédier, et apporter certaines améliorations. Mais, à moins d'être profondément religieux, nous ne susciterons qu'un surcroît de confusion et de malheurs ; et la religion n'a rien à voir avec les prêtres, les églises, les dogmes, ou les croyances organisées. Tout cela n'a rien à voir avec la religion, ce sont de simples convenances sociales visant à nous maintenir dans le cadre d'un schéma particulier de pensée et d'action ; ce ne sont que des moyens d'exploiter notre crédulité, notre espoir et notre peur. La religion consiste à chercher ce qu'est la vérité, ce qu'est Dieu, et cette quête requiert énormément d'énergie, une intelligence ouverte et une grande subtilité de pensée. L'action sociale juste ne naît pas en mettant en œuvre la soi-disant réforme d'une société donnée : elle naît dans et par la recherche de l'incommensurable.

La quête de la vérité exige beaucoup d'amour et une conscience approfondie de la relation de l'homme à toute chose – ce qui signifie que l'on ne se préoccupe pas de son propre progrès, ou de ses propres accomplissements. La quête de la vérité est la vraie religion, et seul celui qui cherche la vérité est un homme authentiquement religieux. À cause de son amour, cet homme est en dehors de la société, et son action sur elle est donc entièrement différente de celle de l'homme qui est dans la société et veut la réformer. Le réformateur ne peut jamais créer une nouvelle culture. Ce qui est indispensable, c'est la quête menée par l'homme véritablement religieux, car cette quête même produit sa propre culture – et c'est notre unique espoir. En effet, la quête de la vérité donne à l'esprit une créativité explosive, qui est la vraie révolution, car dans cette quête l'esprit n'est pas contaminé par les diktats et les sanctions de la société. Étant libre de tout cela, l'homme religieux est capable de découvrir ce qui est vrai ; et c'est cette découverte du vrai, d'instant en instant, qui crée une nouvelle culture.

C'est pour cette raison qu'il est si important pour vous de recevoir l'éducation adéquate. Pour cela, l'éducateur lui-même doit être correctement éduqué, de telle sorte qu'il ne considérera pas l'enseignement comme un simple moyen de gagner sa vie, mais qu'il sera capable d'aider l'élève à se détacher de tous les dogmes et à n'être prisonnier d'aucune religion ni d'aucune croyance. Ceux qui se rassemblent sur la base d'une autorité religieuse, ou pour mettre en pratique certains idéaux, s'intéressent tous aux réformes sociales, ce qui revient à se contenter de décorer les murs de sa prison. Seul l'homme réellement religieux est un vrai révolutionnaire ; et l'éducation a pour fonction d'aider chacun de nous à être religieux dans le vrai sens du terme, car c'est dans cette seule et unique voie qu'est notre salut.

Q : J'ai envie de travailler dans le domaine social, mais je ne sais pas comment faire les premiers pas.

K : Je crois qu'il importe de découvrir non pas comment, mais pourquoi au juste vous voulez œuvrer dans le domaine social. Pourquoi ce désir d'action sociale ? Est-ce parce que vous voyez la misère du monde – la famine, la maladie, l'exploitation, l'indifférence cruelle de la grande richesse côtoyant une effroyable pauvreté, l'hostilité de l'homme envers son semblable ? Est-ce là la raison ? Voulez-vous agir sur le plan social parce qu'il y a de l'amour dans votre cœur et que vous ne vous souciez pas de votre propre réussite ? Ou bien cette action sociale est-elle un moyen de fuite face à vous-même ? Vous constatez, par exemple, toute la laideur du mariage traditionnel, vous déclarez donc : « Moi, je ne me marierai jamais », et au lieu de vous lancer dans le mariage, vous vous lancez dans l'action sociale ; peut-être vos parents vous y ont-ils incité, ou peut-être avez-vous un idéal. Si c'est un moyen de fuite, ou si vous ne faites que poursuivre un idéal instauré par la société, par un leader ou un prêtre, ou par vous-même, alors toute forme d'action sociale que vous pourriez entreprendre ne fera que susciter un surcroît de détresse. Mais si l'amour est dans votre cœur, si vous êtes à la recherche de la vérité et que vous êtes donc vraiment religieux, si vous avez cessé d'être ambitieux, de courir après le succès, et que votre vertu n'a pas pour horizon la respectabilité, alors votre existence même contribuera à une transformation totale de la société.

Je pense qu'il est essentiel de bien comprendre cela. Quand on est jeune – et vous l'êtes pour la plupart –, on a envie d'agir, et l'action sociale est dans l'air du temps, des livres en parlent, les journaux font de la propagande en sa faveur, il y a des écoles de formation pour travailleurs sociaux, et ainsi de suite. Mais en réalité, sans la connaissance de soi, sans cette compréhension de vous-même et de vos relations, tout ce que vous ferez en matière d'action sociale ne vous laissera qu'un goût de cendres.

Le vrai révolutionnaire, c'est l'homme heureux, et non l'idéaliste, ou le malheureux qui cherche à fuir ; et l'homme heureux n'est pas celui qui croule sous les possessions. L'homme heureux, c'est l'homme religieux au vrai sens du terme, et sa vie même est une forme d'action sociale. Mais si vous devenez simplement l'un de ces innombrables travailleurs sociaux, votre cœur restera vide. Vous pourrez toujours donner généreusement votre argent, ou persuader les autres d'apporter leur contribution financière, et vous aurez beau mettre en place de merveilleuses réformes : tant que votre cœur sera vide et votre esprit empli de théories, votre vie sera terne, lourde de lassitude, et sans joie. Comprenez donc d'abord qui vous êtes, et de cette connaissance de vous-même surgira le genre d'action qui est le bon.

Q : Pourquoi l'homme a-t-il le cœur si dur?

K : C'est pourtant assez simple, ne croyez-vous pas? Lorsque l'éducation se limite à transmettre un savoir et à préparer l'étudiant à un travail, qu'elle ne sert qu'au maintien des idéaux, et qu'elle lui enseigne le souci exclusif de sa propre réussite, bien sûr que l'homme devient dur et indifférent. La plupart d'entre nous, en fait, n'ont pas d'amour dans leur cœur. Jamais nous ne contemplons les étoiles, jamais nous ne savourons le murmure de l'eau, jamais nous ne regardons danser la lumière de la lune sur les eaux vives d'un torrent, jamais nous ne suivons du regard un oiseau en vol. Notre cœur ne sait pas chanter;

nous sommes toujours affairés, l'esprit plein de projets et d'idéaux pour sauver l'humanité, nous faisons profession de fraternité, quand notre regard en est la négation même. C'est pourquoi il est essentiel d'avoir une éducation digne de ce nom tant qu'on est jeune, qu'on a le cœur ouvert, sensible, enthousiaste. Mais cet enthousiasme, cette énergie, cette compréhension explosive s'évanouissent lorsqu'on a peur – et nous avons pratiquement tous peur. Nous avons peur de nos parents, de nos professeurs, du prêtre, du gouvernement, du patron ; nous avons peur de nous-mêmes. C'est ainsi que la vie devient synonyme de peur et de ténèbres, et voilà pourquoi l'homme a le cœur si dur.

Q : Peut-on se priver de faire ce que l'on aime, et trouver malgré tout le chemin de la liberté ?

K : Savoir ce que l'on veut est l'une des choses les plus difficiles, pas seulement à l'adolescence, mais tout au long de la vie. Or si vous ne trouvez pas par vous-même ce que vous avez vraiment envie de faire, du plus profond de votre être, vous finirez par faire des choses qui ne sont pas pour vous d'un intérêt vital, et vous serez malheureux dans la vie ; étant malheureux, vous chercherez des distractions dans le cinéma, l'alcool, la lecture d'innombrables livres, dans les réformes sociales d'une espèce ou d'une autre, et j'en passe.

L'éducateur peut-il vous aider à découvrir ce que vous avez envie de faire au cours de votre vie, sans tenir compte de ce que vos parents et la société souhaiteraient vous voir faire ? Là est la vraie question, n'est-ce pas ? Car si vous cherchez, du plus profond de votre être, à savoir ce que vous aimez vraiment faire, alors vous êtes un homme libre.

Alors vous avez en main la capacité, la confiance, l'initiative. Mais si, faute de savoir ce qui vous plaît vraiment, vous devenez avocat, politicien, ceci ou cela, alors pour vous le bonheur est exclu, car cette profession deviendra le moyen de vous détruire et de détruire les autres.

Vous devez trouver vous-même l'activité qui vous plaît. Ne réfléchissez pas, dans le choix d'une vocation, en termes d'insertion dans la société, car de cette manière-là jamais vous ne découvrirez ce que vous aimez faire. Quand vous aimez faire quelque chose, il n'y a pas de problème de choix. Quand vous aimez, et que vous laissez l'amour agir librement, l'action qui en découle est juste, car l'amour n'est jamais en quête de réussite, il n'est jamais pris au piège de l'imitation ; mais si vous consacrez votre existence à une chose que vous n'aimez pas, jamais vous ne serez libre.

Mais ne faire que ce qui vous plaît n'est pas faire ce que vous aimez. Découvrir ce que vous aimez vraiment demande énormément de perspicacité, de lucidité. Ne réfléchissez pas tout de suite en termes de gagne-pain. Mais si vous parvenez à trouver quelle activité vous aimez vraiment, alors vous aurez un moyen de gagner votre vie.

Q : Est-il exact que seuls les purs peuvent réellement être sans peur ?

K : N'ayez aucun de ces idéaux de pureté, de chasteté, de fraternité, de non-violence, et j'en passe, car ils n'ont pas de sens. Ne vous *efforcez* pas d'être courageux, car ce n'est qu'une réaction à la peur. Être sans peur requiert une immense lucidité, une compréhension du processus global de la peur et de ses causes.

La peur est là tant que vous voulez être en sécurité – que ce soit dans votre mariage, dans votre travail, dans votre situation, dans vos responsabilités, dans vos idées, dans vos croyances, dans votre relation au monde ou dans votre relation à Dieu. Dès l'instant où l'esprit est en quête de sécurité ou de gratification sous une forme quelconque, à un niveau quelconque, la peur est forcément là ; l'important est d'être conscient de ce processus et de le comprendre. Ce n'est pas une question de soi-disant pureté. L'esprit qui est vif, attentif, qui est libéré de la peur, est un esprit innocent, et seul l'esprit innocent peut comprendre la réalité, la vérité ou Dieu.

Malheureusement, dans ce pays comme ailleurs, les idéaux ont pris une importance extraordinaire – l'idéal étant *ce qui devrait être* : je devrais être non-violent, je devrais être bon, et ainsi de suite. L'idéal – *ce qui devrait être* – est toujours quelque part au loin, par conséquent il n'*est* jamais. Les idéaux sont une plaie car ils vous empêchent de penser de manière directe, simple et vraie, quand vous êtes confronté aux faits. L'idéal – *ce qui devrait être* – est une fuite face à *ce qui est. Ce qui est*, c'est le fait que vous ayez peur : peur de ce que vos parents vont dire ou de ce qu'on va penser, peur de la société, peur de la maladie, peur de la mort. Or, si vous affrontez *ce qui est*, que vous le regardez en face, que vous l'approfondissez, même s'il est source de souffrance, et si vous le comprenez, alors vous vous apercevrez que votre esprit devient extraordinairement lucide et simple, et cette lucidité même porte en elle la cessation de la peur. Malheureusement, notre éducation nous inculque tout ce fatras philosophique des idéaux qui consistent simplement à tout remettre à plus tard. Ils sont dénués de validité.

Admettons que vous ayez, par exemple, un idéal de non-violence ; mais êtes-vous non-violent ? Alors pourquoi ne pas affronter votre violence, pourquoi ne pas vous voir tel que vous êtes ? Si vous observez votre propre avidité, votre ambition, vos plaisirs et vos distractions, et que vous commencez à comprendre tout cela, vous constaterez que le temps – en tant que moyen de progrès, moyen de réaliser un idéal – cesse alors d'exister. C'est l'esprit, en fait, qui invente le temps dans lequel s'inscrit cette réalisation, c'est pourquoi l'esprit n'est jamais calme, jamais tranquille. Un esprit tranquille est frais et innocent, même s'il a derrière lui mille ans d'expérience, et c'est pour cette raison qu'il est capable de résoudre les problèmes de relations qu'il rencontre dans sa propre existence.

Q : L'homme est victime de ses propres désirs, qui sont source de nombreux problèmes. Comment peut-il parvenir à un état d'absence de désir ?

K : La volonté de faire naître un état de non-désir n'est qu'un simple tour de passe-passe de l'esprit. Constatant que le désir est source de souffrance et désireux de la fuir, l'esprit projette un idéal d'absence de désir et demande ensuite : « Comment faire pour réaliser cet idéal ? » Et que se passe-t-il alors ? Vous réprimez votre désir afin d'être sans désir, n'est-ce pas ? Vous étranglez votre désir, vous essayez de le tuer, et vous croyez alors avoir atteint l'état de non-désir – ce qui est complètement faux.

Qu'est-ce que le désir ? C'est une énergie, n'est-ce pas ? Et dès que vous étouffez votre énergie, vous devenez par votre propre faute terne et sans vie. C'est ce qui s'est passé en Inde. Tous les hommes soi-disant religieux ont étranglé leur désir : les hommes qui pensent, les hommes libres sont très peu nombreux. Ce qui compte, ce n'est donc pas d'étouffer le désir, mais de comprendre l'énergie et d'utiliser l'énergie dans la bonne direction.

Quand on est jeune, on a de l'énergie à profusion – c'est elle qui vous donne envie de sauter par-dessus les collines, de tutoyer les étoiles. Alors la société entre en jeu et vous dit de maintenir cette énergie cloîtrée dans la prison de ce qu'elle appelle la respectabilité. Et par le biais de l'éducation et de toutes sortes de sanctions et de contrôles, cette énergie est peu à peu étouffée, neutralisée. Mais ce dont vous avez besoin, c'est de *plus* d'énergie, et pas de moins, car sans une immense énergie jamais vous ne découvrirez ce qui est vrai. Le problème n'est donc pas de savoir comment réduire l'énergie, mais comment la maintenir et la faire croître, comment la rendre indépendante et continue – mais pas sur l'ordre d'une croyance quelconque ou de la société – de sorte qu'elle devienne le mouvement vers la vérité, vers Dieu. Alors l'énergie a un tout autre sens. De même qu'un galet jeté dans un lac paisible fait naître un cercle qui va s'élargissant, de même l'action de l'énergie en direction de ce qui est vrai fait naître les vagues d'une nouvelle culture. Alors, l'énergie est sans limites, incommensurable, et cette énergie n'est autre que Dieu.

Table

Note de l'éditeur... 7
1 – La fonction de l'éducation 9
2 – Le problème de la liberté 19
3 – La liberté et l'amour 28
4 – L'écoute 40
5 – Le mécontentement créatif 49
6 – La globalité de la vie 59
7 – L'ambition 68
8 – Une pensée bien ordonnée 78
9 – Un esprit ouvert 88
10 – La beauté intérieure 97
11 – Conformisme et révolte 107
12 – La confiance de l'innocence 118
13 – Égalité et liberté 128
14 – L'autodiscipline 138
15 – Coopération et partage 147
16 – Le renouveau de l'esprit 161
17 – Le fleuve de la vie 172
18 – L'esprit attentif 183
19 – Savoir et tradition 195
20 – Être religieux, c'est être sensible au réel 207
21 – Apprendre, mais dans quel but? 218
22 – La simplicité de l'amour 229
23 – La nécessité d'être seul 242
24 – L'énergie de la vie 254
25 – Vivre sans effort 266
26 – L'esprit n'est pas tout 277
27 – En quête de Dieu 289

Du même auteur

Aux éditions Stock

Se libérer du connu

La révolution du silence

La première et dernière liberté

Aux étudiants

L'éveil de l'intelligence

Tradition et révolution

Le livre de la méditation et de la vie

À propos de Dieu

De l'amour et de la solitude

Krishnamurti en questions

Les limites de la pensée (Discussions avec le Pr David Bohm)

Cette lumière en nous

De la vérité

L'esprit et la pensée

Aux éditions Buchet Chastel

Commentaires sur la vie, t. I

Commentaires sur la vie, t. II

Commentaires sur la vie, t. III

Journal

Aux éditions Delachaux & Niestlé

Le vol de l'aigle

De l'éducation

L'impossible question

Le changement créateur

Aux éditions du Rocher

Questions et réponses

La flamme de l'attention

Le temps aboli

Carnets

Plénitude de la vie

De la nature et de l'environnement

De la vie et de la mort

De la liberté

De la relation de l'homme au monde

Dernier journal

Aux éditions Adyar

Face à la vie

Au Courrier du livre

Au seuil du silence

De la connaissance de soi

Lettres aux écoles

Ce volume a été composé
par Nord Compo
et achevé d'imprimer en février 2006
par ***Bussière***
à Saint-Amand-Montrond (Cher)
pour le compte des Éditions Stock
31, rue de Fleurus, 75006 Paris

Imprimé en France
Dépôt légal : février 2006
N° d'édition : 70901. – N° d'impression : 060794/4.
54-07-5836-04/9
ISBN : 2-234-05836-8